U0106838

敦煌

石窟全集

敦煌石窟全集

敦煌研究院主編

19

動物畫卷

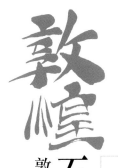

本卷主編 劉玉權

商務印書館

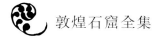

敦煌石窟全集

主編單位 …………… 敦煌研究院

主　　編 …………… 段文杰

副 主 編 …………… 樊錦詩 (常務)

編著委員會 (按姓氏筆畫排序)
主　　任 …………… 段文杰　樊錦詩 (常務)
委　　員 …………… 吳　健　施萍婷　馬　德　梁尉英　趙聲良

出版顧問 …………… 金沖及　宋木文　張文彬　劉　杲　謝辰生
　　　　　　　　　　　羅哲文　王去非　金維諾　周紹良　馬世長

出版委員會
主　　任 …………… 彭卿雲　沈　竹　劉　煒 (常務)
委　　員 …………… 樊錦詩　龍文善　黃文昆　田　村
總 攝 影 …………… 吳　健
藝術監督 …………… 田　村

動｜物｜畫｜卷

主　　編 …………… 劉玉權

攝　　影 …………… 吳　健
文字審校 …………… 王　鏞

出 版 人 …………… 陳萬雄
策　　劃 …………… 張倩儀
責任編輯 …………… 田　村
設　　計 …………… 呂敬人
出　　版 …………… 商務印書館 (香港) 有限公司
　　　　　　　　　　　香港筲箕灣耀興道 3 號東滙廣場 8 樓
　　　　　　　　　　　http://www.commercialpress.com.hk
製　　版 …………… 中華商務分色製版公司
　　　　　　　　　　　香港新界大埔汀麗路 36 號中華商務印刷大廈三字樓
印　　刷 …………… 中華商務彩色印刷有限公司
　　　　　　　　　　　香港新界大埔汀麗路 36 號中華商務印刷大廈
版　　次 …………… 1999 年 9 月第 1 版第 1 次印刷
　　　　　　　　　　　©1999 商務印書館 (香港) 有限公司
　　　　　　　　　　　ISBN 962 07 5274 0

前　言

飛禽走獸皆有情

　　動物是自然界的重要成員，它們與人類共同生活在一個地球上，共同擁有山林和藍天。密切的生存關係，使人類不斷運用繪畫手段來表達對動物的認識和情感，於是產生了動物畫。動物畫的起源，十分久遠，以至無法追溯到某個具體的年代，現在所知的只是，自從人類有了藝術活動，便有了飛禽走獸以及與之相關的神怪的藝術形象。中國的西北地區從原始社會的彩陶起，到兩漢、魏、晉的墓室壁畫都留有生動的動物形象，特別是武威地區出土的青銅馬踏飛燕，以其造型的優美生動著稱於世，可謂漢代藝術的代表。西域的佛教藝術向東方吹來新的氣息，位於絲綢之路咽喉的敦煌石窟，在這樣的文化氛圍中培育了它的藝術。石窟開鑿於公元5世紀初，直至14世紀中葉，歷經九百餘年，從未間斷，壁畫上匯集了中原、西域、印度的眾多的動物形象，主要有象、獅、虎、鹿、牛、馬、羊、驢、駱駝等走獸，以及孔雀、鴿子、鸚鵡、鶴、雉等飛禽和魚鱉等水族，還有龍、鳳、翼馬、青鳥等神瑞動物。它們或出沒於山林，或翱翔於雲天，或潛游於水中。畫師不僅注意表現它們的形體美，還賦予它們豐富的感情世界。

　　敦煌石窟的動物畫是以佛教內容為中心的。佛教主張，人與動物之間應保持平等和諧的關係，即所謂“眾生平等”，“一切有情皆有佛性”。佛教批判射獵、屠宰，乃至一切傷害動物的行為。對於現代人來說，愛護動物，通過繪畫的手段來讚美那些與我們同住一個家園的夥伴，表現人與動物之間關係與愛的天性，又何嘗不是一項重要課題呢？

　　敦煌石窟的動物畫大多不是獨立存在的，有些只是作為背景出現，它們分別繪在佛教故事畫、經變畫以及無主題畫中，而經變畫內容則具有明確的佛教主題，無主題畫又從側面烘托了主題的氣氛。當我們沿着敦煌的動物畫畫廊尋訪繪畫歷史的時候，不僅可以飽覽古人的表現形式和技法，引以為鑑，還可以清晰體會到一種愛心。這種愛心恐怕就是動物畫的創作之本。

在本生故事畫中，北魏第254窟所繪的《薩埵太子本生》表現了王子捨身救虎的善行，並以優美修長的造型描繪出羣虎的形象。在經變畫中，盛唐第148窟表現了由於牛王救護，善友太子雙眼復明的故事。晚唐的第154窟畫有一隻雌鹿產下一個女孩，對她撫愛備至。而與此相反，在北魏第257窟的《九色鹿本生》和晚唐第85窟金毛獅子的故事描寫的卻是一些人為了貪圖錢財，不惜出賣或屠殺動物的行徑。由此可以看出，敦煌石窟動物畫從正反兩個方面來完成佛教的精神主題。還有一些題材取自現實生活。在經變畫中，隋代第420窟所繪的法華經變表現有絲綢之路上的種種艱辛，其中以輕快流暢的筆調描繪了整裝待發的駝隊。而在高僧故事畫中，唐代第323窟所繪的迎佛圖反映的是江南水鄉迎接佛像的熱鬧場面，生動地畫出了水牛、毛驢奔走的動勢。以現實生活為背景表現人們對佛教的追隨，更增加了畫面的感召力。

無主題畫是漢代遺風的表現，各種山林動物，均以長卷式出現在早期的狩獵圖和禪修圖中，目的是表現人間殺戮動物的殘酷以及禪修環境的和平與寧靜。

敦煌石窟藝術的分期一般採用三段式，即分為早、中、晚三期。動物畫的早期起自公元5世紀初，止於6世紀末，包括十六國、北魏、西魏、北周等時期。這一時期的動物畫表現題材以佛傳、佛本生故事、山林動物為主，造型富有浪漫色彩，往往給人以滿壁飛動感覺，着色強調大面積色塊形成的整體感和裝飾感，而不着色的綫條畫同樣生動精彩。中期從公元6世紀末至10世紀初，包括隋唐兩大王朝，歷時三百二十多年，其間吐蕃時期依通常說法，稱中唐。這一時期是敦煌動物畫的成熟期，表現題材以宏大的經變畫為主。動物的造型從浪漫走向寫實，用筆用色皆有中原風範，更有許多畫面畫工細膩，頗具長安筆韻。晚期從公元10世紀至14世紀中葉，包括五代、北宋、回鶻、西夏、元諸王朝，前後四百六十餘年。這一時期的動物畫中原之風日盛，出現了綫描畫的巨製，筆法的表現形式已相當豐富，但有些動物形象由於造型呆板而失去生命力。敦煌的動物畫所表現出來的承繼關係，以及它自身體系的完整性、可靠性，在中國是絕無僅有的，因而佔有重要的學術地位。

　　敦煌石窟的動物畫大致可以分為三類，一是以現實動物為繪畫題材的現實動物；二是神話傳說中的神瑞動物；三是建築裝飾圖案。建築裝飾圖案另見《全集》的《圖案卷》。本卷側重介紹的是現實動物。這些動物畫具有鮮明的時代風格與地區特色，追究其淵源，有傳自中原的畫法，也有來自西域的凹凸畫法，有工筆，也有寫意；有白描，也有沒骨、重彩。這些畫法有些不是單一使用的，從而造成了相互交融、剛柔並濟的效果。雖然當時還沒有建立現代動物畫中骨骼、肌肉、動作分解的體系，但細緻的觀察，豐富的生活積累，對動物的結構已經有較多的認識，特別是通過動物的表象來表達感情的意圖是十分明確的。那熟練的綫條，明麗的色彩，無不表現出勃勃生機，表現出敦煌畫師對生命的謳歌。這便是我們今天仍在追求的美術精神的本質，也是歷史留給我們的啟迪。

　　敦煌壁畫動物畫的主要表現手法有誇張、寫實、擬人和圖案化等。誇張手法包括對動物姿態的變形、對色彩的強調。如馬的奔跑之勢把後蹄畫得翹向藍天；給金毛獅子畫上藍色的鬃毛。寫實手法包括對動物造型的認識、對動物生性的表現。如把江南水牛的結構畫得相當準確；被縛住腿的驢表現出焦躁的神情。擬人化手法主要是賦予動物以人類的感情，如虎等動物聽到佛陀涅槃時所表現出的震驚和悲哀。圖案化手法主要是將動物形體規範為幾何圖形或變形，如將龍畫成團龍紋，將鳳尾變成捲草紋。

　　縱覽中國動物畫史，宋代以前的傳世真迹寥若晨星，尚存的有東晉顧愷之的《洛神賦圖卷》、唐代梁令瓚的《五星二十八宿神形圖卷》、韓幹的《照夜白圖卷》、張萱的《虢國夫人遊春圖卷》、韓滉的《五牛圖卷》、五代胡王襄的《卓歇圖卷》、黃筌的《寫生珍禽圖卷》，其中尚有實為後人摹本的。縱然加上出土的墓室壁畫，也難以補天之漏。而敦煌所存動物圖像，種類繁多，技法翻新，且系統可靠，這是十分難得的，更難得的是它始終維護着動物畫創作的精神。

目　錄

早期：傳神與誇張

北朝（公元 421—585 年）

對於中國動物畫史來說，敦煌石窟早期動物畫是中原傳統的繼續，但對於中國佛教動物畫來說，卻只是掀開了第一頁。因而其風格，有漢代藝術的餘韻，亦看見來自西域乃至印度藝術的有力影響。

佛教的動物畫取材於佛經故事，以形象闡釋佛教義理。敦煌石窟最早的動物畫出現於北涼，畫風簡樸單純，有明顯的西域繪畫特徵。及至北魏開始，即以浪漫與誇張的造型為主調，成為敦煌早期動物畫主要風格。特別是北魏、西魏動物畫，由裝飾性向寫實性過渡，追求繪畫的趣味，注重表現動物的神態和相互關係，對外形描寫卻不求太似，頗合現代繪畫大師齊白石的論畫原則，所謂 "妙在似與不似之間"。北魏時出現這種風格，亦與北魏後期，公元5世紀南齊人謝赫所倡議的審美觀相近。謝赫提出品畫 "六法" 後，注重形神兼備、追求氣韻生動的美學思想，在畫壇蔚然成風。

總體而言，敦煌早期動物畫充滿激情，揭示了動物內在的生命力和美感。古樸的風格和飛動的氣勢渾然一體，這是早期動物畫的特徵。而西魏、北周時期是敦煌動物畫第一次的輝煌時期。

早期動物畫在運筆、敷彩、造型的技法上，對前世作了歸納，為後世開了先河，也為現代動物畫研究和創作樹立了良好的範例。

第一節　北涼與北魏動物畫

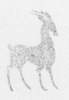

敦煌石窟最早的動物畫繪於北涼（公元421－439年）的第272、275窟。這一時期的洞窟和壁畫題材特別稀少，以致動物畫寥若晨星。現存僅有第272窟說法圖中雙獅座上的一對獅子和第275窟尸毗王本生中的鷹、鴿兩幅。儘管如此，仍標誌着敦煌出現動物畫。

雙獅座上的獅子，屬座具的一部分。《大智度論》稱佛陀為"人獅子"。獅子在印度自古被尊為百獸之王，象徵人中的雄傑或導師。公元前3世紀印度孔雀王朝時期，阿育王征服整個印度之後，將雄獅的形象雕刻在石柱頭上，象徵王權和佛法。公元2世紀前後犍陀羅和馬圖拉佛像台座兩側雕有獅子，為後世沿用，稱作"獅子座"。獅子（sinha）古代又譯為"僧伽彼"，曾在西亞生存。獅子最晚在東漢時已為中國人所認識，並出現在畫像石的鬥獸圖上，以及陵墓前的石刻中，寫實性很強。在佛教石窟中，也常於佛座前或塑或繪兩頭左右對稱的獅子，作為直觀的圖解，第次相襲，成為定式。手法有寫實的，也有裝飾性或象徵性的。

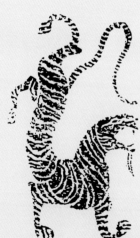

河南省南陽漢畫像石上的虎長着鬍鬚

第272窟雙獅座上的獅子，是象徵

性的，因而削減了獅子的自然特徵。其形象樸拙、簡練，有幾分漢代石雕的沉重感。獅子的前胸

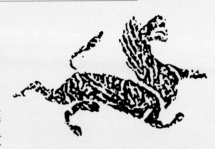

河南省南陽漢畫像石上的獅子

繪得強健有力，而頭部則含糊地概括為橢圓形，頸部沒有波斯或印度雄獅那種火燄狀毛束鬃鬣，下顎處畫有一縷像辟邪那樣的鬍鬚。獅子的鬍鬚顯然被誇張了，但它竟成為中國式雄獅的標誌，在後世的石刻造像中甚至還出現了兩縷鬍鬚的現象。第275窟有彩塑的獅子，可以加深我們對平面形象的理解。中國佛教藝術中的獅子造型有三種，即全身式、半身式和獅頭。雙獅座上的獅子為半身式，下一時期北魏第257窟的則為全身式，並作奔跑狀。

第275窟的鷹與鴿子，是敦煌石窟中最早的寫實性動物畫。畫面描寫的是佛本生故事，帝釋天為了考驗尸毗王的菩薩心，化作一隻飢餓的鷹去追捕鴿子，尸毗王割下自身的肉飼鷹，換取鴿子的生命，表現佛教自我犧牲拯救生靈的慈悲精神。圖中鷹和鴿子的形象描繪準確，特別是以輪廓綫作為形象概括的畫法，與漢代截然不同，有西域的新鮮氣息。鴿子繪成石綠色，符合本生故事原文中鴿子"身如青空"的描述。鴿子在古代西亞、克里特和印度都是與母神有關的神鳥，在希臘神話中象徵和平，中國古人也有"鴿似春鳩"之語。在公元2世紀的犍陀羅浮雕和兩晉時期的新疆克孜爾壁畫中都曾繪尸毗王割肉貿鴿故事畫。

北涼的動物畫為研究中原、西域文化和佛教文化中的動物畫關係提供了早期資料。

北魏政權崇信佛教，西滅北涼後，在敦煌大力營造石窟。北魏王室標榜"人王即法王"，主張民族和解，因而出現了反映奉獻、團聚的內容，動物題材在壁畫中得以拓展和豐富。北魏時期的動物畫也多在佛教故事中，重點洞窟有第254、257、435窟等。北魏時期的動物畫，運用誇張、變形及擬人化的手法，創造出生動而又富有裝飾趣味的形象。動物造型綫條流暢，多採用單色平塗，給人簡潔明麗的印象。

第254窟的薩埵太子本生故事畫中，描繪了發生在崇山峻嶺裏的故事。薩埵王子看到飢餓的雌虎領着幼虎，氣息奄奄，便毅然投下山崖，捨身飼虎。

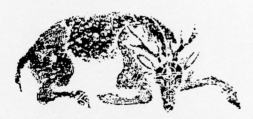

山東省烟台漢畫像石上的卧鹿

佔據畫面重要位置的是一羣虎。虎在中國本是勇猛、威嚴和力量的象徵，可是在這則故事中，卻是憐愛幼子的形象。畫匠藉助想像和誇張的手法，將虎的軀幹、四肢拉長，用優美的曲綫畫出結構，從而在氣勢上大大削弱了其威猛的表徵。克孜爾石窟早期同類壁畫中虎的形象比較寫實，但技法稚拙。而這幅敦煌壁畫中虎的形象，有些變形誇張，類似漢代墓室壁畫、畫像石甚至漆器上虎的造型，技法純熟，綫條奔放，不細畫虎的皮毛，卻抓住了虎的精神。

第257窟是本生因緣故事特別豐富的洞窟，其中部分題材還是獨有的。在這些本生因緣故事中有豐富而精彩的動物畫小品。

繪於西壁的九色鹿故事極其有名，故事出自《九色鹿本生》，是敦煌石窟唯一一幅。壁畫以長卷的形式描繪連續的情節，九色鹿救出的溺水者背信棄義，向國王告密，終得惡報。九色鹿的造型不僅結構準確，而且還通過它挺拔的姿態，表現出正氣凜然的神情。鹿的形體先用乳白色平塗，再用綠、白等色點出彩色斑點，象徵鹿的高貴和神聖。畫面以熱烈而穩重的土紅色襯底，顯露出濃郁的裝飾趣味。

此圖中為國王挽車的白色駿馬畫得尤其動人，它鈎首抬蹄，姿態矯健，強調了曲綫美。馬腿修長，畫得有張有

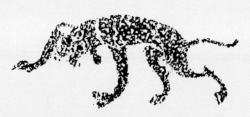

河南省唐河漢畫像石上的捕食虎

弛，富有節奏感。在用色方面，以土紅為底色，駿馬通體潔白，石綠色的四蹄很有想像力。畫面單純樸素，有強烈的裝飾色彩。與其説它是一幅壁畫，不如説更像一塊厚重的壁毯。

北壁的須摩提女緣故事畫，表現的是佛弟子各乘騎五百青牛、孔雀、獅子等動物前去赴會。畫面上各以五匹動物代表五百匹，"以一當百"是佛教壁畫常見的象徵手法。動物均作快速奔跑或飛騰的姿態，由近至遠縱深排列，使構圖簡約而有圖案效果。

敦煌早期動物畫在造型、敷彩兩方面都繼承了漢晉時期善於誇張的傳統。五百青牛用石綠為底色，以石青暈染形體結構，以白色勾出"S"形牛角，在土紅色底的襯托下，分外鮮明。青綠色的牛在現實中是沒有的，這種誇張手法在隋、唐時期及其以後的動物畫中仍被沿用。

五百白馬奔馳跨越的姿態十分生動，腿的關節處形成兩條弧綫相切，表現急速運動中的印象。特別是後腿向後上方踢起，而前馬的馬頭卻向後勾成

"C"字形，如此大的動態是超乎一般想像的。這種變形、誇張的馬的造型，在西亞、波斯、印度和希臘古代藝術中都難以尋覓，卻可以在漢代畫像石上見到，足見敦煌動物畫與漢代藝術是一脈相承的。唐代繪畫史論家張彥遠在《歷代名畫記》中説，"古之馬喙尖而腹細"。與挽車白馬一樣，這種嘴尖細腰、四肢修長的西域良馬，高大善跑，大概是漢武帝時所稱的"天馬"。

五百大象分有棕、白兩色，象的頭骨畫出兩個圓凸，這是以現實為摹本的。而象的鼻子卻畫得非常有趣，繞了一圈，又繞一圈，有新奇、幽默的效果。

將動物形象納入圖案紋樣，可見於第435窟頂部一方平棊圖案，在蓮池中畫着白鵝。畫匠直接用厚重的白粉在石綠色底色上畫就，寥寥數筆如同寫意，造型準確，手法簡練。這是敦煌石窟中，將動物畫成窟頂紋樣的最早實例。

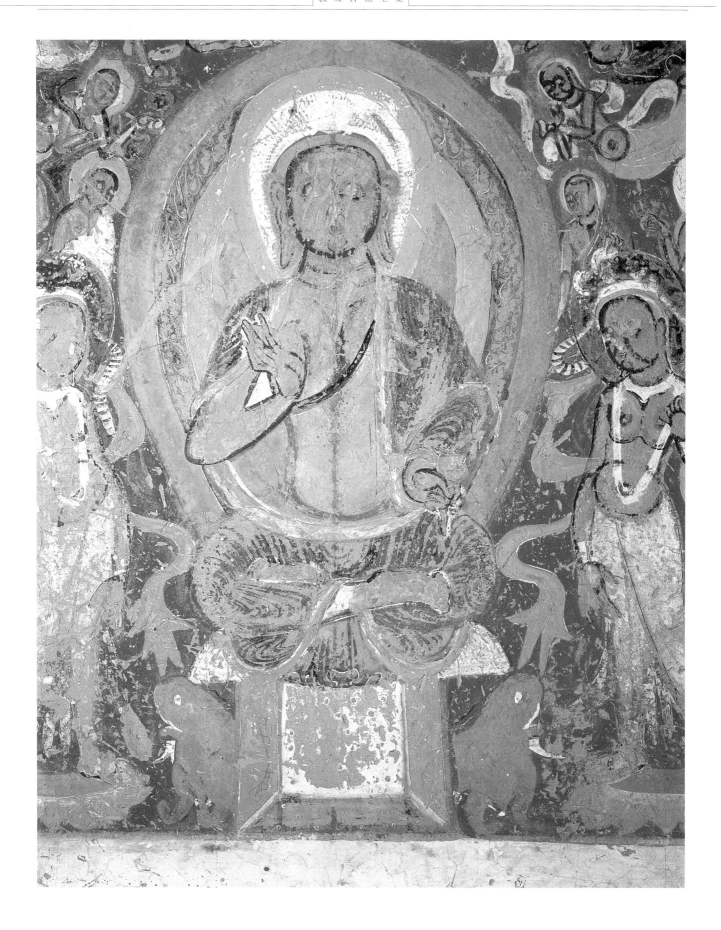

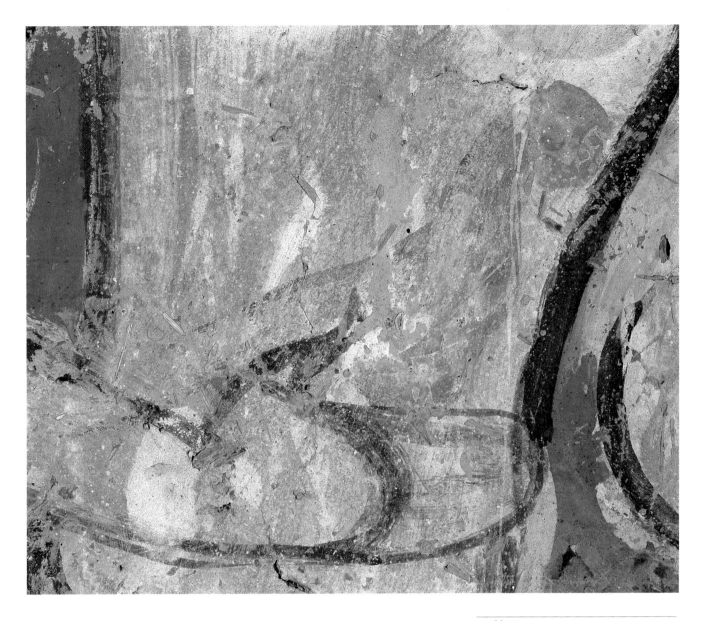

2　鴿子

"尸毗王本生"中的"割肉貿鴿"故
事，描寫尸毗王割下自己的肉餵鷹並以
手保護被鷹追捕的鴿子。鴿子被繪成綠
色，綫條概括，好像一幅速寫。
北涼　莫275　北壁

1　雙獅座

佛教以佛為人中獅子，佛所坐稱獅子座，
並以獅子形象作直觀表現。此圖的獅子座
為敦煌壁畫中時代最早的獅子圖像，它被
繪成一隻長着鬍鬚的圓頭猛獸。
北涼　莫272　南壁

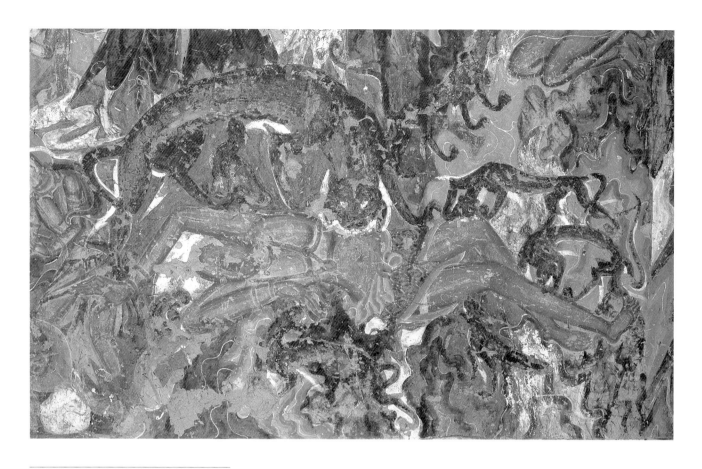

3 羣虎

薩埵太子本生故事畫中，描繪了薩埵王子
為了拯救快餓死的母虎和七隻幼虎，毅然
登上高山投地喂虎，刹時間地動天驚，太
陽無光，天墜花雨，諸天共為之讚嘆。圖
中的餓虎造型誇張，被賦以感情。
北魏　莫254　南壁

4 虎仔

這是薩埵太子本生故事畫的局部，表現
的是正在啃食薩埵王子左膝的一隻幼虎
的細節，畫中誇張其腰身之長度和腹部
的纖細，從而強調出"餓虎"的特點。
北魏　莫254　南壁

5 山間小動物

此圖是薩埵太子本生故事畫的細部特
寫。在蜿蜒起伏的山巒間，有鹿、羊等
動物出沒。這一小小的點綴卻讓遠山背
景乃至整個畫面憑添靈性。
北魏　莫254　南壁

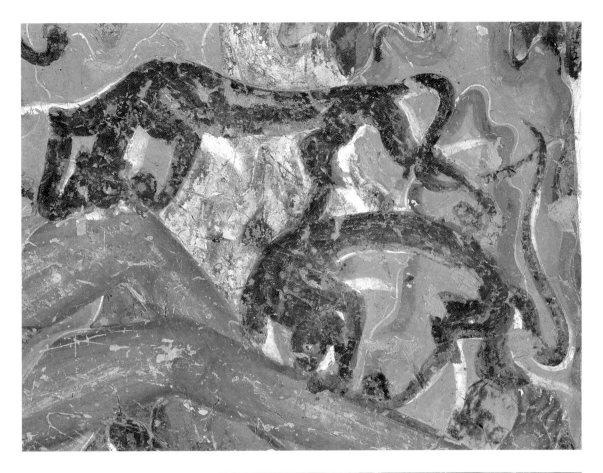

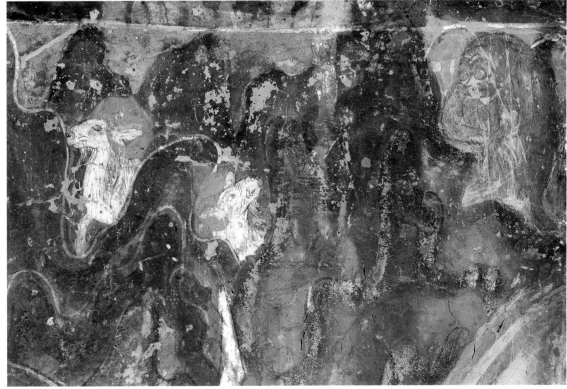

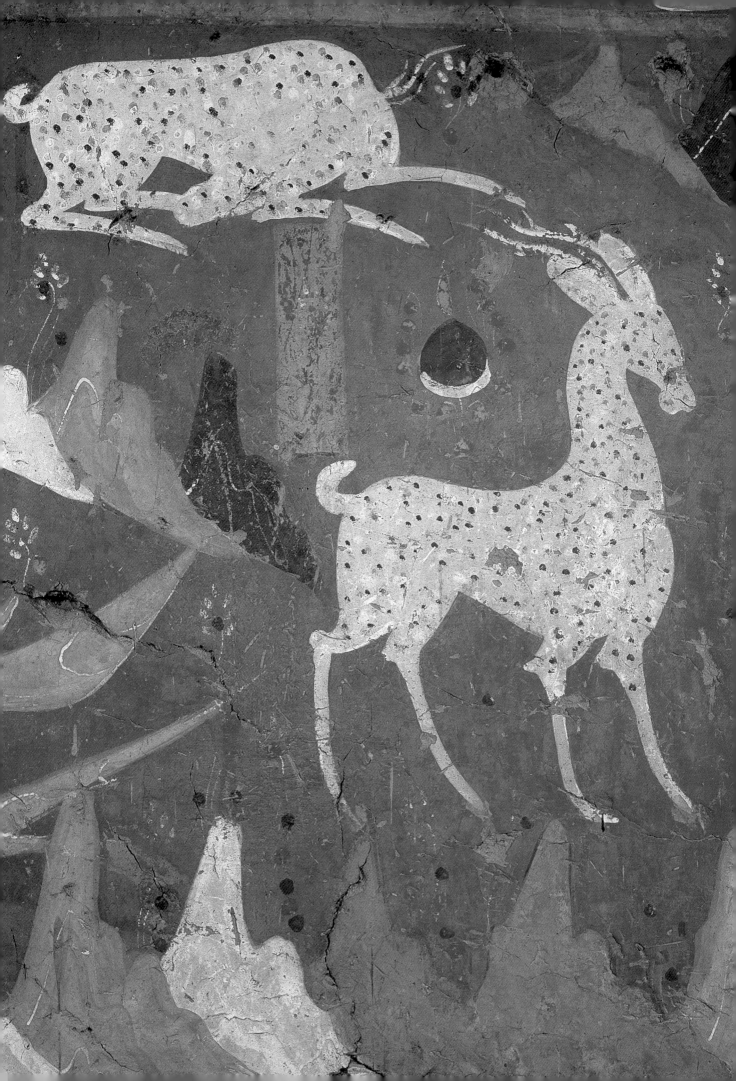

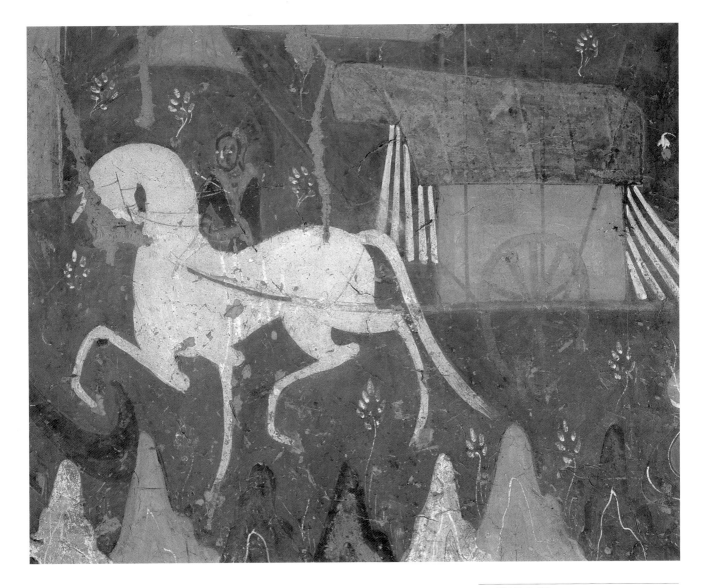

7 挽車白馬

在九色鹿本生故事畫中，國王乘坐白馬
拉的車，出城尋找九色鹿。白馬形體修
長。姿態典雅。以土紅作底色，更突出
了裝飾風格。

北魏 莫257 西壁

6 九色鹿

九色鹿本生故事畫描繪的是，被九色鹿
救起的溺水人為了貪圖富貴，反而帶領
國王去捕獵九色鹿，但國王最終被九色
鹿的正氣所感動。圖中以擬人手法表現
了九色鹿在國王大軍面前挺胸屹立，大
義凜然的氣概。造型挺拔秀美，是北魏
時期動物畫中的傑作。

北魏 莫257 西壁

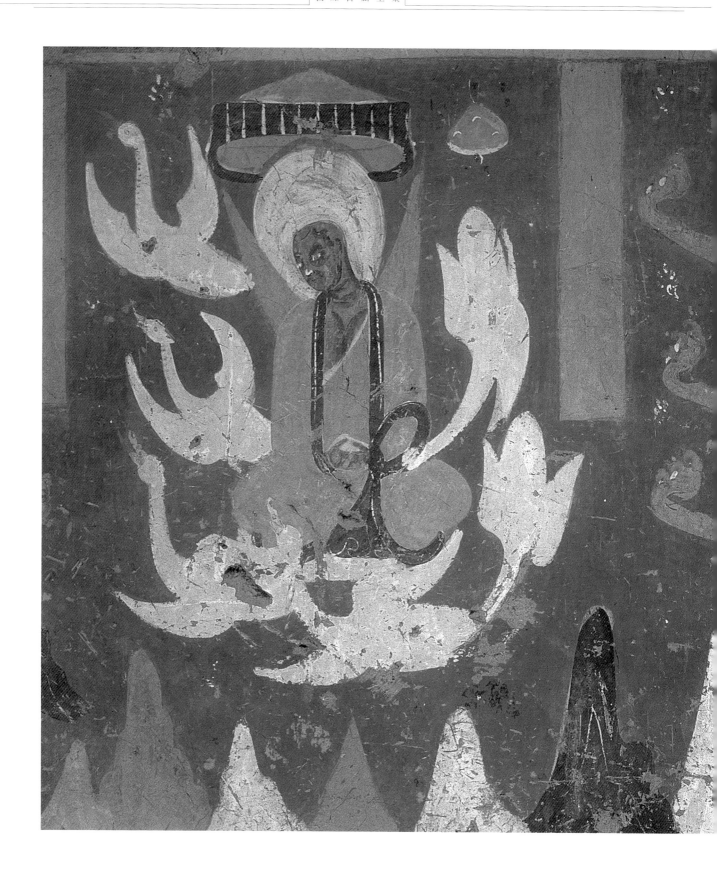

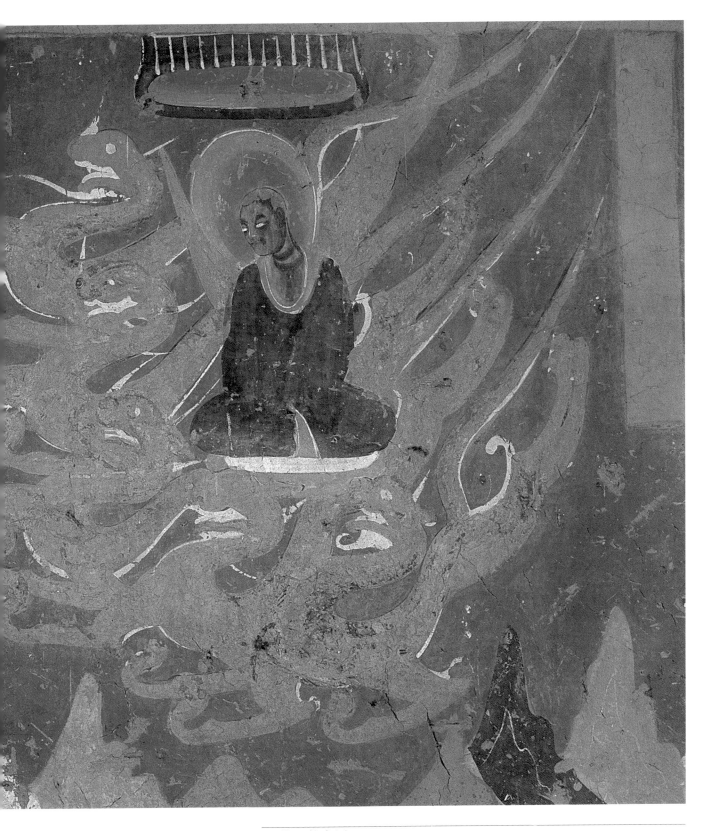

8 弟子赴會圖

"須摩提女緣"故事說，虔誠信佛的須摩提女，因在婚宴時拒絕向外道施禮而病倒，於是焚香請佛。佛率眾弟子前來赴會，並當眾說法。佛弟子為來赴會，各顯神通，化現出獅、虎、雁、孔雀、金翅鳥、龍、馬、牛等，其數均各為五百，各乘其動物而來。圖中佛弟子大迦旃延化五百白鵠、離越化五百虎為坐騎飛去赴會。敷色厚重溫和，畫面裝飾感強。

北魏 莫257 北壁

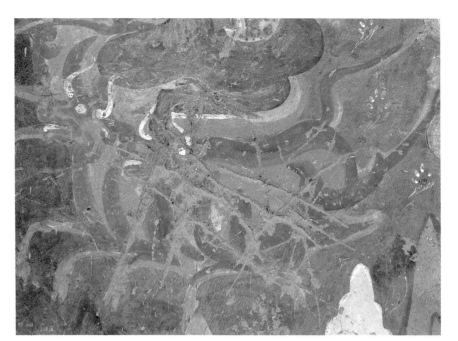

9 奔跑的青牛

佛弟子般特化現出五百青牛,乘之而來
赴會。青牛的動態,特別是敷彩上作了
誇張。青牛的後腿在奔跑中撇向天空,
帶有漢代造像遺風。畫法上用青綠二色
以天竺"凹凸法"暈染,使牛身呈現鮮
麗的青綠色調,突出了神話色彩。
北魏 莫257 北壁

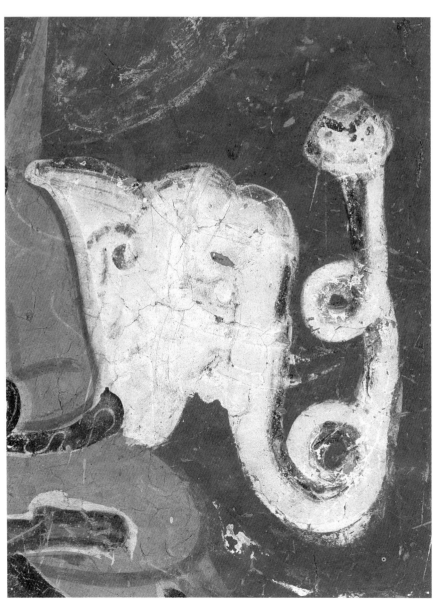

10 捲鼻白象

須摩提女緣故事畫中,佛弟子大目犍連
化現出五百大象乘其赴會。圖中象鼻繞
了兩個圓圈,頗有想像力和幽默感。
北魏 莫257

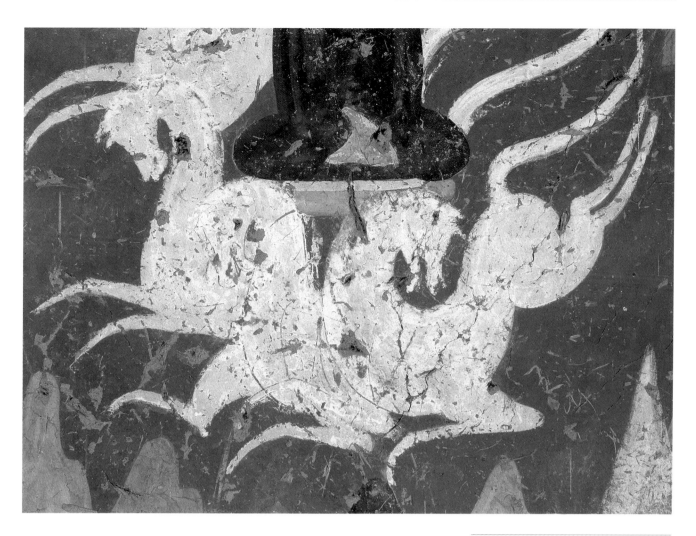

11　飛奔的白馬

須摩提女緣故事畫中，佛弟子大迦葉化
現出五百匹白馬，乘其前去赴會。白馬
象徵純潔與高貴。

北魏　莫257　北壁

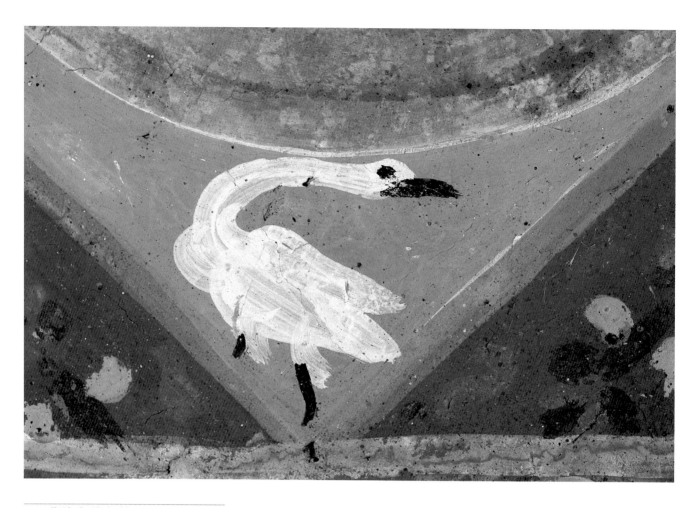

12　蓮池中的白鵝

這幅平棊圖案，中心方井當作水池，以
綠色來表示，中間畫一朵蓮花圖案，在
方井相對的兩角各畫出一隻白鵝，富有
生活情趣。

北魏　莫435

第二節　西魏與北周動物畫

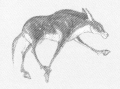

西魏、北周時期（公元 500 － 585 年），敦煌動物畫進入第一個輝煌時期。此期逐步從北魏的裝飾概念中走向活生生的現實，其畫風的主旋律是矯健與奔放，造成了飛舞、流動的視覺效果。

此期間佛教在與其他宗教衝突與融合過程中，引入了多種崇拜的概念，崇拜對象甚至涵括東王公、西王母、伏羲、女媧在內。壁畫上除了描繪天上世界外，還有人間世界，所以這一時期的動物畫題材大為拓寬，佔有的壁畫面積增大。在北朝、南朝、西域的文化的影響下，繪畫風格也發生變化。動物畫題材既有走獸飛禽，還有爬蟲，共三十餘種。

西魏時，敦煌石窟出現了狩獵場面，以象徵人間貴族的生活，繪在覆斗形窟頂下段繞窟一周。貴族狩獵題材源自漢代中原壁畫。在山林間畫野獸出沒，習慣上稱為“山林動物”。不同的是這些動物的畫法已經偏離漢代的固有模式，而用流暢的綫條表現無所約束的自然美。

動物畫比較集中而又具代表性的是第 249、285 窟，敦煌動物畫傑作多出自此二窟之中。

第 249 窟覆斗形窟頂上，繪有多種內容，主題是表現佛、道、儒的宇宙觀，有天、地、神、人合一的思想。天上盤旋着神禽異獸，地上野獸出沒於山林之間。畫面沿着連綿不斷的山巒展開，在四坡下端構成橫卷式野生動物畫。類似的題材和佈局，在敦煌及河西地區的魏晉壁畫墓中也可看到。例如酒泉丁家閘壁畫墓覆斗形墓頂上的畫面，可以明顯看出與莫高窟之間有密切的淵源關係。這説明中國傳統文化不斷吸收外來文化，並相互滲透融合。

該窟北坡繪的是《東王公出巡圖》，下部繪有狩獵的場面。獵手跨馬飛馳，回首彎弓射虎。虎的形象顏色脫落殆盡，只留下底稿的輪廓綫，看上去像是一幅速寫式的白描。流暢的曲綫富有動感，眼與口都被誇大，給人惱怒和威猛的感覺。雖然虎的頭、腿、爪、尾部都明顯脫離了現實，但仍然表現出虎虎生氣。另一獵手在追捕黃羊。黃羊是西北

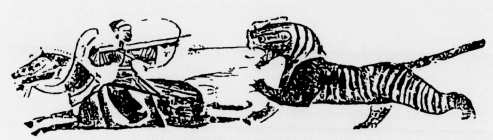

河南省禹州漢代畫像磚上的射虎圖

高原的野生動物，很能適應惡劣的自然環境。黃羊生性機敏，畫面上的羊耳朵一前一後豎起，警惕着四周動靜。羊的前腿畫得很細，幾乎沒有表現肌肉，而後腿卻很強健，表現了黃羊善於長距離快速奔跑的特性。

狩獵活動驚擾了整個山林。在獵手的前方，野牛一邊奔跑，一邊回頭張望，畫匠準確地捕捉到牛在受驚逃竄時的瞬間，並與中心畫面構成了照應關係。野牛造型不施任何顏色，全靠簡練而富於變化的綫條完成動態結構，速寫式的綫條得之於心，應之於手，瀟灑遒勁，有很強的動感，是一幅精彩的白描動物畫。

在山林的角落裏，母野豬領着小豬崽出來覓食，除了最小的一頭頑皮地跑在前面，與母豬親近外，其他都從從容容地跟在後面。它們一路享受着陽光的沐浴和沒有獵人猛獸的寧靜氣氛。野豬造型為長嘴、細腿，蹄子分岔上翹，這些細節描寫，充分表現了野豬的特徵。

窟頂南坡繪有《西王母出巡圖》，在鳳輦之下是靜謐的山林，一羣黃羊悠閒地踱步。山林兩頭的邊緣各站着野狼，綠色的狼正向前探望，而白狼頸後的毛豎起，仰頭嚎叫，黃羊被嚇得跳起逃走，野牛則若無其事地眯着眼睛。牛脊背上的主綫和頸部的綫畫得很隨意，牛角只用了一條流暢優雅的 "S" 形綫，耳朵、眼睛乾脆未畫出來。這幅速寫式白描畫稿，就像是現代大師的習作。

第285窟建於西魏大統四至五年（公元538—539年），是敦煌石窟最早有紀年的洞窟，這對繪畫史研究有特別重要的意義。此窟動物資料最為豐富、藝術水平相當高，動物畫主要分佈在窟頂四坡和南壁，以及南北兩壁龕楣的裝飾圖案中。窟頂動物畫佈局也是安排在下部的山巒樹林間，與第249窟不同的是此窟在山林間繪有禪室，而不是狩獵場，也就是説動物與山林是作為修禪僧的環境背景出現的。生動精彩的動物畫小品就出現在這裏。

畫在東坡的一座禪室外，有一隻虎，它張着口，瞪着眼，兩耳後貼，伏腰潛行，似乎是在試探禪僧，又像是要偷襲禪室另一側的小鹿。禪僧正處在保護小鹿的位置上。虎的筆墨看上去很隨意，甚至有些潦草，然而畫面構思巧妙，虎的形象也頗傳神。

南壁也畫有一隻緩步潛行的虎，雙目緊盯前方，詭秘謹慎，好像生怕驚動目標。圖中並未畫出被偷襲的對象，這反而增加了畫面的緊張氣氛和懸念。南坡的禪室旁，畫一隻覓食中受驚的鹿。它一面回首豎耳，一面抬腿欲跑。畫匠準確捕捉鹿在平靜中受到驚嚇的一刹那，表現出鹿的緊張、機敏神態。

東坡還繪有射牛的場面，獵手張弓

搭箭，正要射獵一隻高大的氂牛。氂牛生長在青藏高原，耐高、耐寒，且有耐力。畫匠先以赭紅綫勾出輪廓，然後用土紅色平塗氂牛的形體，最後不再用定稿綫勾勒。氂牛的胸腹下部和尾部用乾枯的破筆刷出飛白，這種畫法很似後來中國繪畫史上誕生的大寫意，或者說它是寫意畫法的雛形。值得注意的是，唐代文獻記載有"飛白書"，但出現於西魏的"飛白畫"卻屬罕見。

南坡繪一頭騾子被繩索捆住腿，正在掙扎，形象生動，充滿生活情趣。細緻的筆墨暈染，準確的骨骼結構，充分說明作者有紮實的生活體驗和敏銳的觀察力。這幅"縛騾圖"是北朝動物畫的優秀之作。

西魏時期壁畫的鳥類形象大多出現在裝飾圖案之中，第285窟就是典型的代表。窟內南北兩壁禪室門楣上，全部圖案都是以珍禽為中心配合植物的紋樣，其中有孔雀、鸚鵡、鴿子、馬雞等，象徵祥瑞、和平。畫面結構飽滿，色彩雅致。孔雀的造型是寫實的，它挺胸鼓翅，站在蓮花花蕾上。孔雀生活在亞洲熱帶地區，受古代印度人讚美和敬愛，並建有以孔雀命名的城池。佛經中有孔雀王的故事，孔雀代表美麗、高貴和善良、智慧。據《漢書》記載，孔雀最早進入中原是由南越王貢獻給西漢皇室的，當時也稱作"孔爵"。

南壁五百強盜成佛故事畫畫有與主題無大相關的鬥雞場面。兩隻雄雞分立於屋脊之上，都低着頭，伸着脖子，扇翅、翹尾，怒目相對。在佛本生故事中雖有一則《公雞本生》，但講的不是公雞相鬥。鬥雞在印度、東南亞和中國都很流行。早在春秋時便有鬥雞的記載，東漢畫像磚上印有中原鬥雞的情景，南朝畫家陸探微、顧寶光以及晚些時候的梅行思都以善畫鬥雞圖而名聞天下。然而這些名家真迹早已蕩然無存，幸而敦煌壁畫為我們保存下距今1400多年前的鬥雞圖。此圖在敦煌壁畫中也是獨一無二的。

南坡還畫有一隻藍色的雉，身體作流綫型，它伸頸長鳴，奮力前奔，即刻騰空。背景畫了相對處於靜態的灌木叢林，以靜襯動。在另一方幽靜的山林中，一對白鶴比翼齊飛，相映成趣，意境優美。從構圖上說，白鶴的動勢綫是橫向延伸的，與樹的結構綫相交，求得了畫面的和諧與美感。

第428窟是北周乃至整個北朝時期最大而又重要的洞窟。在東壁門南側繪有薩埵太子本生的連環畫長卷，內容與北魏第254窟的一致。畫中王子橫臥在餓虎的面前，虎低垂着頭，一副有氣無力的模樣。畫匠運用誇張和擬人化的手法，塑造出一隻飢餓至極、連吃食的力氣都沒有的困虎。薩埵王子的兩位哥哥見此情景飛馬回宮報信，兩匹跑馬畫得肥碩健壯，四蹄分開，前後伸展。這個動作在中原最早見於漢代畫像石，在敦煌壁畫中被視為固定的模式，代代沿襲。為了加強跑馬的快速運動感，畫匠特意將旁邊的樹冠畫成倒向一邊，表現馬在狂奔時激起的氣浪如風擊樹，這種誇張使畫面增添了戲劇性效果。

第 290 窟的中心塔柱上畫有一幅馴馬圖，馬豎耳鈎首，抬起前蹄，顯出調皮的樣子。在技法上，不用定稿綫，起稿後直接敷彩和暈染，受光處和毛色較淺部分，則輕塗淡抹，稍加暈染。特別是馬的頭部只用一筆赭紅勾出鼻綫，而將鼻上的白斑空出，筆意簡練並帶有幾分粗獷。

此窟東坡的佛傳故事畫中，有一幅描寫母羊哺乳小羊的小品。畫面表現了母羊的愛撫和小羊羔得到乳汁後的滿足，構成了一片寧靜而又富有生命力的小空間。母愛是藝術上永恆的主題，佛教藝術也不例外。與此相反，第296窟虎獵鹿的小品表現的卻是弱肉強食。兩隻憩息的鹿臥在山坡上，正在享受着平靜，然而一隻猛虎正悄悄逼近。在這千鈞一髮之際，鹿發現了虎，偷襲者兇狠的目光與靜臥者驚恐的目光碰擊到一起，殘酷的生存競爭扣人心弦。這是北朝時期動物畫中的佳作。

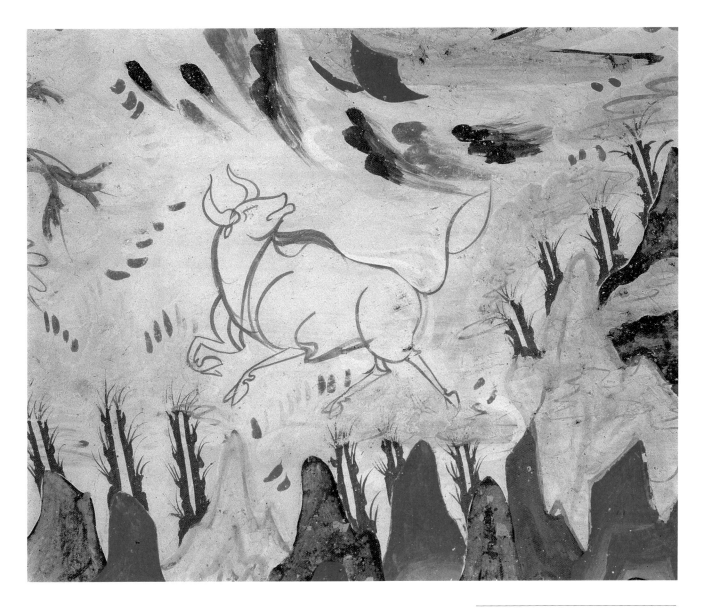

13　受驚的野牛

畫中受驚的野牛，邊逃邊回首。畫師僅
用概括簡練的速寫勾勒出野牛的動態神
情，逼真傳神。充分表現出作者繪畫技
巧的嫻熟。該圖還表明早至南北朝時
期，畫師對於野牛結構的認識已經達到
較高的水準。

西魏　莫249　北坡

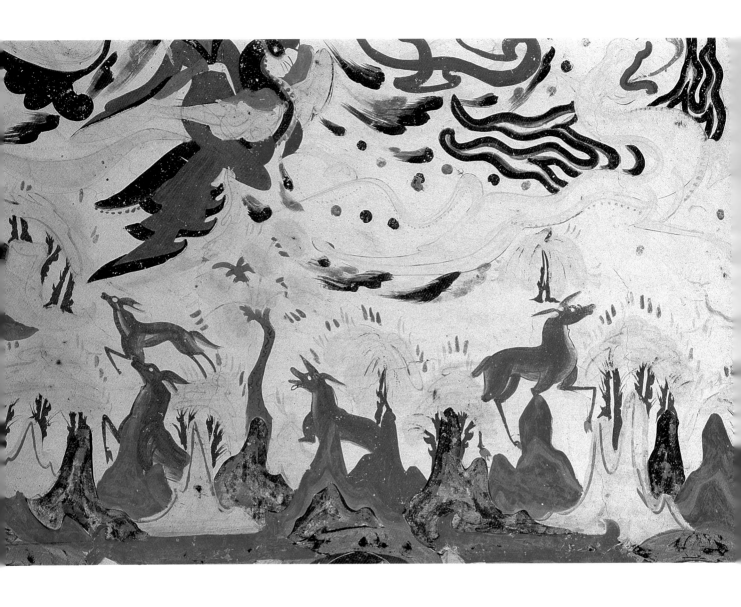

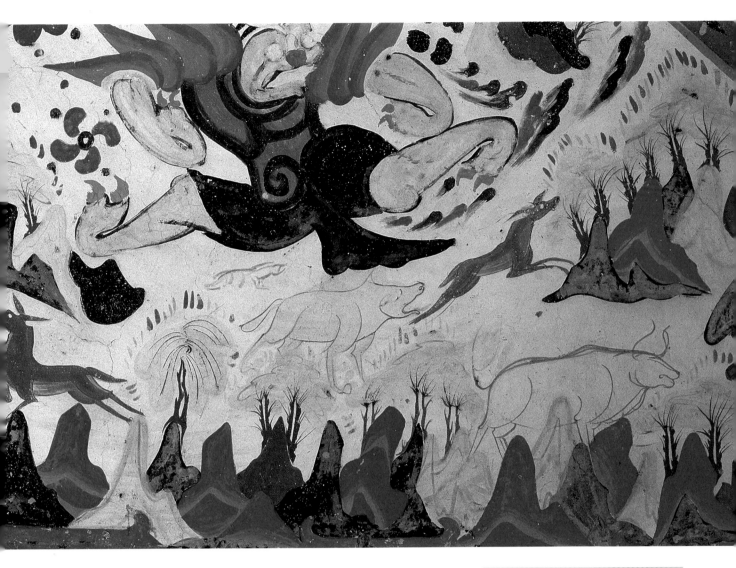

14 山林動物

整個窟頂四坡的內容是表現佛、儒、道
關於天上人間的觀念。其上部是表示
"天上"的各種神話人物和神異動物。
最下端是以自然界表示"人間",有起
伏連綿的山巒,山林間狼、羊、野牛、
狐狸等野生動物出沒。敦煌壁畫中,這
種形式是場面最大而又集中描寫自然界
野生動物的畫面。

西魏 莫249 南坡

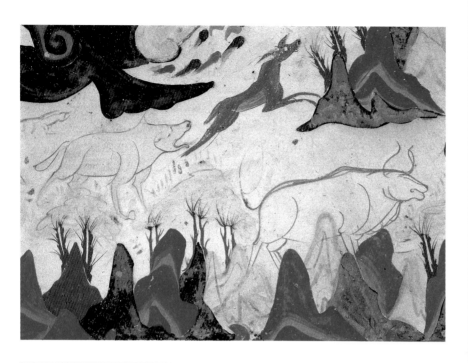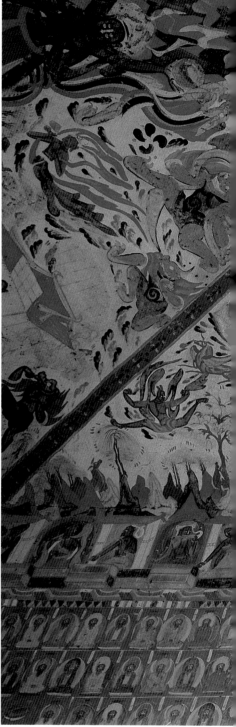

15 佇立的野牛

這頭處於靜態的野牛，與受驚的野牛遙
相呼應。畫當出自一人之手。牛的脊
背、頭部及頸下的輪廓綫，都反複修訂
過幾次，甚至連眼睛都未描畫出來。整
個畫稿效果猶如一幅現代動物畫的速
寫。牛身後畫有一隻嚎叫的狼。

西魏　莫249　南坡

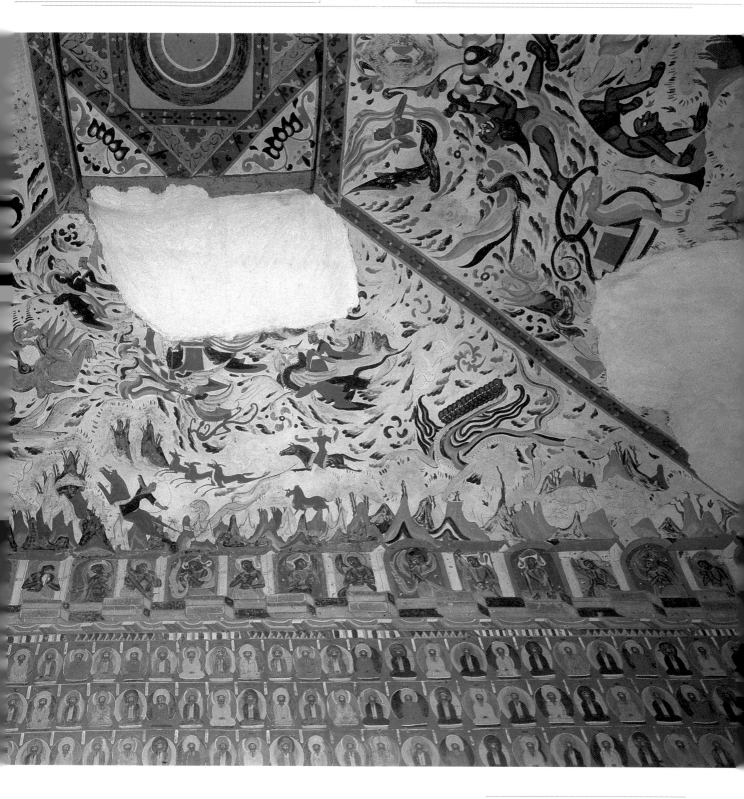

16　山林動物

在表示"人間"的山林中，有野牛、野
豬、虎、黃羊、鹿、馬等，畫面生動傳
神，特別是獵黃羊和獵猛虎的場面，動
感更加強烈。這是敦煌早期動物畫的傑
出代表。

西魏　莫249　北坡

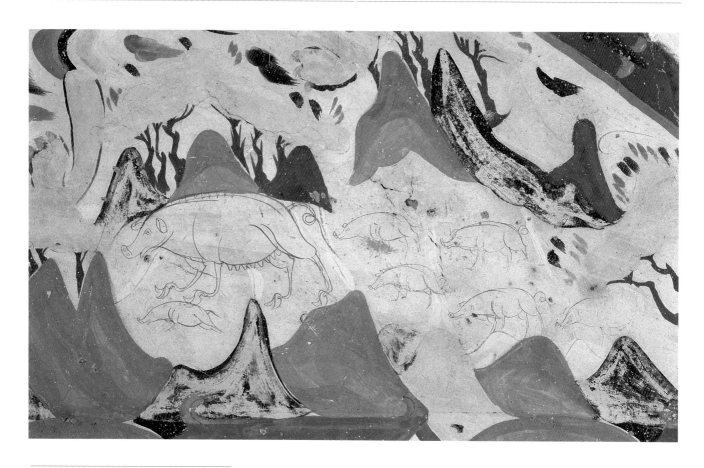

17　野豬羣

這幅圖以白描手法，準確地抓住野豬羣
的形體特徵，母豬腹下一排下垂的乳頭
和蹄子，筆雖簡但卻細緻入微，豬仔的
蹄子則全都省略，讓人覺得它們的小蹄
子或隱沒在草地中，或模糊於塵土裏。

西魏　莫249　北坡

18　奔虎

畫面上，狩獵者待追至猛虎前方反身拉弓
射虎，從而捕捉到最刺激、最緊張、最精
彩的瞬間。這種構圖源自漢代畫式。

西魏　莫249　北坡

19　狼

山林中畫一隻狼正覓食。畫家勾勒出輪廓
綫後，直接以石綠色平塗畫出，用色頗為
誇張，似未再描定稿綫，頗似一幅沒骨
畫。因畫筆中的顏料與水份略有濃淡深
淺，天然留下的筆觸略呈暈染之狀。

西魏　莫249　南坡

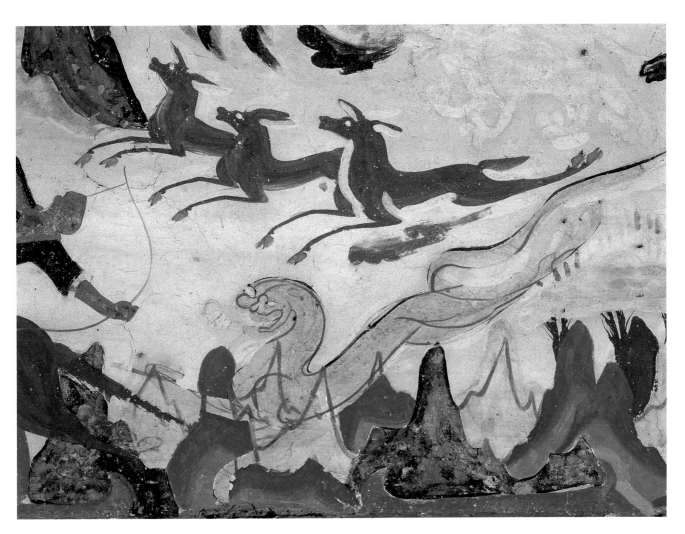

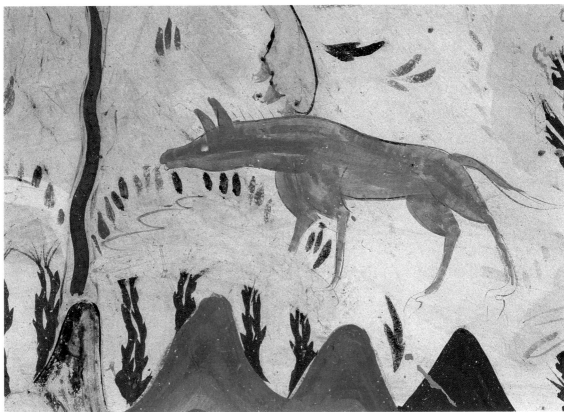

20 山林動物

在連綿起伏長滿樹木的山中,有四座禪
室。野豬、鹿、虎、犛牛、羊等,有的
臥在禪室前與禪僧為伴;有的在覓食;
有的卻正被獵人捕殺。這種禪僧與狩獵
圖像組合在一起的壁畫,屬於佛教表現
禪戒的"不律儀變相",意思是勸告修
行者不要像獵人那樣破殺戒。

西魏 莫285 東坡下段

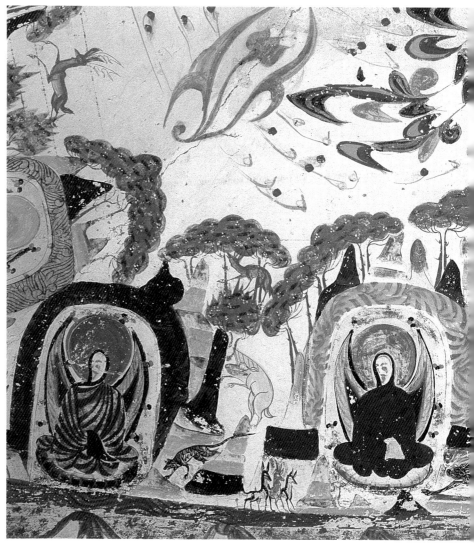

21 偷襲中的虎

看上去繪畫風格比較粗放,然而對偷襲
時老虎的動態和神情的刻畫卻很成功。

西魏 莫285 東坡下段

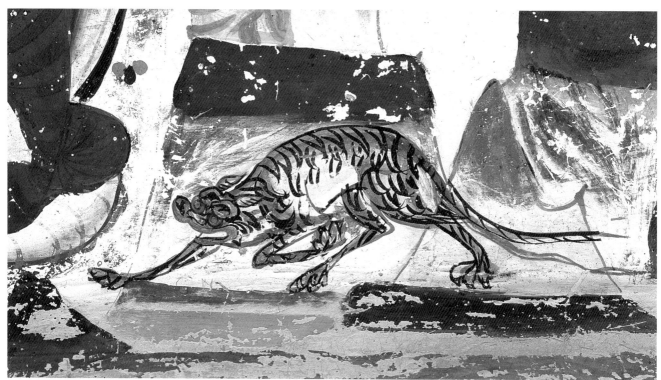

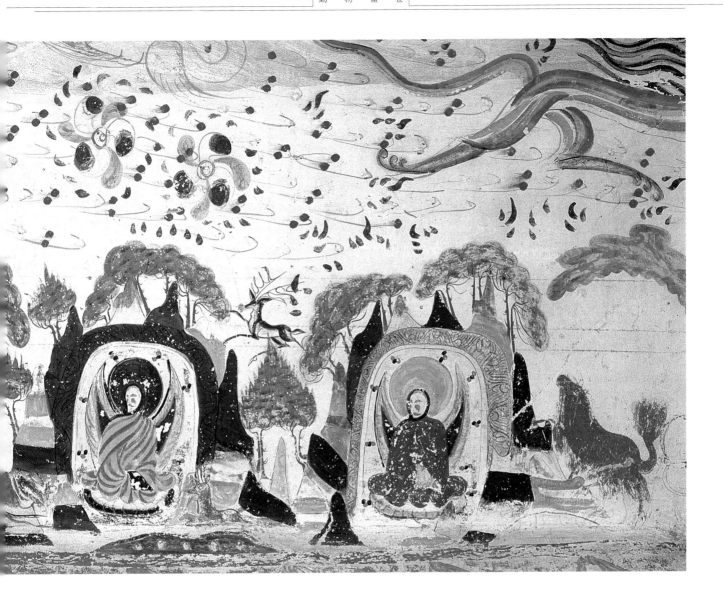

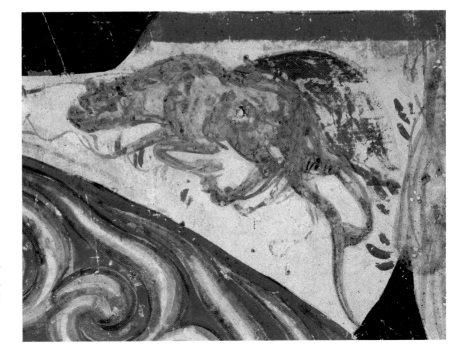

22　伏行虎

這隻虎畫於禪房外門楣圖案上端。虎的
皮毛顏色都是寫實的，姿態頗傳神。

西魏　莫285　南壁

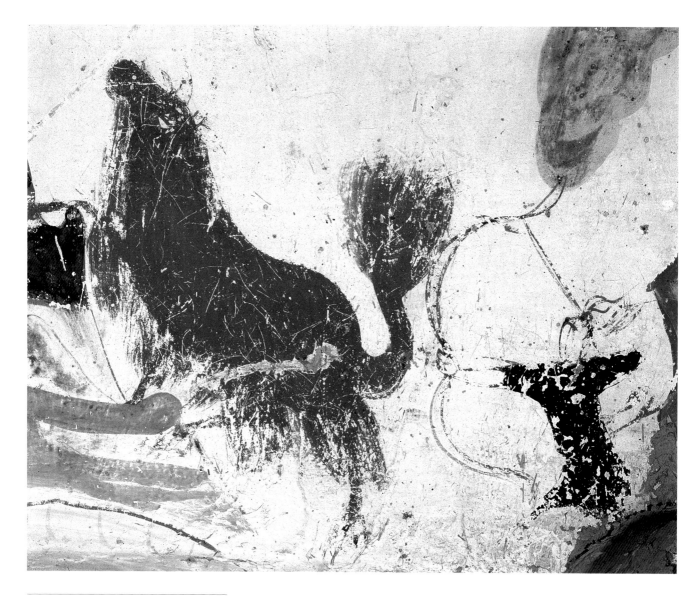

23 射獵犛牛

此圖描寫一隻巨大的犛牛被獵人追射，
無處逃生，竭力往山上攀登的場景。從
保存現狀看，其畫法可能是勾好輪廓之
後，直接以濃重的土紅色平塗而成，最
後不再勾出定稿綫，頗似沒骨畫法。
西魏　莫285　東坡下段

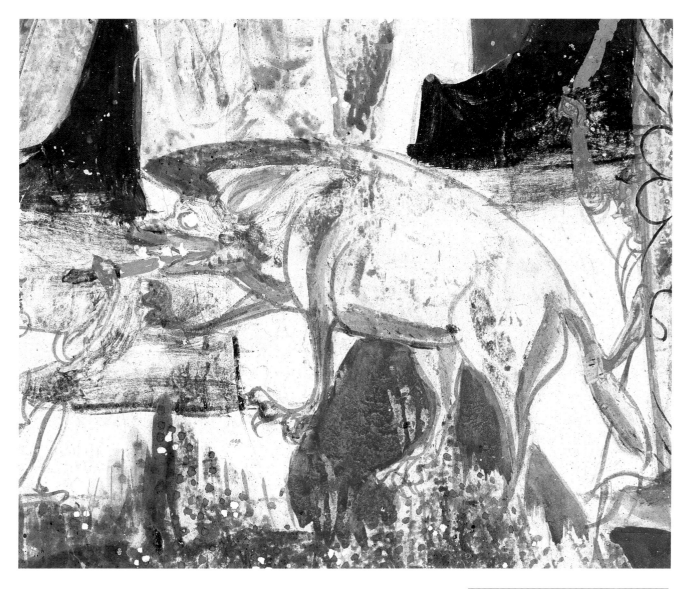

24　野豬

在禪僧修禪的山林中，畫一頭公野豬的
形象。它尖嘴、細腿而身體肥碩，項上
鬃毛高豎並向前指，造型生動。

西魏　莫285　南坡

25　鹿與猴　　　　　　見下頁 ▶

窟西坡中央，畫手擎日月，足蹈大海的
阿修羅王。在他腳下的大海邊，畫一隻
鹿正在飲水；在稍遠的海邊，又畫一隻
猴，動作頗為滑稽。這兩隻動物表示善
良和智慧。而後來在中國的世俗文化中
則附會成“百祿封侯”吉祥話。

西魏　莫249　西坡

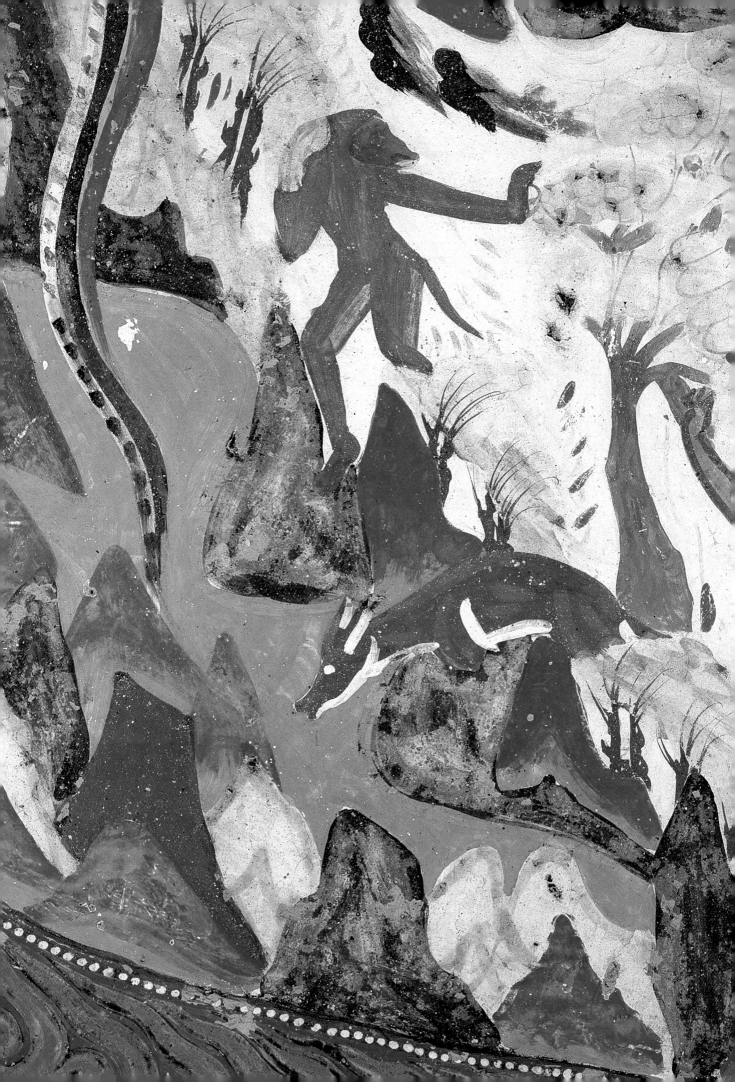

26 瞭望開明的猴

山林中一隻彌猴蹲坐樹上,瞭望巨大的
開明神靈,其動作真實而有趣。面部呈
灰色,通身敷赭紅色。

西魏 莫249 東坡

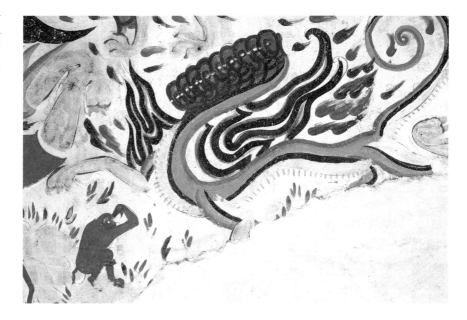

27 狒狒與玄鳥

站在山石上的狒狒向遠處瞭望,在牠的
上方,虛空之中一隻玄鳥在飛。山中一
隻鹿也舉首張望着天空中的動靜。它們
都從不同視角共同關注着須彌山上的美
妙奇景。

西魏 莫249 西坡

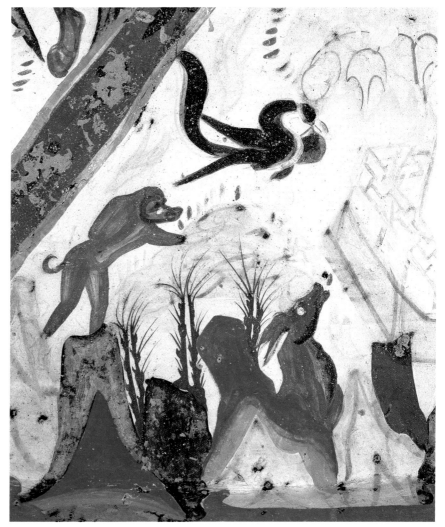

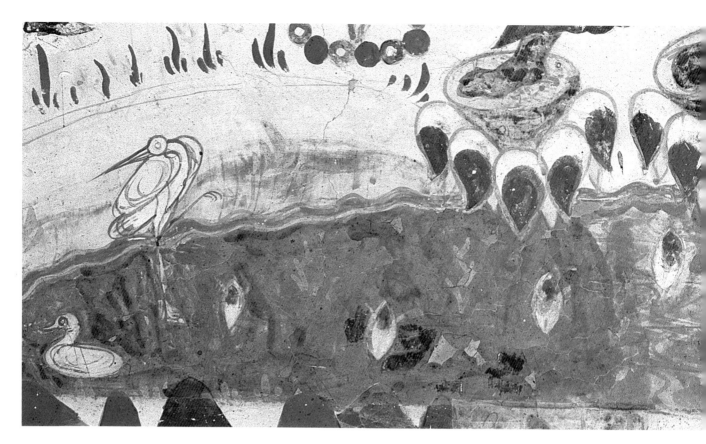

28 飲驢圖

這是五百強盜成佛故事畫中的小品。蓮
池中長着枝枝花蕾,小鴨在池中閒游,
鷺鷥獨立於水中,在梳理羽毛。池邊一
頭毛驢前腿跪下,伸着脖子正在飲水。
作者用比喻手法襯托出強盜皈依佛法時
的祥和氣氛。

西魏 莫285 南壁

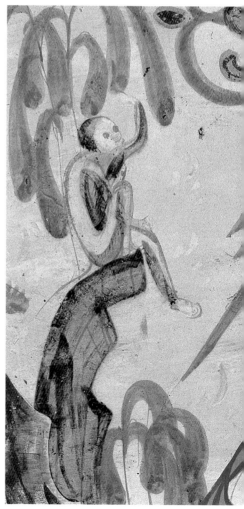

29 山巔獼猴

在修禪圖的山林中,畫了兩隻獼猴,分
處蓮花和摩尼寶珠兩側,南側的獼猴坐
在高峰之巔,眼望着遠處在地上行走的
獼猴,舉着手,似乎在打招呼。

西魏 莫285 西坡下部

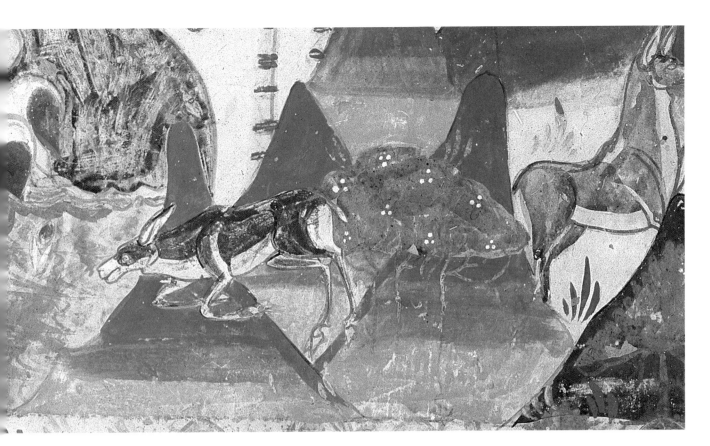

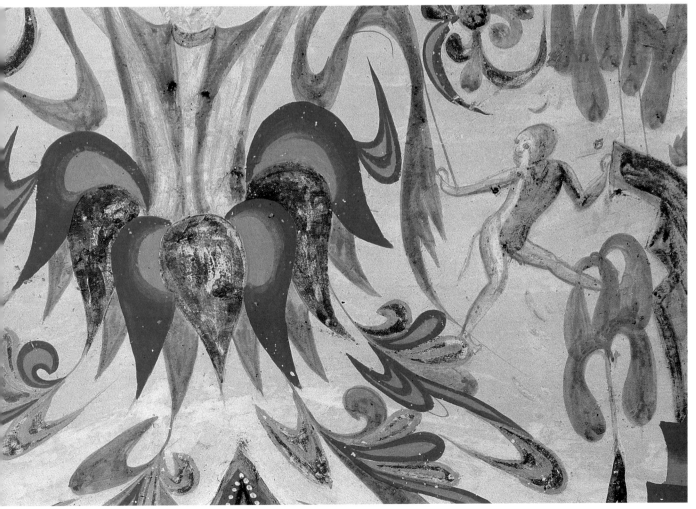

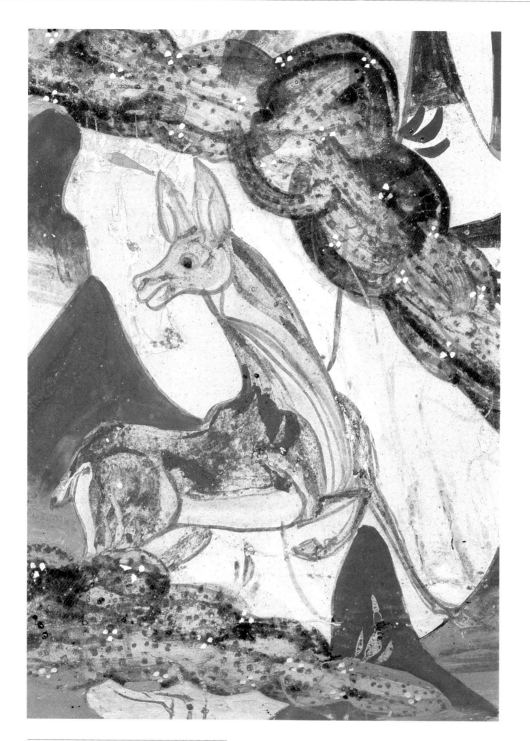

30 受驚的鹿

這是畫在修禪圖中的一幅小品。鹿受到
驚嚇，身體動勢和神態都顯出緊張、機
警的樣子。

西魏 莫285 南坡

31 被縛的驢

這是修禪圖的細部，被繩索縛住腿的驢正
在悲鳴掙扎。動態及敷色都是寫實的。是
敦煌早期壁畫中表現驢的罕見佳作。

西魏 莫285 南坡下段

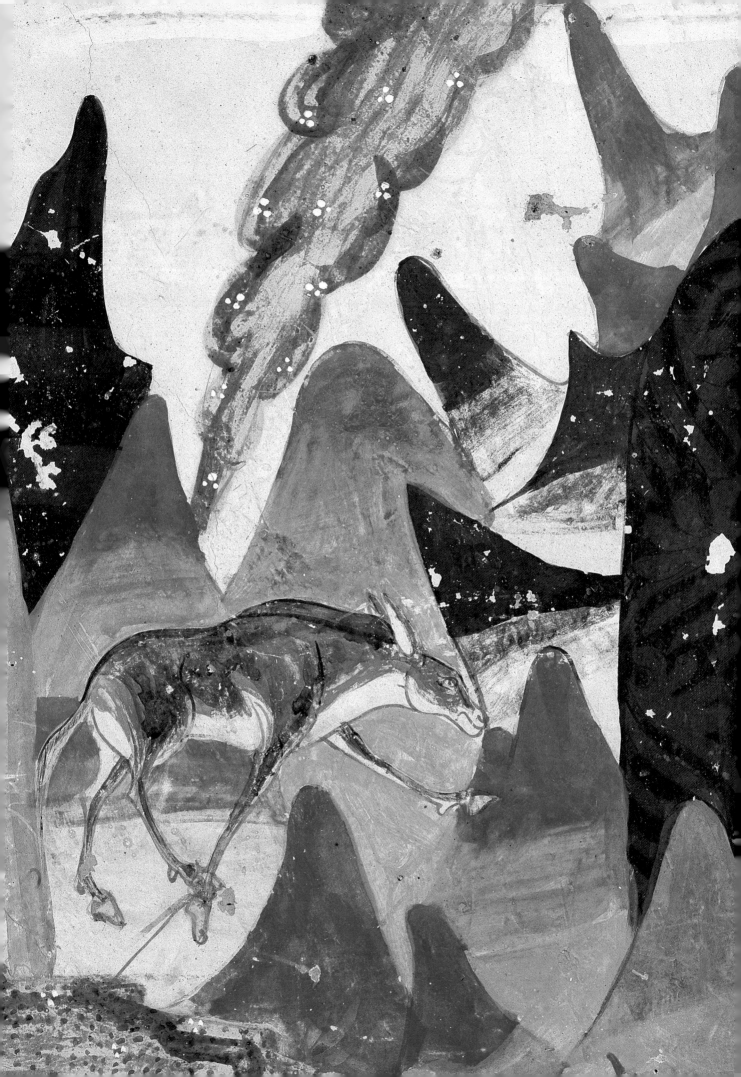

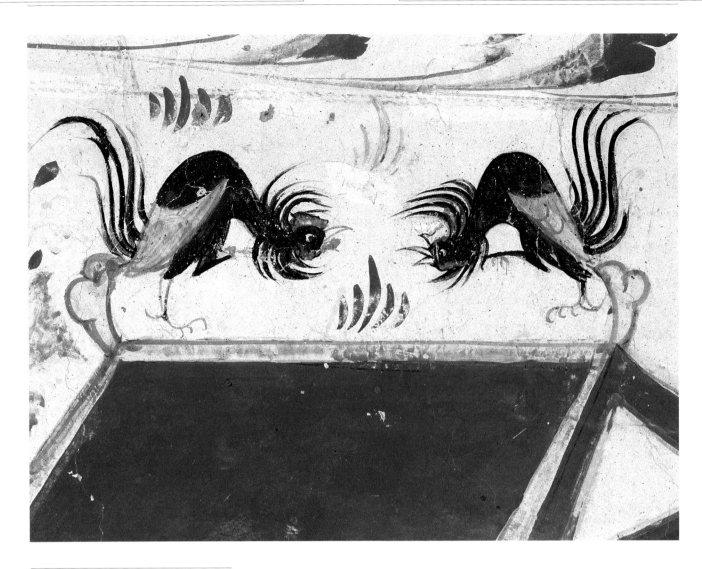

32 鬥雞圖

這幅鬥雞圖畫在五百強盜成佛故事畫屋
頂上，與故事內容無直接聯繫，只是作
為比喻烘托強盜與軍隊爭鬥的氣氛。這
是敦煌壁畫中唯一一幅鬥雞圖。在稍早
的嘉峪關晉墓壁畫中也曾出現過鬥雞
圖。

西魏 莫285

33 飛鶴

這兩隻比翼齊飛的白鶴，繪於窟頂，是一
幅用赭色綫起稿而未施丹青的白描。天空
中蓮花，忍冬，流雲，流星等或流動，或
旋轉，增添了畫面的動感。整個窟頂除了
飛鶴之外，無不敷彩，可能畫家有意利用
白色的底子來表現白鶴所致。

西魏 莫285 東坡

34 飛竄的雉

畫面表現了山林中精彩的一剎那：藍色
的雉在灌木叢中飛竄，兩腿疾奔，頭與
尾伸展成"一"字形，這樣的畫面在敦
煌是獨一無二的。

西魏 莫285

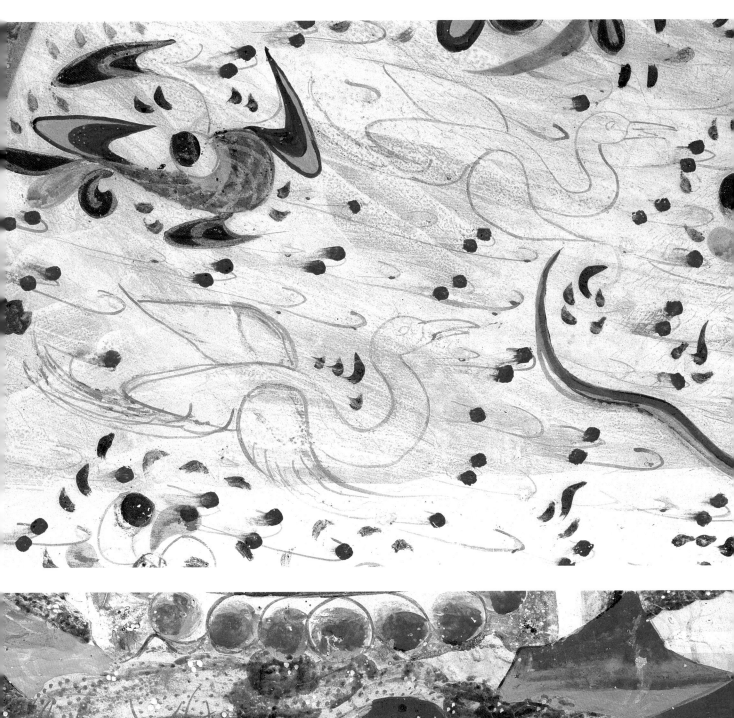

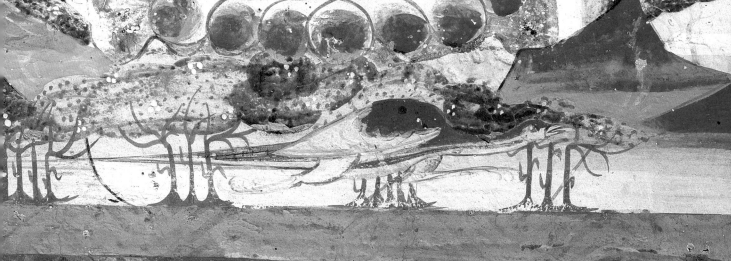

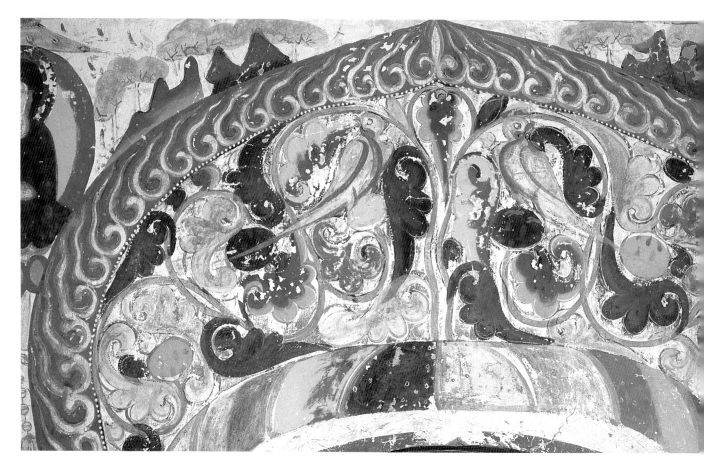

35 鸚鵡紋

由鸚鵡和忍冬紋樣組成的門楣圖案中，
兩隻鸚鵡立於花蕾之上，紅嘴紅爪，淺
藍色羽毛。在"鸚鵡本生故事"中，鸚
鵡是知恩圖報的仁禽。

西魏 莫285 北壁

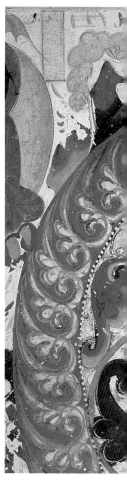

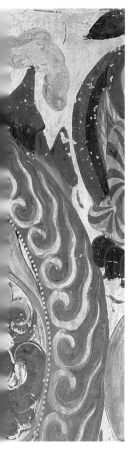

36　青鳥紋

青鳥與蓮花、忍冬紋組成的門楣圖案。
東側的頭頂上有羽冠，西側的卻沒有，
表明它們是雄雌一對。通身羽毛除翅膀
為赤色外，都是青綠色調。

西魏　莫285　北壁

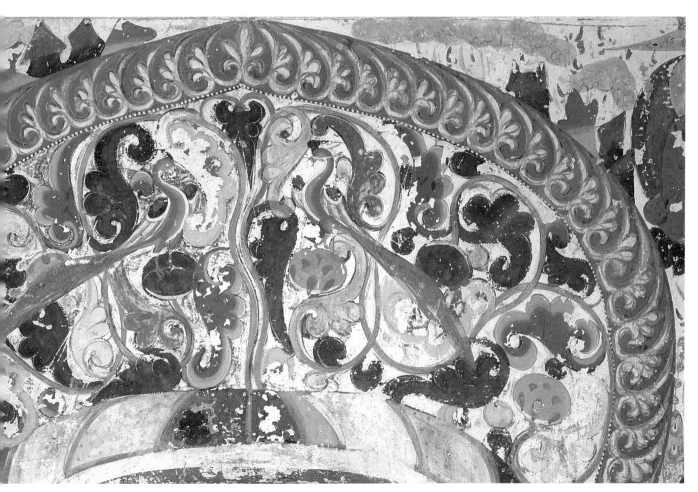

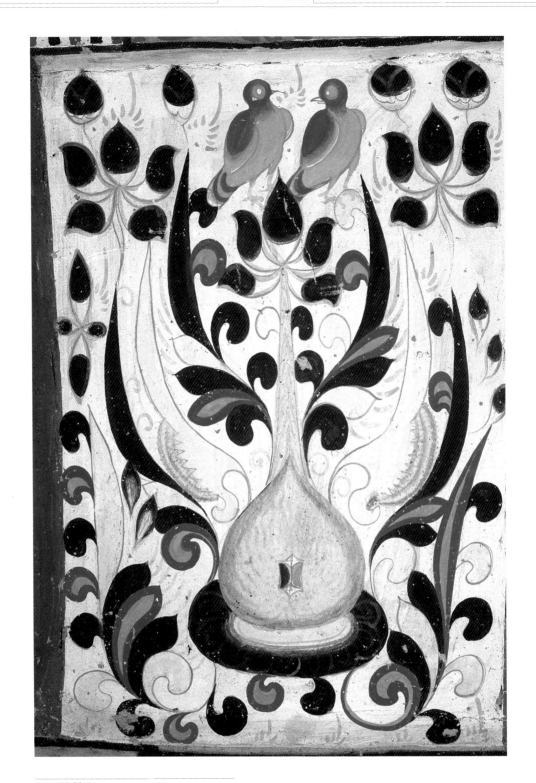

37 雙鴿紋

這是繪在望板圖案中的一對鴿子，鴿子
站在中央上部一朵盛開的蓮花上，羽毛
以綠、青二色暈染，產生寶石藍的效
果，色感相當逼真、優美。
西魏 莫288 西坡

38 馬雞紋

這是畫於望板圖案中的馬雞紋飾。馬雞
站在盛開的蓮花上，啣着一枝忍冬草。
用石青與石綠暈染來表現羽毛的顏色，
既漂亮、又真實。
西魏 莫288 西坡

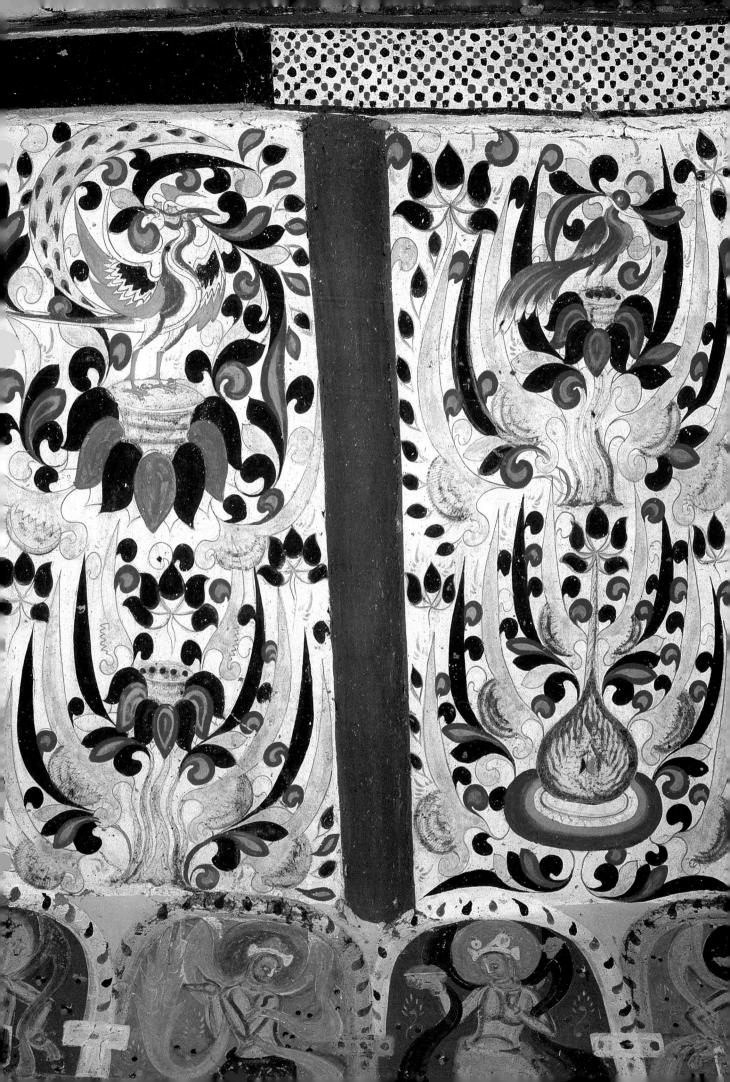

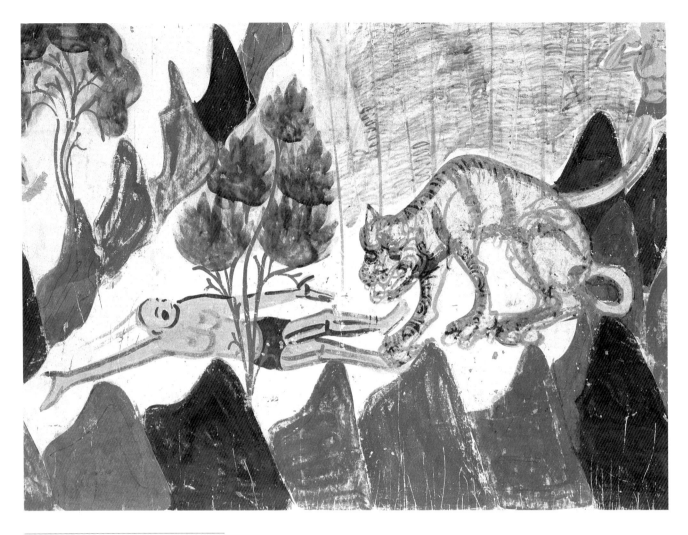

39 愁虎

薩埵太子本生故事畫中突出刻畫老虎飢
餓至極,面對捨身飼虎的王子,連吃的
力氣都沒有,因而滿面愁容。
北周 莫428 東壁南側

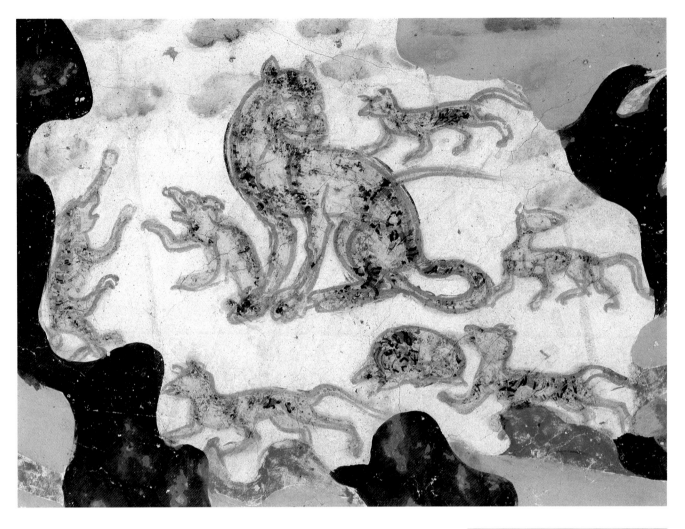

40　羣虎

薩埵太子本生故事畫中，雌虎關注着自
己的七隻幼虎。而幼虎有的伏地，有的
踱步，有的相互吵鬧戲耍，各盡其態。
北周　莫301

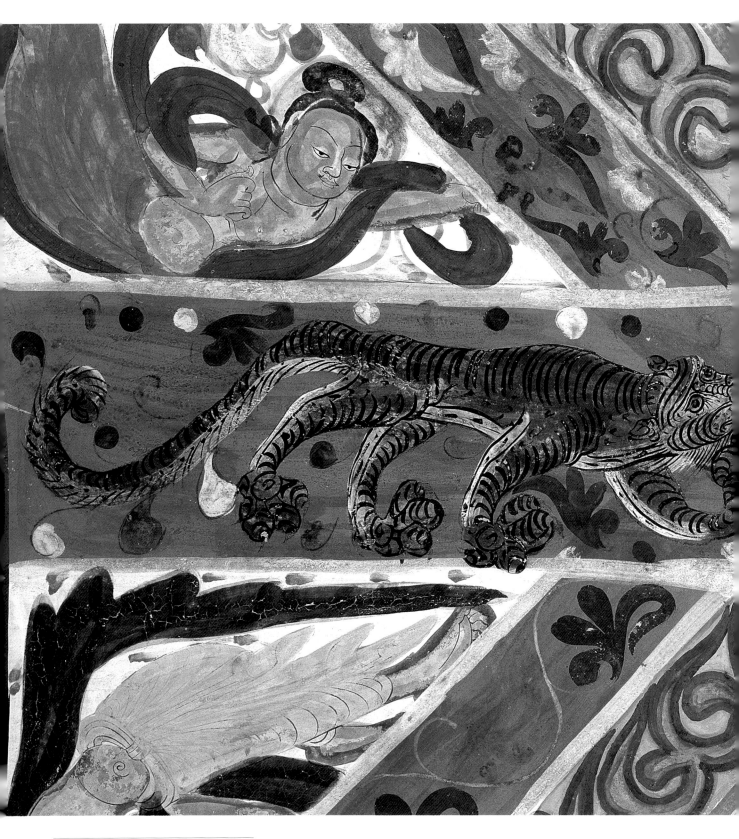

41 虎紋

將虎紋畫在窟頂的平棊圖案上,是敦煌
壁畫中僅有的一個孤例。其造型風格使
我們聯想到漢晉時期一些石雕綫刻上的
虎紋綫畫。

北周 莫428

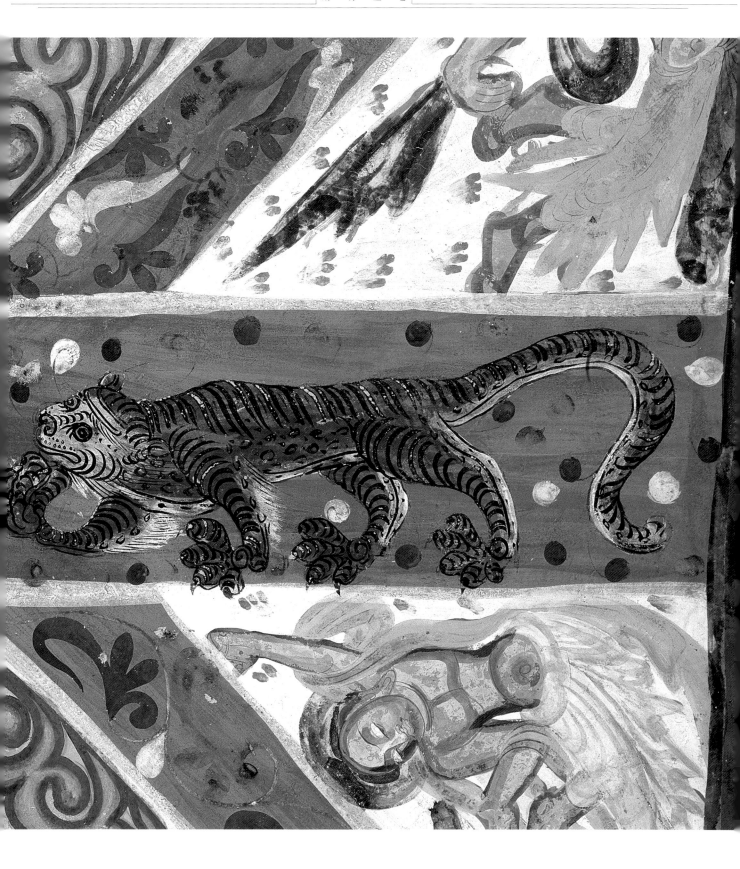

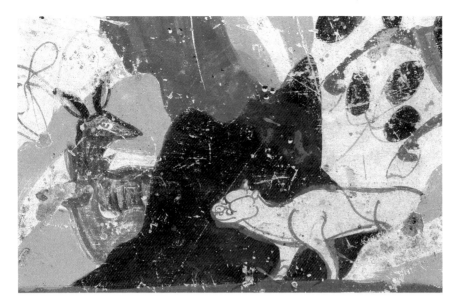

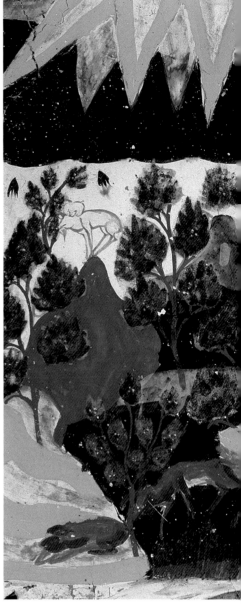

42 虎與鹿

這是五百強盜成佛故事畫中的山林細部，虎沒有敷彩，保留着赭紅色起稿綫。虎的額頭用了兩條弧綫，兩隻小耳朵長在弧綫上端，眼睛長在弧綫的下端，再用弧綫勾出鼻子與嘴。幾條綫乾淨利落地刻畫出虎的頭部。虎的炯炯目光與鹿的機警眼光相接，構成了緊張的氣氛。

北周 莫296 南壁

43 跟蹤鹿的虎

這是摩訶薩埵太子本生故事畫中的背景畫。薩埵王子三兄弟騎馬外出郊遊，在途中練習弓箭，山巒那邊一隻虎正在跟蹤兩隻鹿。虎全為赭紅綫白描，口中還吐出煙氣，顯然是誇張。

北周 莫428 東壁南側

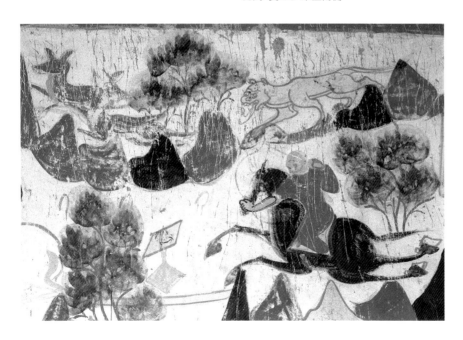

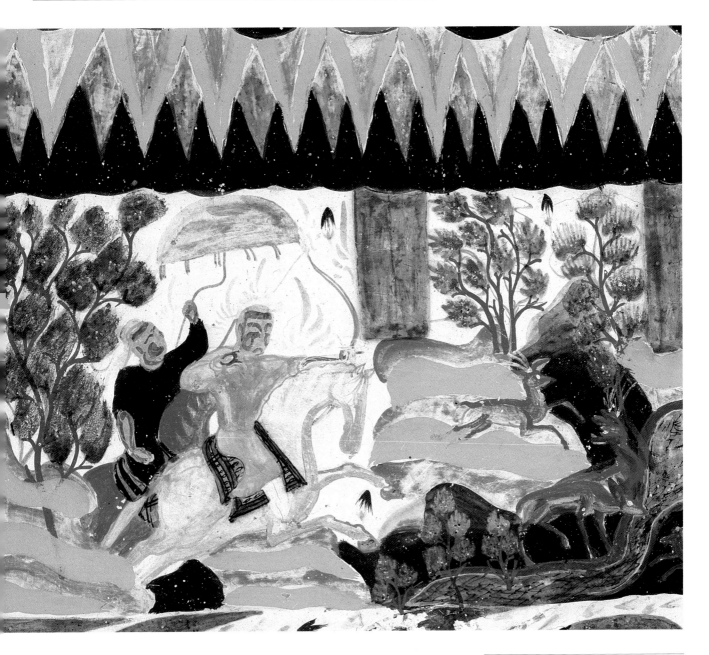

44 遊獵圖

這是睒子本生故事畫中國王出遊射獵的場
面。左上角一隻野羊四條腿集中站立於山
尖上，誇張中含有真實，趣味橫生。
北周 莫299 北坡

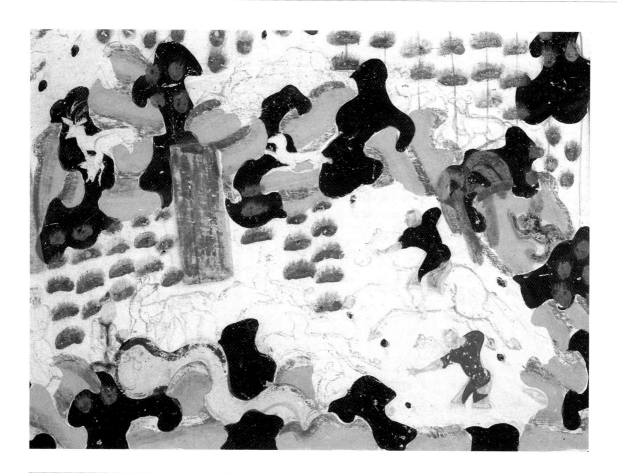

45 射獵圖

在睒子本生故事中，國王遊獵的畫面
裏，人物、景物均着色，唯動物為赭綫
素描，別具特色。

北周 莫301 北坡

46 調馴中的馬

在供養人畫像中的一匹被馬伕調教的
馬，頭小嘴尖，頸、股豐碩、細腿大
蹄，是當時人喜愛的西域駿馬形象。

北周 莫290 中心柱西面

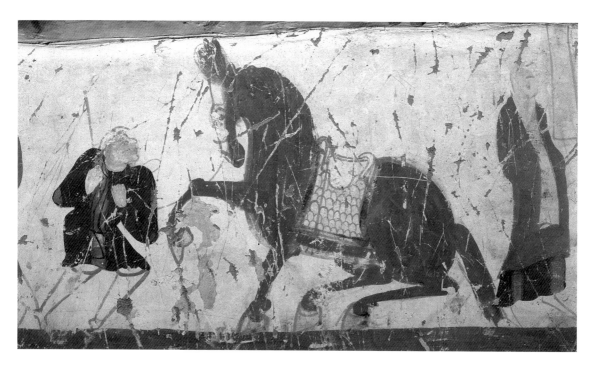

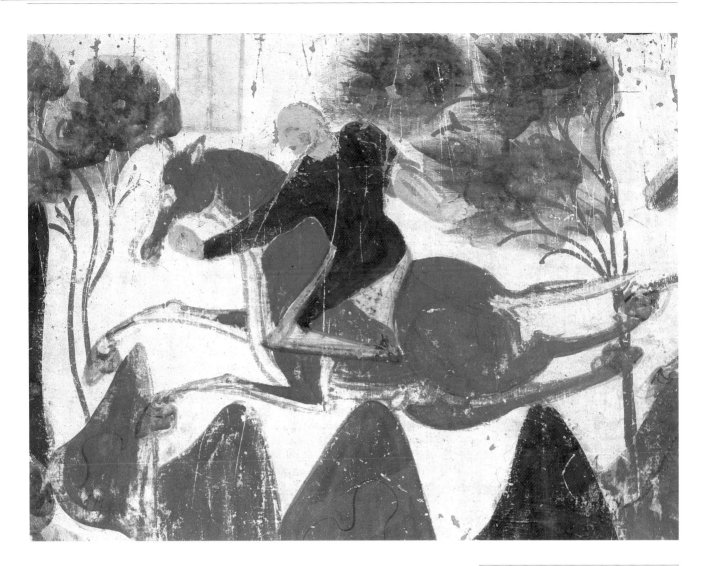

47　飛馳的馬

這是兩位兄長見薩埵王子捨身飼虎，急忙策馬回宮報信的情景。馬的形象是嘴細長，頭部和臀部豐碩，瘦腕大蹄。畫法是用赭紅綫勾出輪廓後，用顏色在輪廓綫內平塗，但有意留出一些底色，不再勾勒定稿綫。這匹青灰色的馬，後腿根部弧形綫條延伸到臀部的中央，意在表現後腿骨的結構。

北周　莫428　東壁

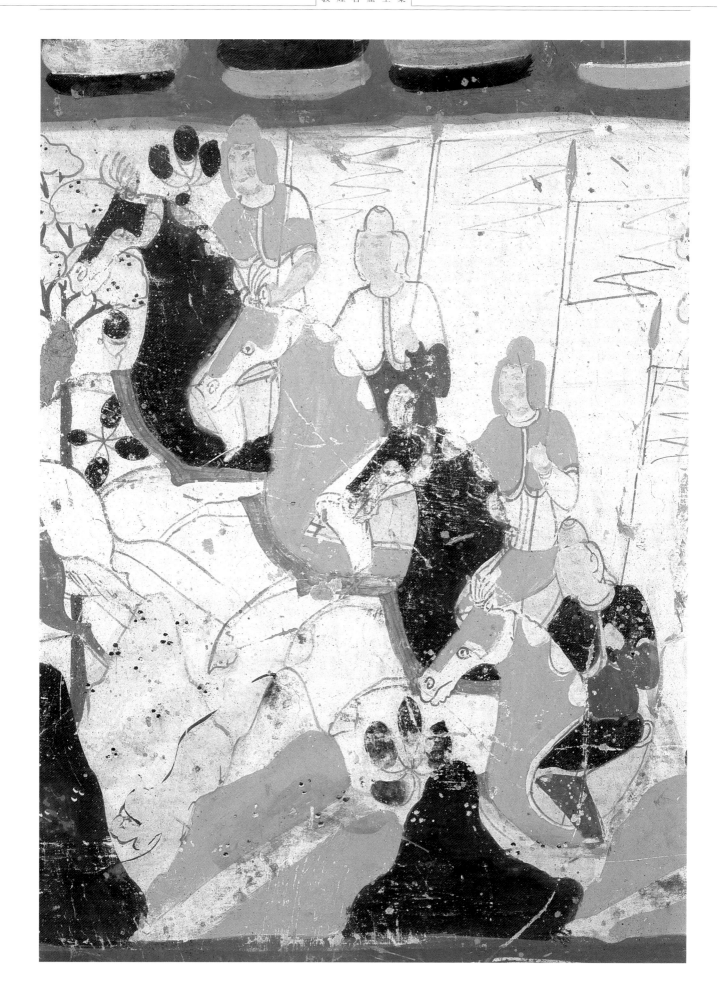

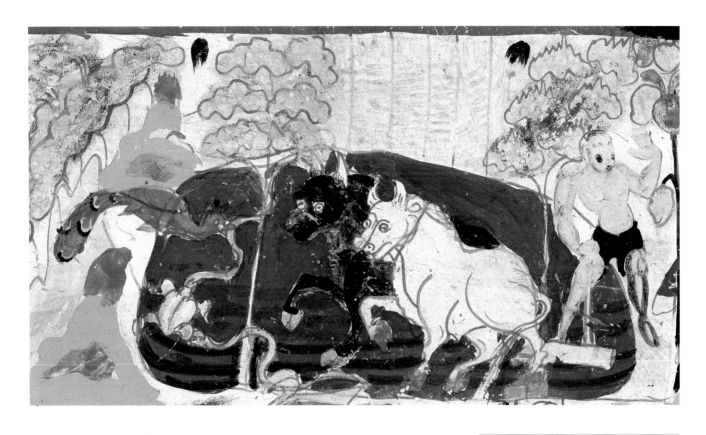

49　耕牛、孔雀、蛤蟆和蛇

這是〈善事太子入海品〉故事畫的一個
情節，講善事太子騎馬出遊，看到農民
耕地耕出昆蟲，被蛤蟆吃掉，蛤蟆又被
蛇吃掉，而蛇又被孔雀啄食。悟到了人
和各種動物為了生存而相互殘殺，心生
施捨之志。

北周　莫296

48　鎧馬

此為官兵所騎的裝備鎧甲的馬。它與第
285窟西魏"五百強盜成佛緣"故事畫中
的鎧馬，是迄今所見時代最早的古代具
裝鎧馬的形象資料。

北周　莫296　南壁下段

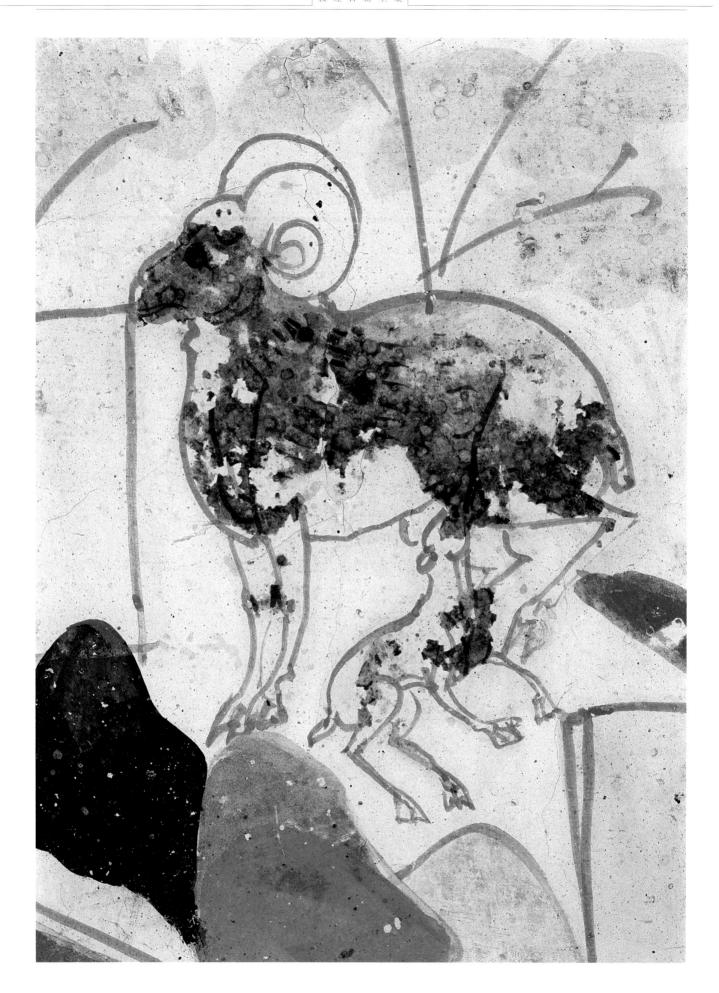

50　哺乳的羊

這是畫在佛傳故事畫的一個細部。大角
綿羊正安靜地站着，讓羊羔吃奶。畫風
非常簡樸。

北周　莫290　東坡

51　孔雀紋

由孔雀、蓮花、忍冬草及摩尼寶珠組成
望板圖案。兩隻雄性孔雀站在一株蓮花
上，身體相向而頭部相背，尾羽向上方
翹起。

北周　莫428　人字坡西坡南

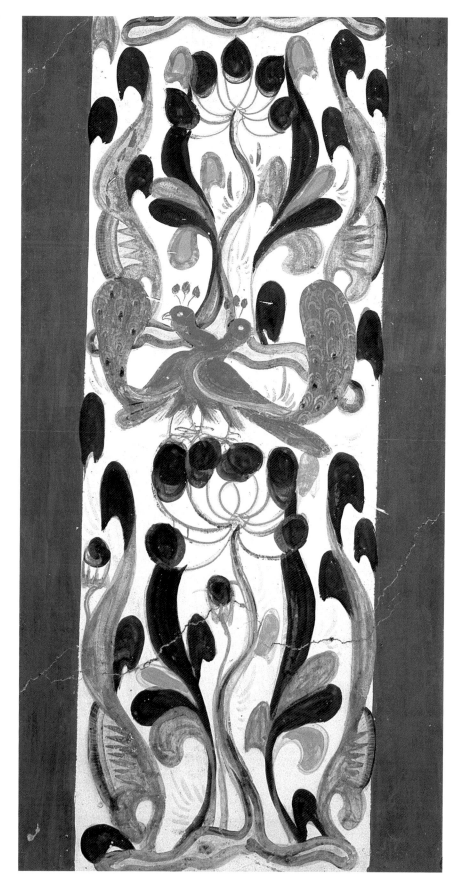

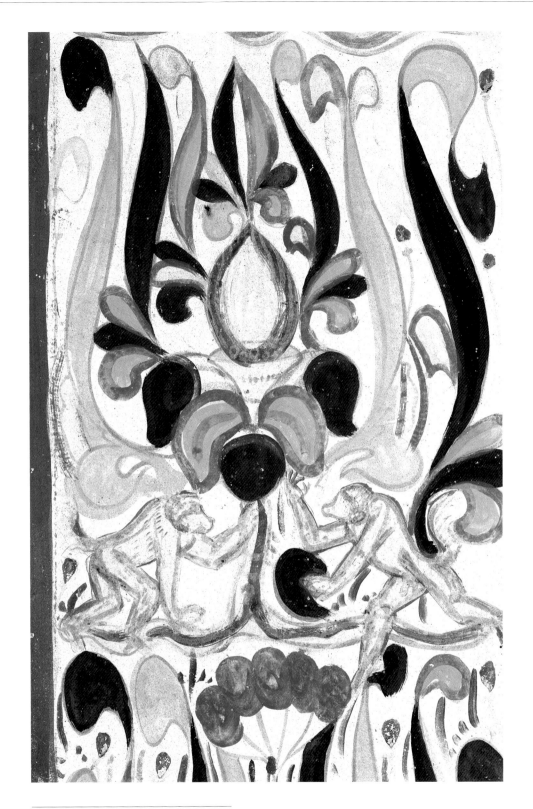

52　雙猴紋

望板圖案中的兩隻猴在一枝有摩尼寶珠的
蓮花旁行走遊戲。猴子的面部刻畫生動。
北周　莫428

中期：寫實與理想

隋、唐（公元 581—907 年）

隋唐兩代，是中國文化的黃金時代。在中原文化與西域文化交流的推動下，地處絲路總綰的敦煌步入了佛教藝術的鼎盛時期，此期的敦煌石窟動物畫也日臻成熟和完美，追求既寫實又傳神。

此期敦煌動物畫儘管也吸收外來因素，但主要還是受長安畫壇審美時尚的影響。在隋唐繪畫史上，以動物畫著稱的中原名家史不絕書。楊子華的鞍馬，展子虔的車馬，陳閎、曹霸和韓幹的馬，韓滉和戴嵩的牛，薛稷的鶴，邊鸞的孔雀，刁光胤的花鳥，都獨步一時，精妙絕倫。以人物畫著稱的名家也大多兼擅動物畫，例如張萱的《虢國夫人遊春圖》中，雕鞍肥馬畫得氣度雍容。唐初流寓長安的西域康國畫家康薩陀，善畫異獸奇禽。于闐畫家尉遲乙僧還把從印度傳入的凹凸畫法帶到長安。可惜這些名家的真迹流傳下來的猶如鳳毛麟角，不過韓幹的《照夜白圖》、《牧馬圖》和韓滉的《五牛圖》等寥寥幾幅。而此期敦煌壁畫中幸存至今的大量動物畫原作，有許多精品不在名家之下，足以彌補歷史的缺憾。

唐代繪畫同時具有世俗化和理想化雙重趨勢，主張師法自然而又強調主觀意識，因而這一時期的敦煌動物畫，無論是現實動物，還是神瑞動物的形象，都濡染了活潑而華貴的大唐風尚。當時大量描繪理想天國的經變畫，也為各類動物登場提供了廣闊的空間。伴隨着西方淨土世界的悠揚仙樂和繽紛花雨，多少鮮活的珍禽異獸在敦煌畫匠的彩筆下誕生。

第一節 隋代動物畫

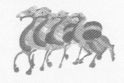

隋代（公元581-618年）帝王推崇《法華經》和淨土思想，經中以比喻的手法勸人行善，升入天國，同時繼續宣揚佛本生故事倡導的捨己救人精神，此時敦煌動物畫大多圍繞這些主題展開。隋代繪有動物畫的主要洞窟有第296、301、303、390、420窟，所繪主要為馬、駱駝、驢、牛，以及多種鳥類，均為經變畫的一部分。隋代不過三十七年，然而在佛教藝術史上，卻是承前啟後的關鍵時期。敦煌動物畫開始在風格上明顯轉變，從早期的浪漫、誇張向唐代的寫實、傳神過渡。

隋代馬的造型部分已經出現寫實的傾向，頭、頸、軀幹、四肢都畫得稍長，頗有高頭大馬的神氣，但有些則仍沿襲前朝樣式。周末隋初營造的第301窟薩埵太子本生故事畫中的馬，造型特點是頭部瘦長，腹部扁平。這並非有意表現馬的飢餓形態，而是符合當時畫馬的一種範式。圖中描寫了三位王子出遊的情景，他們的馬匹正在休息，兩匹在泉邊飲水，一匹在吃草。

第303窟畫在供養人畫像中的兩匹馬，造型明顯承襲北朝，均小耳、尖嘴、圓胸、豐臀。一匹白馬，一匹黑馬（此黑色可能是一種調和紅色變色所致），都彎頸鈎首，體形勁健優美，一看便知是兩匹馴練得很好的駿馬。在技法上，是用赭紅綫起稿，後敷彩塗染，留出表現重要形體結構的受光部分，以強調其體積感。敷彩完成之後不再描定型綫，而且直接利用起稿綫定型。這是隋代初期的畫馬佳作。

以上兩幅畫馬的作品，其一為佛本生故事，其二屬現實生活，儘管繪畫意圖有區別，但共同反映出"喙尖而腹細"的早期畫馬遺風，同時又可看出對畫馬的審美標準已經有變化。這種轉變同人物畫由北朝後期"秀骨清像"向唐代的"以肥為美"的轉變是同步的。

隋代有的動物造型有明顯的裝飾色彩，但是其構圖概念與漢代或北魏相比，卻有很大變化，變得繁密而隨意。第420窟法華經變中觀音普門品部分很具代表性，整幅畫密密麻麻，畫面上商旅中一支整裝待發的駝隊，排成一列，都顯得精神飽滿，高昂着頭，踏動輕快的步履。畫法上則十分灑脱，用深淺兩種顏色暈染，現存狀況已看不見定稿綫，故而形成一種只見輪廓和動態的特殊效果。

第390窟供養人畫像中有一幅白描畫拉車的牛。趕車人高舉鞭子催趕，而這頭性子頗烈的牛則揚頭、瞪眼、張嘴、鼓鼻，帶有幾分不服駕馭的神情，畫面上表現得入微傳神。用綫比較粗壯而簡練，幾乎未施色彩，全靠綫描塑造形象。

第420窟西坡的法華經變中，有一

幅眾鳥聽經的小品。這是敦煌動物畫中集中描寫飛禽的珍品，也是一幅壁畫中罕見的時代較早的花鳥畫。其中可以識別的有孔雀、馬雞、鸚鵡、雁、鵲、雉，以及傳說中的瑞鳥等；水中還有成雙成對的鴨子等水禽。它們靜立佛前，真誠地聽佛教誨，也有的正從遠處飛來。同窟的維摩詰經變中，流泉蓮池環繞在文殊菩薩所居的堂前，蓮池裏成雙成對的水禽和穿梭的魚兒，在碧水紅蓮間自由自在地覓食遊戲，給我們帶來幾許江南水鄉的風情。

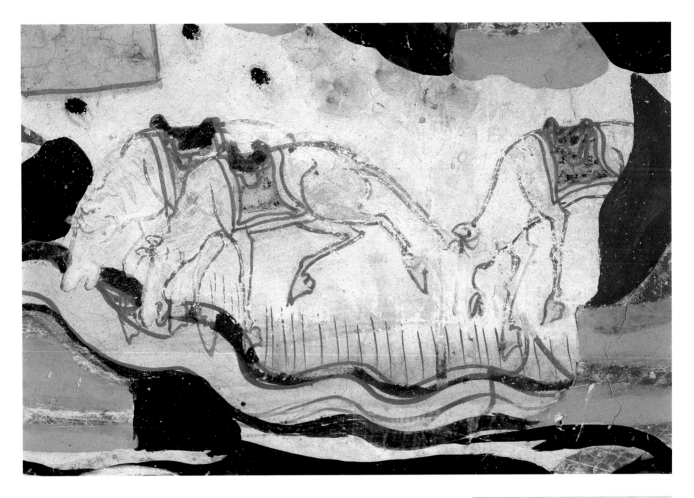

53 憩息中的馬

在"薩埵太子本生"故事畫的長卷式連環故事圖中,繪有三位王子於山中林間憩息的情節,他們的三匹坐騎也抓緊時間飲水,吃草。馬的造型略帶寫實風格並畫有明確鞍具。除鞍具稍塗淺色外,基本是赭紅綫白描,用綫法與北朝相近。

隋 莫301

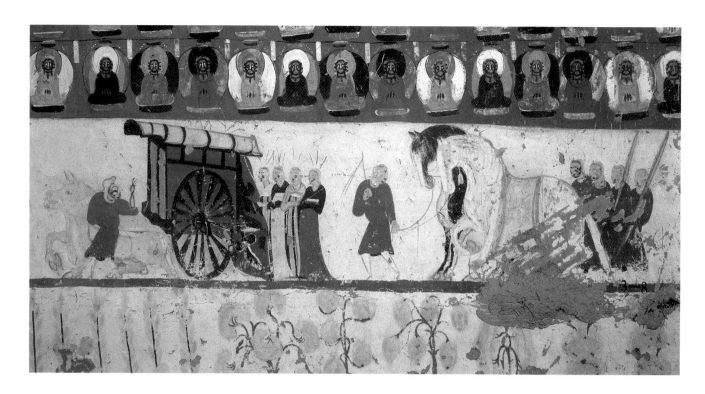

54 供養馬

畫面表現供養人禮佛時，馬伏牽馬守候。畫風明顯承襲北朝，馬頭長而嘴尖，小耳圓腹，身披長長的障泥。

隋 莫303 東壁北側

55 白描牛

此為供養人畫像中的拉車牛，僅僅以赭紅綫勾勒出的白描圖。用筆頗見功力，相當簡練。

隋末 莫390

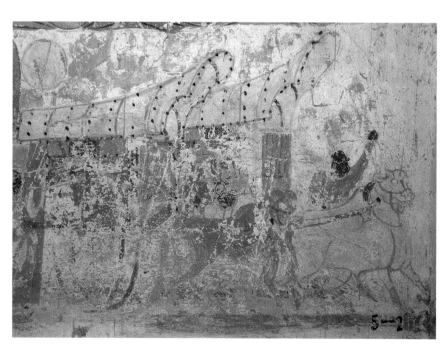

56 出行的馬

畫面描寫"薩埵太子本生"故事中，三位王子告別父母到郊外遊獵的場面。王子所騎的馬造型勻稱俊健，其顏色是在隨類敷彩的基礎上加以誇張、強調的，是隋代畫馬的典型之作。

隋 莫419 人字坡

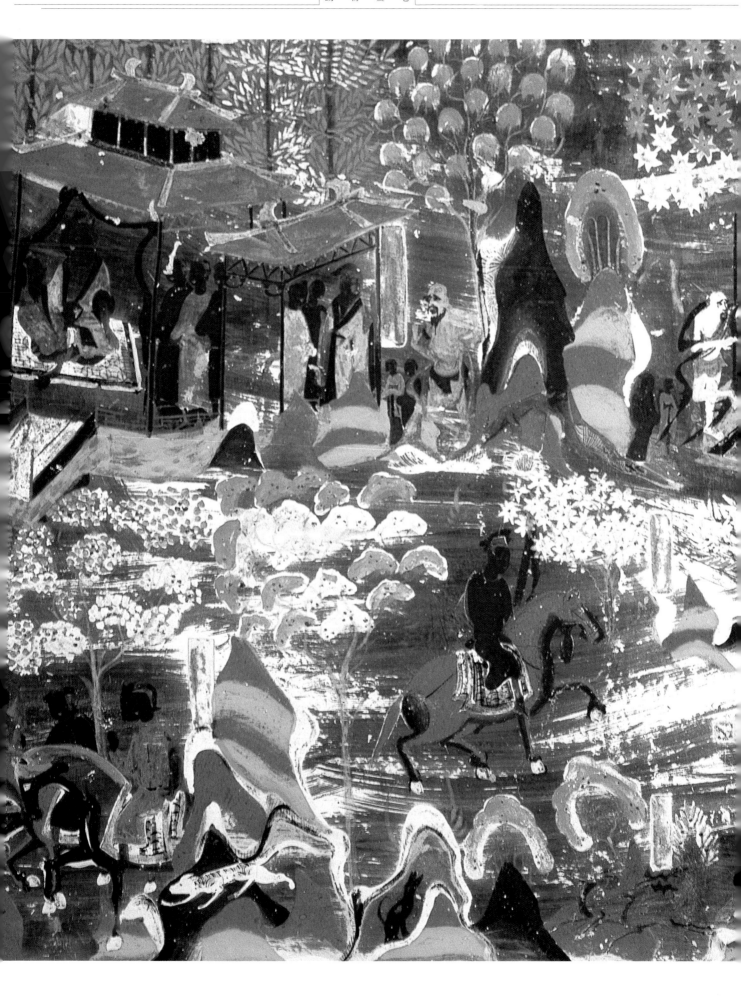

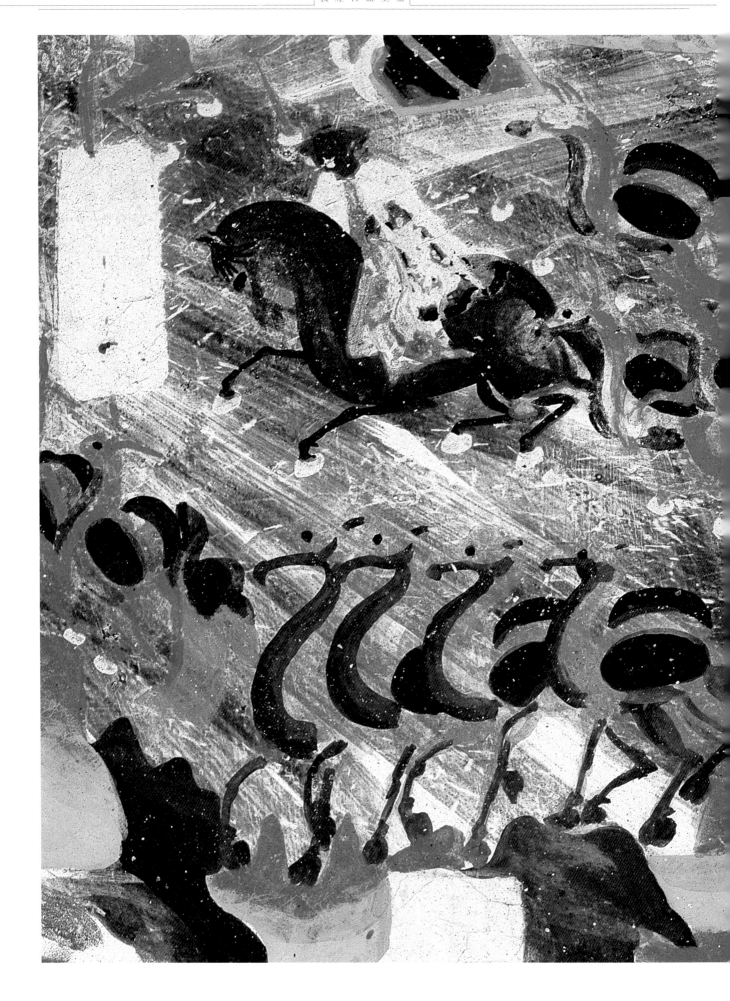

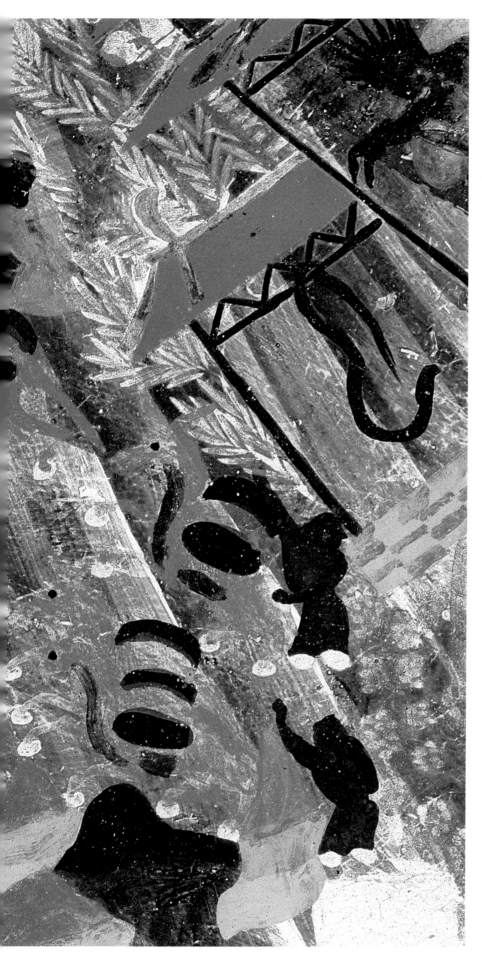

57　駝隊

這是敦煌壁畫中最早的法華經變〈觀世
音菩薩普門品〉的局部，描寫觀音菩薩
能夠拯救各種苦難。這組整裝待發的駱
駝，運筆流暢，頗似速寫的沒骨畫。

隋　莫420

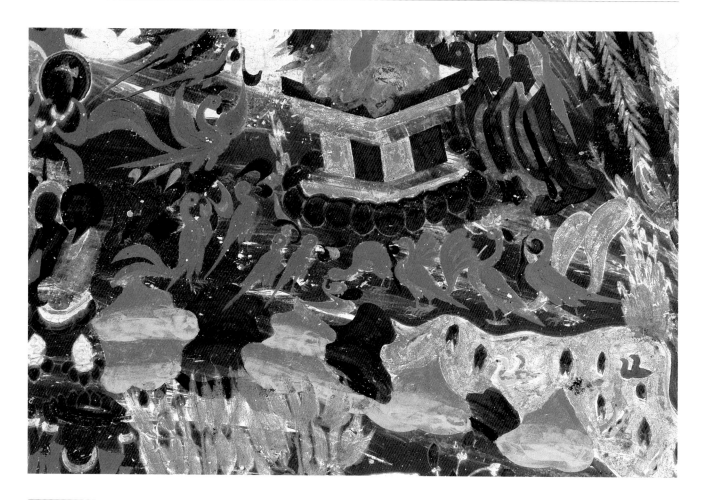

58 羣鳥聽法

畫面描寫釋迦牟尼說《法華經》時，各
種禽鳥前來圍繞釋迦聽法。這些禽鳥都
流露出對佛法崇敬的情態。

隋 莫420

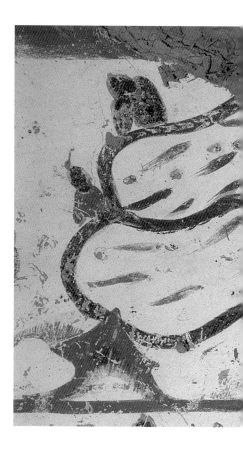

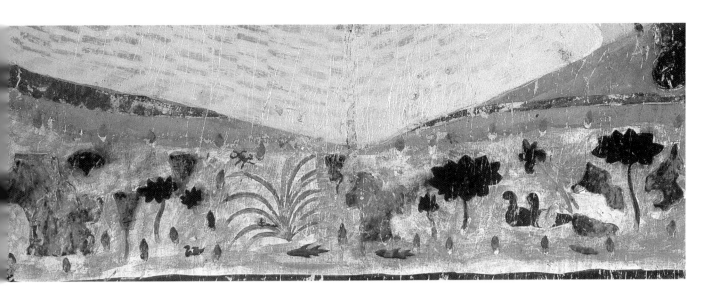

59 魚和鴨子

此為維摩詰經變中畫在殿堂外的蓮池小
景:清澈的池水中,魚兒自在地游動,
成雙成對的鴨在池中戲水。畫家把該經
變描畫成具有江南水鄉特色的一方淨
土,恬靜而優美。給嚴肅莊重的辯論佛
法的緊張氣氛加進一些輕鬆的情調,使
畫面增添了詩意。

隋 莫420 西龕

60 載人的大象和澤中小魚

此為流水長者子救魚故事畫的局部,表
現長者借二十頭大象向枯澤注水救活了
魚,然後又以大象運來魚食的情景。畫
中運用寫意手法,一尾魚用一筆畫成,
而且頗為生動。

隋 莫417 人字坡西坡

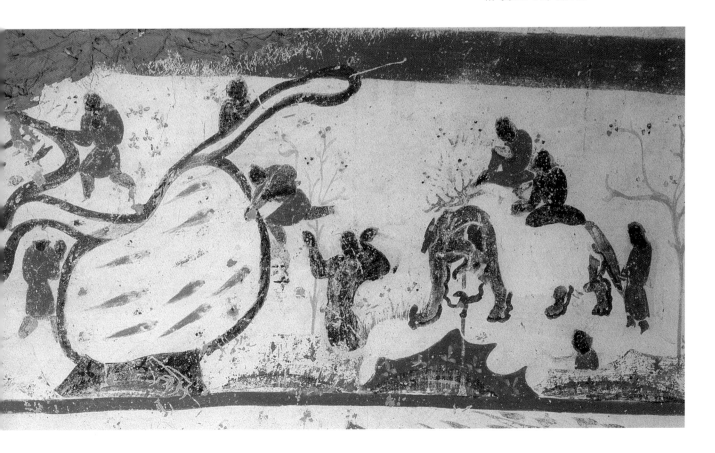

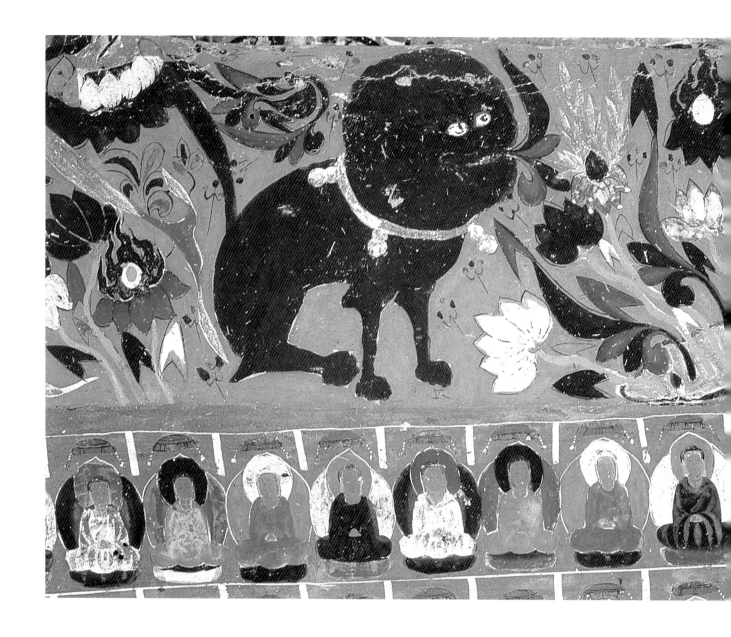

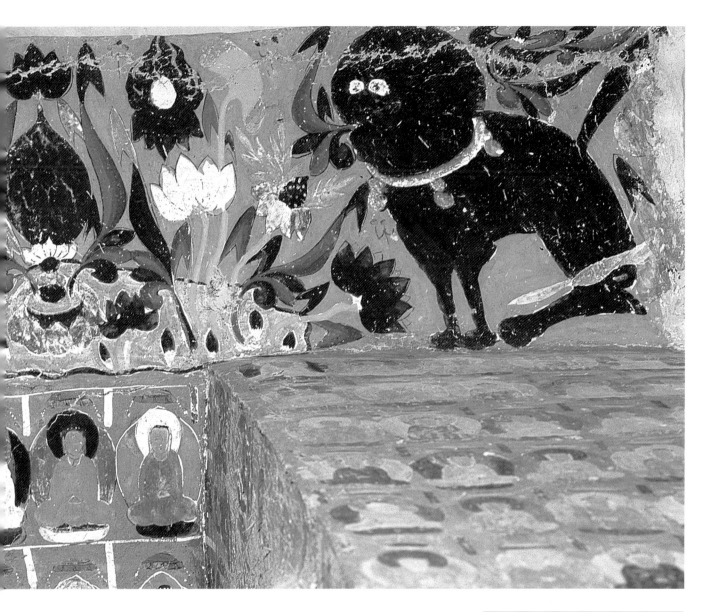

61　對獅圖

在寶池中生出的蓮花、摩尼寶珠兩側，
一對雄獅口啣忍冬草相對而蹲坐守護
着。蓬鬆的鬃毛頗有質感，造型有裝飾
意趣。

隋　莫427

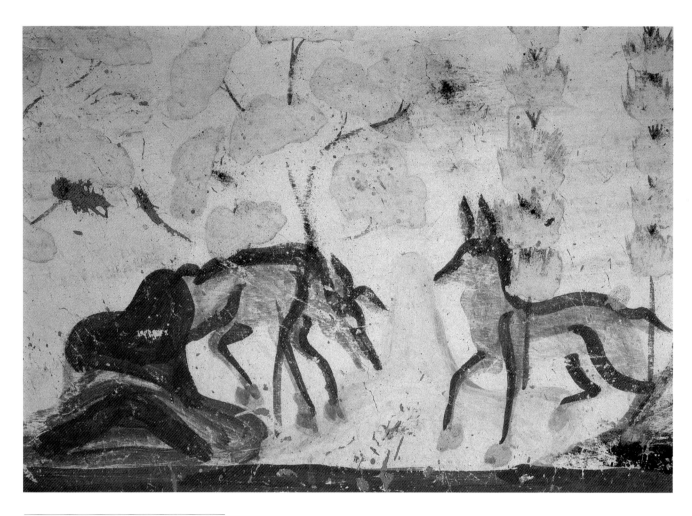

62 雙鹿

在兩座小山包之間，在稀疏的樹林中，
有兩隻鹿，一隻正在低頭吃草，另一隻
匆匆趕來為伴。現存壁面全不見有綫
條，僅以赭紅色，大筆觸地描畫出鹿的
外形，給人生動之感。

隋 莫303 南壁西側

第二節　唐代前期動物畫

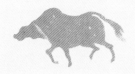

唐代前期（公元618-786年）指吐蕃佔據敦煌之前的時期，約當中原的初、盛唐。這是敦煌石窟動物畫成熟期，也是繼西魏、北周之後的第二個輝煌期。唐代經變畫大多貼近現實生活，有些畫面本身即是現實生活的寫照。因此，動物的塑造也就向着寫實、具體的軌迹發展，其中有些近似後來中原稱作"沒骨畫"的作品，顯得格外清新，對以後的動物畫產生深遠而巨大的影響。

這一時期動物畫的重點洞窟有第431、323、332、45、148窟。唐代所繪動物以體魄健美的馬最具大唐盛世的風範。唐人畫馬注重寫實，畫家韓幹曾對唐玄宗説："内廐之馬皆臣之師也"。張彥遠《歷代名畫記》中總結唐代以前的畫迹説："古之馬喙尖而腹細"，唐馬造型則以豐肥為美，而唐馬的造型，同唐代雄厚的國力和昂揚的精神表裏相應。

在第431窟供養人畫像中，有一幅馬伕與馬的小品。畫一睏倦的馬伕交腳抱膝埋頭坐在地上打盹，手牽着三匹馬，馬的形象使我們自然地聯想起長安皇室壁畫墓中畫的駿馬。長安與敦煌相距數千公里之遙，馬的造型風格和審美旨趣卻如此相似，可見在強盛的大唐帝國，中原地區的文化藝術對敦煌的巨大影響。此圖是一幅唐代社會現實生活的寫照，一邊是瘦小而睏倦的馬伕，一邊是由他調養得膘肥體壯、神氣十足的駿馬。畫匠心裏交織着對馬伕的同情和對駿馬的讚美。

在上圖的一側，另有一幅遛馬圖。描寫一前一後兩位馬伕侍候着主人乘用的兩匹駿馬，緩緩地遛着步子。馬的鞍子未卸，轡頭未解，隨時準備候主人使喚。這兩幅畫是敦煌唐代初期畫馬的典型之作。

繪於第323窟的張騫使西域圖，表現的是西漢時期張騫率領使團向送行的漢武帝告別的場面。畫中的三匹馬由近及遠參差排列，其中兩匹棗紅馬，一匹瓦青花斑馬，造型很豐滿，唐馬特徵較為鮮明。漢武帝所乘的馬，由於侍從緊拉轡繩而鈎頭靜立，這種典型的姿態在洛陽出土的唐三彩中有見。其比例之準確，造型之優美，可與任何一幅現存的唐代繪畫匹敵。馬匹作了深淺色暈染，體積感較強。由於綫描脫落甚多，現存畫面宛若沒骨畫。

而第332窟有騎兵戰鬥的宏大場面。畫的是涅槃經變的八王爭舍利，畫面中有近二十匹戰馬。一匹匹訓練有素而又雄健的戰馬往復奔馳，造成強烈的動感。跑馬均作四腿前後平伸的跨躍式，而立馬則作一條前腿屈舉的"刨蹄式"，好像要急於奔跑參戰。圖中馬的骨格特徵和表現技巧，與同時期中原地區十分相似，即使與陝西乾縣李賢墓等皇族墓室壁畫相比較，也毫不遜色。

在敦煌壁畫中，絕大多數表現牛的
作品都將頭部作正側面視角構圖，這樣
容易表現其結構特點。第431窟供養人畫
像中畫有一頭卸了車的臥牛，體態肥碩
壯實，造型相當寫實。牛的頭部取半側
面角度，刻畫得相當好。此臥牛圖雖因
變色致使某些細部不甚清晰，但足以看
出對其頭部的結構和透視的把握是準確
的。與早期表現牛的作品比較，會發現
唐代畫牛已有很大進步。

第323窟佛教故事畫中有一個迎佛
場面，其中三位信徒分乘水牛和毛驢爭
先恐後去朝聖。這是敦煌動物畫中的精
彩之作。儘管因為磨損和變色，一些細
部結構已不甚清楚，然而準確謹嚴的造
型和不凡的解剖學知識，絕不亞於現代
動物畫家的水平。壁畫成功運用凹凸法
暈染，塑造出立體感和質量感都很強
的、有血有肉的鮮活形象。敦煌壁畫中
罕見水牛形象，由於這故事發生在江蘇
揚州，所以特意畫出水牛交代環境背
景。畫面上兩頭毛驢一前一後，前面一
頭雙耳旁垂，埋頭碎步急走；後面一頭
雙耳高豎，張口大叫，大步追逐。一看
便知，畫的是兩頭異性驢走到一起，公
驢見了母驢大叫追逐，急求交配的情
景。這幅動物畫，堪稱敦煌動物畫的最
佳畫作之一，充分體現出寫實與傳神統
一，以及追求完美境界的意識。

毛驢是西北地區常見的畜力，所以

敦煌壁畫上的毛驢往往形神兼備，在第
45窟的觀音經變中，有一幅胡商遇盜的
小品。原意是説當商人在途中遇到強
盜，生命財產受到嚴重威脅的緊急關
頭，只要口誦觀世音菩薩的名號，便立
刻化險為夷。畫面上畫出了兩頭馱運貨
物的毛驢，敷彩非常簡約，不施任何暈
染，而集中突出綫描的造型功能。與前
述第323窟張騫使西域圖的馬截然異趣，
着意刻畫毛驢因強盜突然襲擊而驚惶失
措的一剎那。在特定的環境裏，一頭毛
驢呈現疲勞加受驚的神態，雙耳高豎，
嘴唇緊閉，眼中透露出焦躁；另一頭毛
驢雙耳前伸，一邊挺脖張口高叫，一邊
緊盯前方的主人。這些都用概括簡練的
綫描刻畫得惟妙惟肖，生動傳神，充滿
了世俗生活的情趣。

第321、103窟的大象，是這一時期
眾多大象作品中的佳作。兩者均很寫
實，前者雖然完全變色，但仍然可以看
到大象的比例和結構相當準確；後者由
於保存完好，讓我們能夠看清它的細
部。大象盛產於印度，在佛經故事中頻
繁出現的《六牙象王本生》、化象入胎等
故事，都是巴爾胡特、桑奇等地的浮雕
和阿旃陀壁畫中常見的題材。印度藝術
中的大象造型格外逼真生動。新疆克孜
爾壁畫中也有不少大象的形象，可能借
鑑了印度的粉本。敦煌唐代壁畫中大象
的形象除了經變等故事畫外，還作為普

賢菩薩的坐騎出現。比較接近生活中真實大象的形象，多出自故事畫中。

涅槃經變是畫動物多而集中的大型經變，往往在佛涅槃像的下端畫出許多動物。表現佛經所描寫的釋迦牟尼涅槃時的景象，大地震動，江河倒流，森林中各種動物都驚恐嚎啕。第332窟在涅槃像佛床下的眾多動物中，畫有一隻虎，其造型和神態非常特別：它低垂着頭，高聳着肩，緊收着腹，高揚着尾，後腿彎曲無力。畫面傳神地畫出老虎因佛陀涅槃而悲痛失常的形態，平素強悍凶猛的老虎，這時卻在佛陀面前顯得柔腸寸斷，痛不欲生，成功地運用擬人化手法。把這幅與早期畫虎相比較，不難看出，早期畫虎注重神韻和氣勢，完全運用流動、奔放、瀟灑的綫描刻畫形象；中期畫虎追求寫實與傳神統一，綫描與敷彩並重，表現技巧多樣，風格嚴謹、寫實、細膩。它們各自代表了自己時代的精神追求和審美趣味，而中期畫虎在藝術表現的深度與廣度上似更進了一步。

盛唐第74窟中畫有一羣野獸圍繞着一個人，其畫風頗具代表性。獅子面人而坐，神氣十足。蛇也翹首向人。三頭熊，一頭鈎首舔胸，一頭作行走之狀，似剛剛趕來，另一頭在人身後揚頭吼叫，動態各異，無雷同之病。從畫面總的情節和氣氛看，這些凶猛的野獸是在

聽人説法，而無威脅或傷害人之意。畫面上已看不到任何綫描，只看到一點暈染，頗似沒骨畫。需要特別強調的是現存一條條呈黑色的粗綫條（暈染的色帶），顯得用筆非常大膽、隨意、自如，甚至有粗獷之感。整幅畫看上去像一幅大寫意的中國畫。此畫由於一千多年的變遷，綫描已脱落殆盡，但仍能體現不同動物的特徵，別有一番新鮮而微妙的美感。

盛唐第148窟的報恩經變，描寫善友太子不辭辛苦下海尋得的摩尼寶珠，卻被弟弟惡友刺瞎雙眼而奪走。後來善友因得到牛王的救護而復明。畫面上出現了大小和皮毛顏色不同的六頭牛，圍繞着失明的善友太子，牛王正用舌頭舔撫善友的雙眼。畫面綫描大都脱落，留存着靠顏色所構成的造型，頗似沒骨畫。牛的解剖結構準確，比例協調，羣牛關注善友太子的心態表現得比較充分，反映了人與動物間建立和睦友善的關係。

唐代前期動物畫中，飛禽大多畫得細膩真實，形神俱佳。第332窟涅槃經變中的鴛鴦、孔雀都是初唐的佳作，其中的鴛鴦雖殘缺，然而仍然是一幅不可多得的圖像。

第45窟觀無量壽經變中，畫有一隻站在蓮花上的鸚鵡，它高揚着頭，扇動着雙翅，似乎是聽到悦耳的樂曲而起

舞。鮮紅的嘴輝映着通體翠綠的羽毛，形象非常逼真。

第220窟依《佛說阿彌陀經》所繪西方極樂淨土世界美妙莊嚴。在舞樂隊伍的後面，畫有一隻綠孔雀，昂首翹尾，在悠揚的樂曲聲中信步閒遊。在第320窟觀無量壽經變中，碧水紅蓮的水池小島上，也有一隻綠孔雀，體型比第220窟綠孔雀豐滿，牠展翅、翹尾、開屏，顯露出漂亮的花紋。

第66窟，在天樂仙舞的熱烈場景中，孔雀、鸚鵡、仙鶴也隨着天樂翩翩起舞。孔雀居中，鼓動着翅膀，漂亮的

尾羽開屏。鸚鵡和仙鶴在兩側，也振翅搖尾載歌載舞。其中還出現了一隻雙首雁，雙頸兩首，胸部以下連成一體，非常罕見。

第148窟營造於公元776年，已屬唐前期的末年。在阿彌陀經變的極樂世界裏，一對純白的仙鶴，在琉璃、瑪瑙、珍珠等多種珍寶鑲嵌裝飾的地面上，踏着樂曲翩翩起舞，兩位化生童子為其伴奏。蓮池裏碧波蕩漾，成對成雙的水禽在水中自由地戲游。這幅小品，以仙鶴起舞為中心，配以其他景物，構成一幅意境優美的天國風情圖畫。

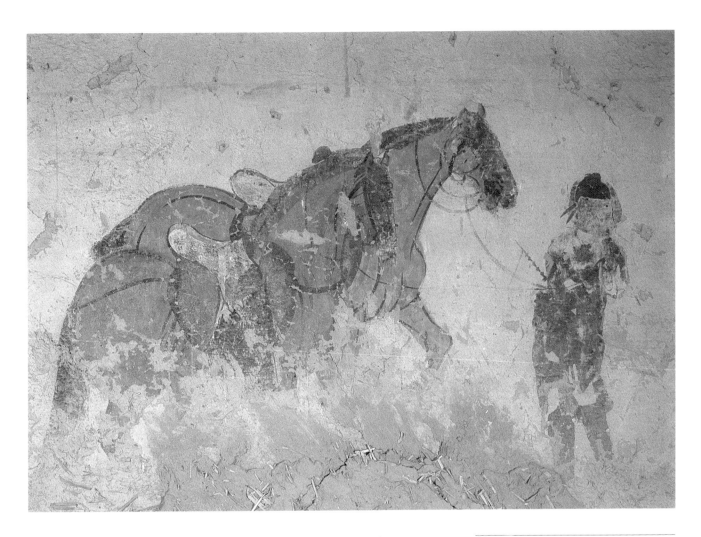

63 供養馬

此為供養人所乘的兩匹馬。施主禮佛已
畢，馬伕牽馬前迎主人。与下圖同為供
養馬的小品，一靜一動，各有變化，是
唐前期畫馬的傑出作品。

初唐 莫431 西壁

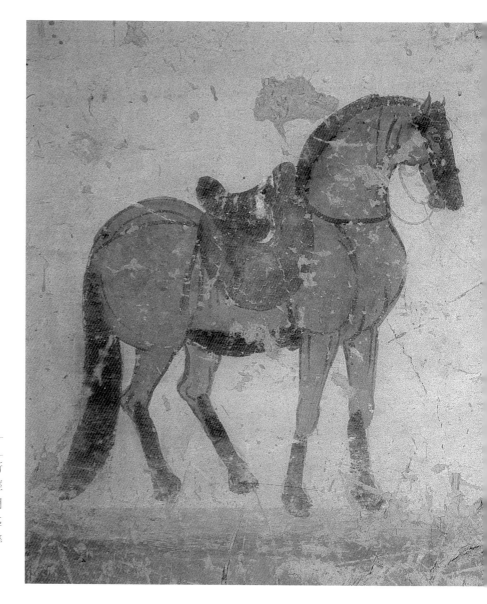

64 馬伕與馬

這是描寫前來禮佛的施主,即供養人所
乘用的馬匹。到達目的地後,施主已經
進入佛寺,而馬匹和馬伕則在外面偷閒
小憩。畫面親切感人,構思獨到。三匹
馬畫得精神十足,充滿活力,結構準
確。頗有中原之風。

初唐 莫431 西壁

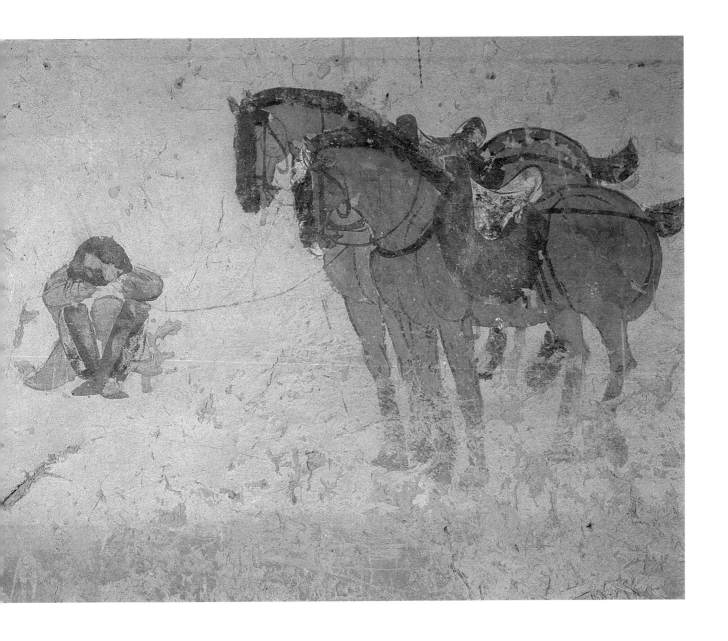

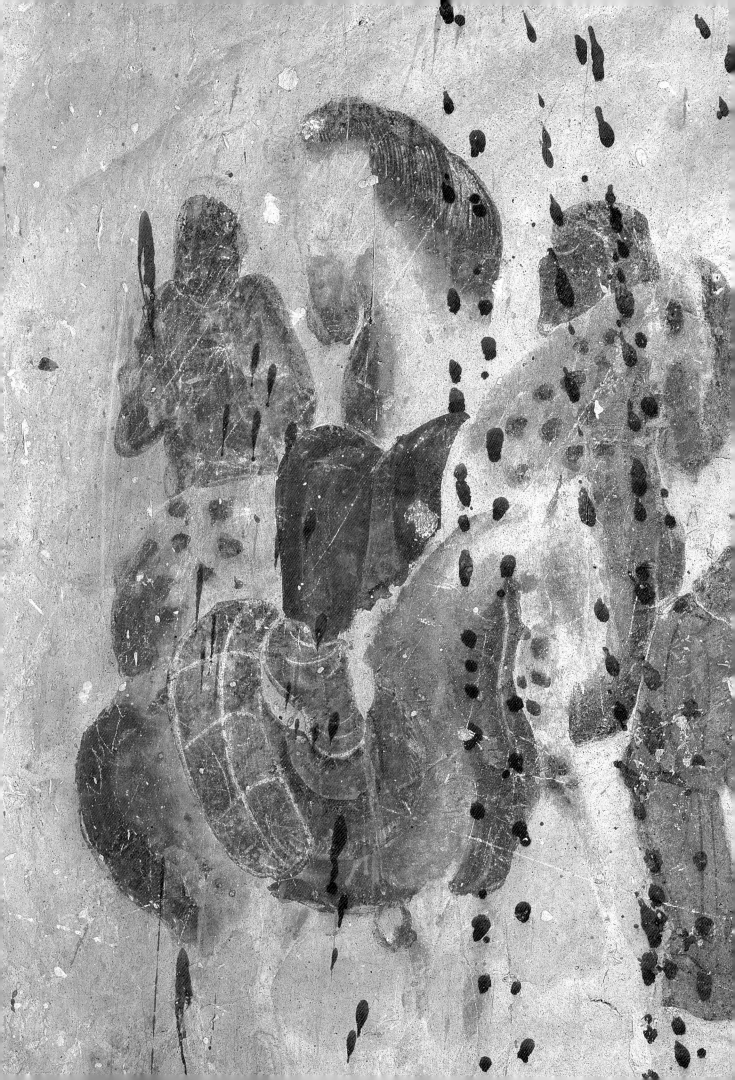

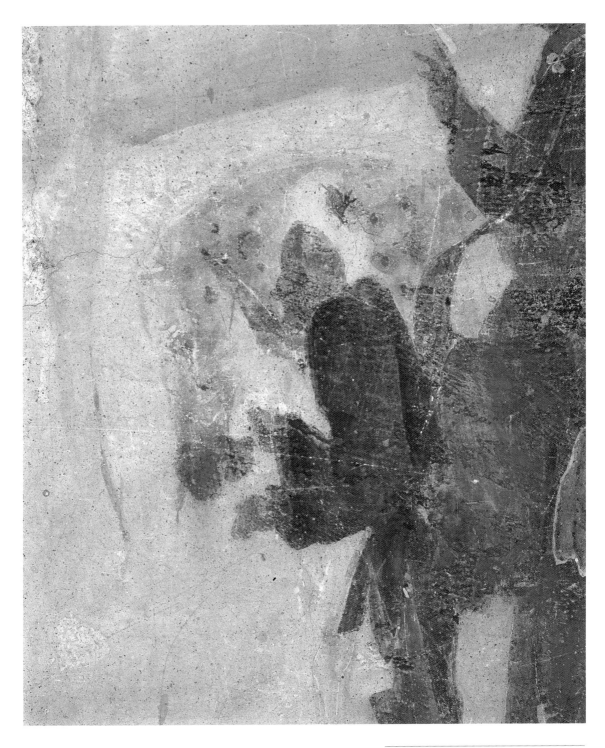

66 馬頭特寫

這是張騫出使西域前送別的畫面中，漢武帝乘馬的頭部。馬頭下勾，顯出優美的曲綫，儼然是唐代花驄的寫照。

初唐 莫323

65 出使馬隊

這是描寫張騫為問佛名號出使西域之時與漢武帝辭別啟程的場面。畫有四匹馬的一支馬隊，從構圖上可將馬的排列分成三層空間，把人的視綫引向縱深。構圖既富有變化，又很緊湊。

初唐 莫323

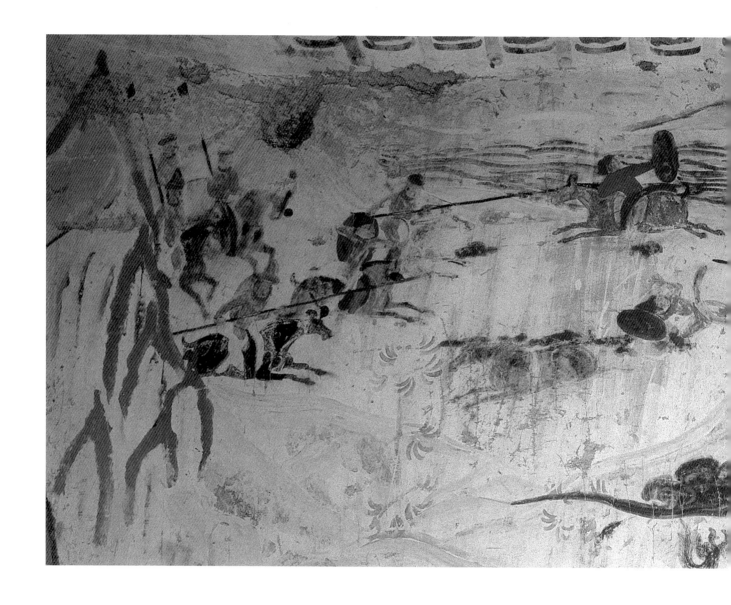

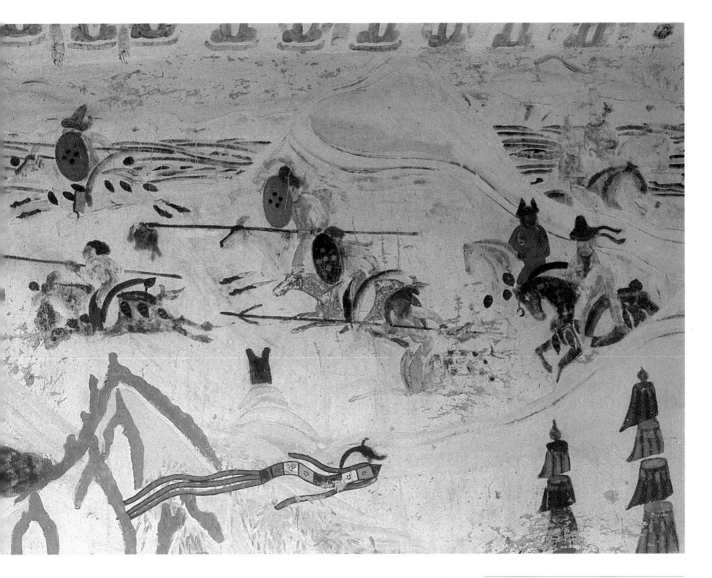

67 戰馬

此為佛涅槃後八王爭舍利的騎馬戰鬥場
面。這些駿馬造型寫實，其四蹄飛奔的
姿態是當時典型的中原樣式。

初唐 莫332 南壁西部

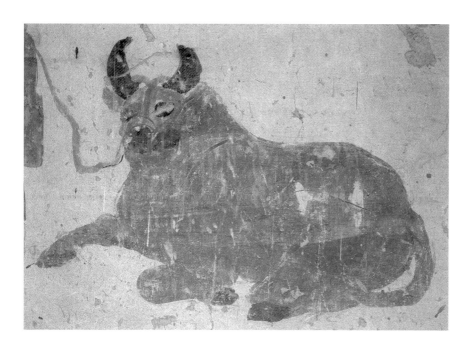

68 臥牛

這頭臥在地上休息的牛,是供養人畫像中的挽車用牛。此時主人前去禮佛,卸了車後,牛得以自在地憩息。牛身側臥而頭部半側向前,無論結構還是透視,都是真實準確的。

初唐 莫431

69 水牛和驢

這是佛教故事畫"迎佛圖"的局部,表現人們乘牛、乘驢趕來迎接佛像的場面。由於故事發生的背景在南方(今江蘇揚州),所以把乘的牛特意畫成水牛,兩頭毛驢一公一母,體徵分明。無論水牛還是毛驢,比例結構畫得相當準確,是動物畫中傑作。

初唐 莫323 南壁

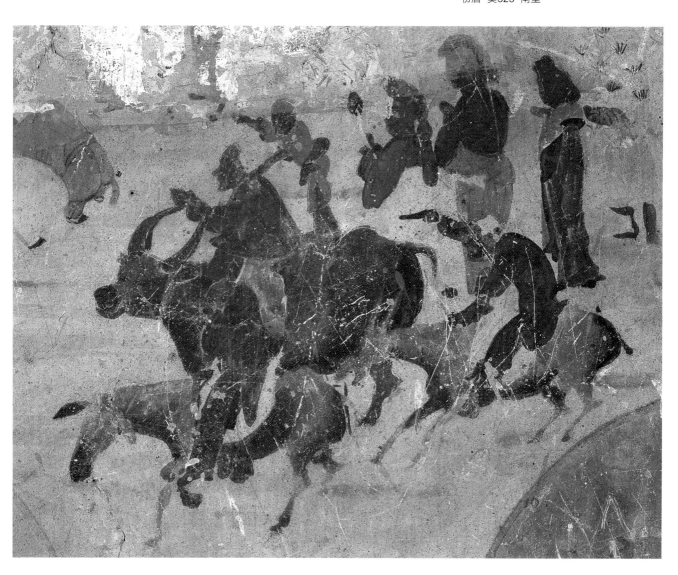

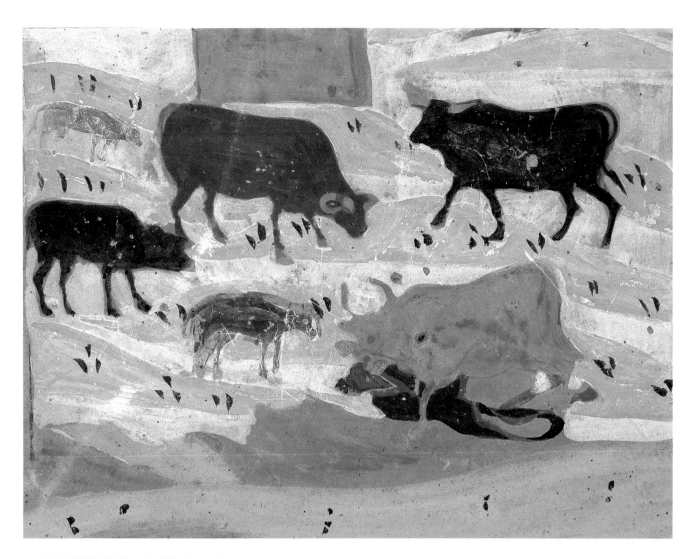

70　牛王與羣牛

此為報恩經變中〈惡友品〉的局部。描寫善友太子下海尋到摩尼寶珠後，被貪心的弟弟刺瞎雙眼奪珠而去。但他因受到牛王的救護而雙目復明。畫面上善友失明臥地，一羣牛衞護着善友，牛王用舌尖舔善友的眼睛。反映了人與動物間和睦友善關係。此圖表現出對牛的解剖有較高的認識水平，特別是右上方那頭牛，儘管只保留一個剪影式輪廓，但仍可看出其造型相當準確。

盛唐　莫148

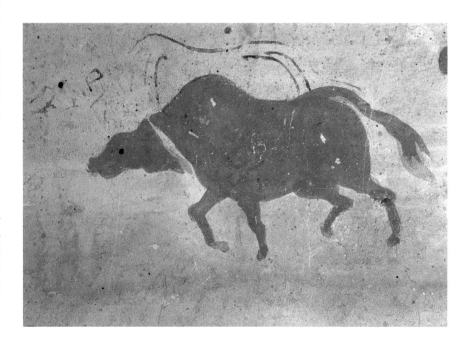

71　耕牛

此為彌勒經變中描寫彌勒淨土世界"一種七收"的耕地場面，耕牛低頭伸頸，身體重心前傾，四蹄奮力牽引犁頭，生動地刻畫出牛不惜氣力、勤於耕耘的品質。

盛唐　莫117　北壁

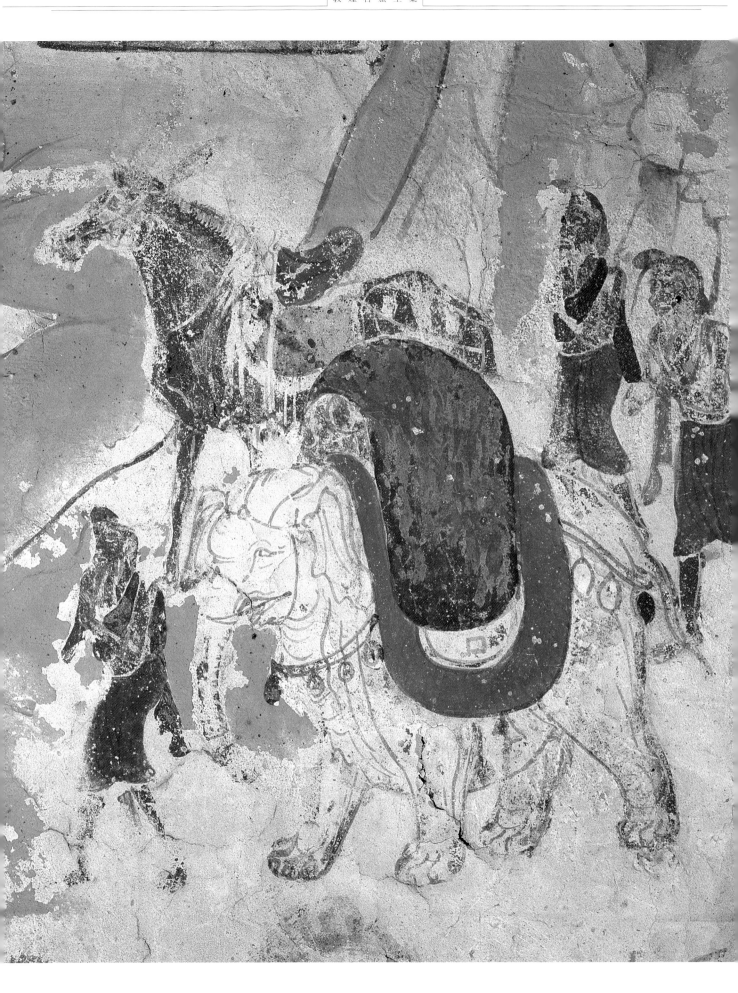

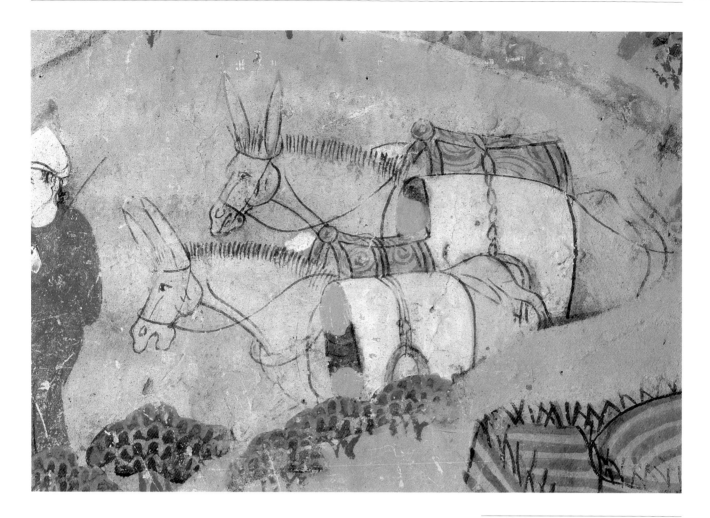

73 旅途中的驢

這是法華經變中"胡商遇盜"的局部。
前面的驢驚恐地注視着遇險的主人，後
面那頭驢露出憂愁而緊張的神情。驢的
結構刻畫較準確，特別是綫的變化運用
恰當。

盛唐 莫45 南壁西側

72 負重的大象與騾子

此為法華經變〈化城喻品〉的局部。大
象背負着沉重的行李，身體肥碩，步履
沉重；而騾子卻高昂着頭，空鞍而行，
顯得很精神。造型是以寫實為基礎的，
勾綫準確流暢。

盛唐 莫103 南壁西側

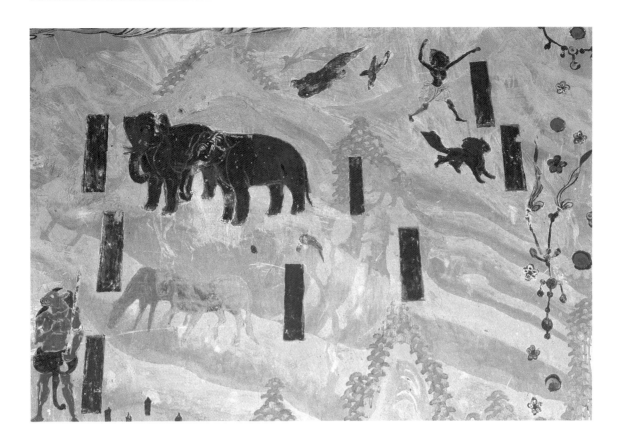

74 大象、獅子和馬

圖中描繪大象、獅子、馬、狐、雉等，
因蒙受菩薩放射出遍照大千世界的光明
而得脫離苦海，都得安樂。大象因顏料
變色而由白變為深棕紅色。畫面的佈局
符合透視原理，視覺效果舒適。

初唐 莫321 南壁

75 羣獸圖

這是法華經變中表現觀世音菩薩救各種危
難的畫面之一。幾頭獅子和老虎緊逼圍困
着一個人，雄獅張牙舞爪，鬃毛飛動，很
好地表現出猛獸的動感及速度感。

初唐 莫217 東壁北側

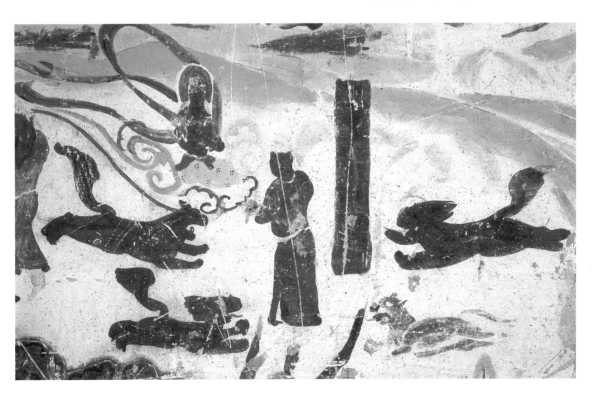

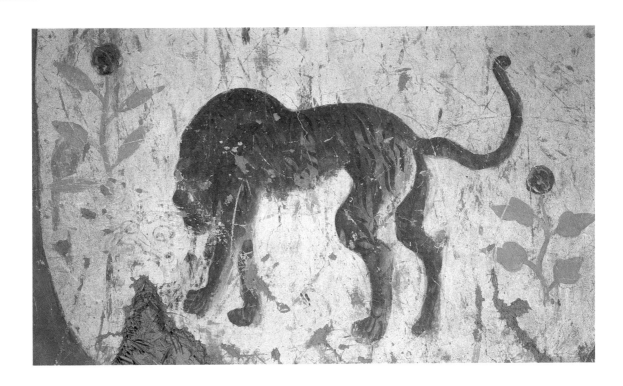

76 垂首虎

虎的腿部和尾作了適當的誇張，形成上提之勢，與低垂的虎首形成對比。用有濃淡、虛實的暈染技巧，恰如其分地作了細部描寫，兼得中、西畫法的韻味。

初唐 莫332 西龕

77 熊、獅與蛇

獅、虎、熊、蛇咆哮嘶鳴，威脅一個合十跪坐的人，此刻只要念誦佛或菩薩的名號，即可化險為夷。猛獸姿態各異，均很生動。畫法上，暈染用筆隨意，綫描已全脫落。

盛唐 莫74

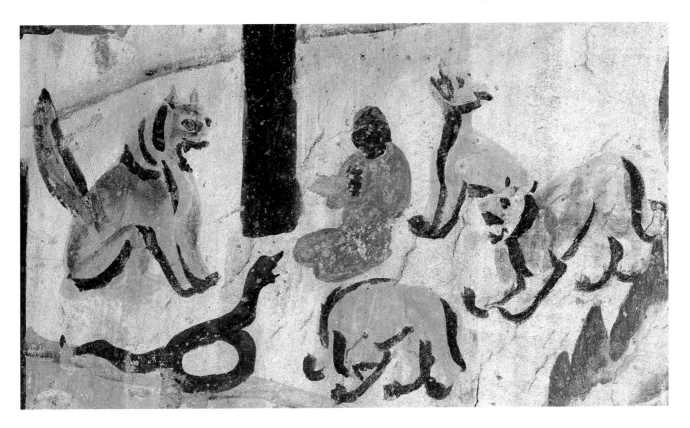

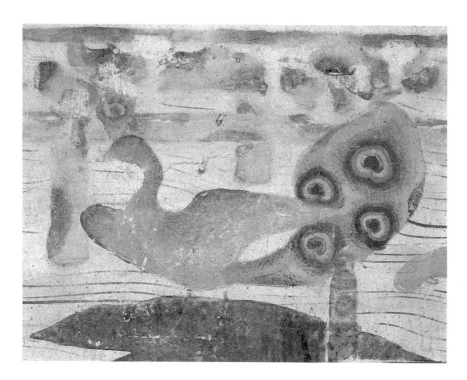

78 蓮池中的孔雀

孔雀鼓動雙翅,立於蓮池中的小島上。
其頭部及體形很像鴨子,然而尾部孔雀
羽毛的特徵卻很明顯,顯然是畫師有意
將兩種動物的特點融而為一。

初唐 莫320

79 鴛鴦

這隻畫於涅槃經變佛床壺門中的鴛鴦,口
啣瑞草,昂首踱步,眼神露出幾分傷感。

初唐 莫332 西龕

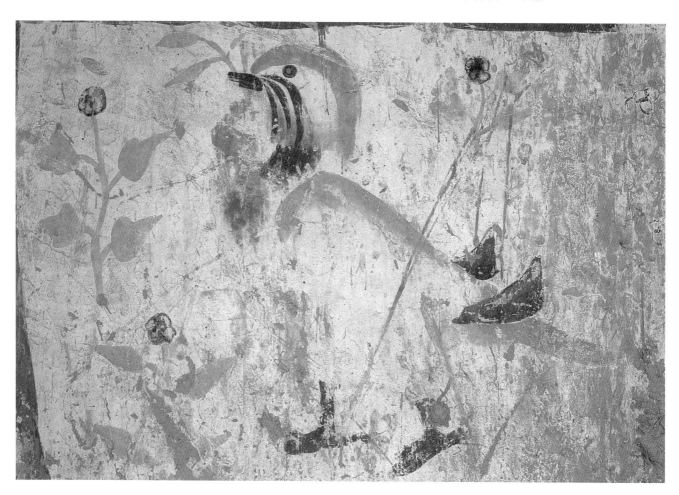

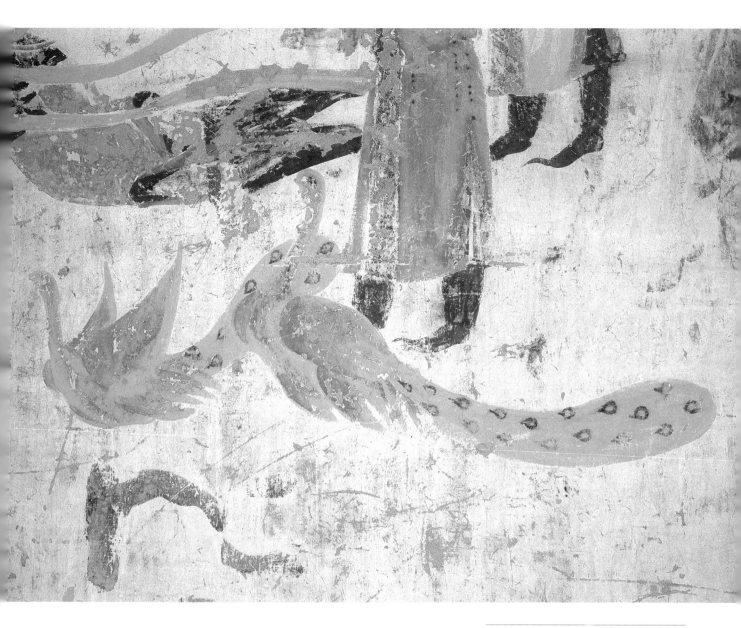

80　雙孔雀

這是涅槃經變中兩隻為佛致哀的孔雀，
一隻尾羽高舉，兩翅搧動，顯得焦躁不
安；另一隻看似平靜，但眼神悲哀。在
造型上與早期所畫的孔雀比較，裝飾意
味淡化，顯得更加真實細膩。

初唐　莫332

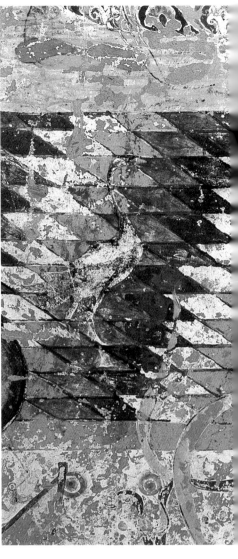

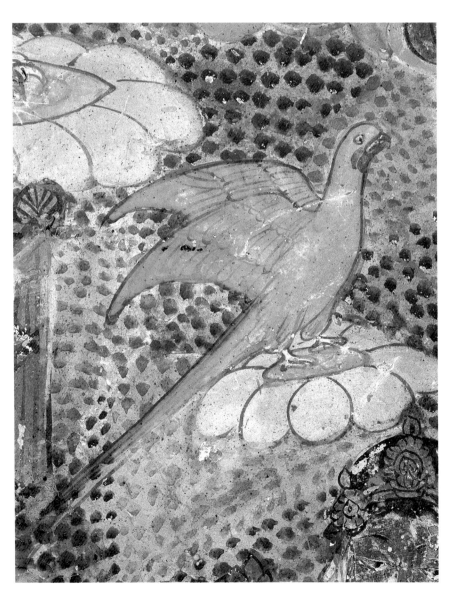

81 蓮上鸚鵡

這是觀無量壽經變描寫的鸚鵡，剛剛從
天空降落下來，揚着頭，鼓動着翅膀，
踏在一朵蓮花上。

初唐 莫45

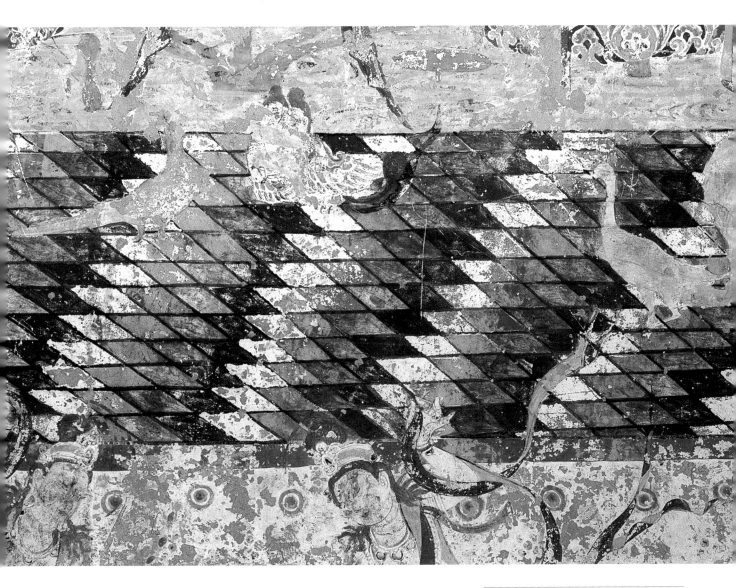

82 起舞的孔雀

這是西方淨土經變中的畫面。綠孔雀揚
着頭，翹着美麗的尾羽，目視對面的仙
鶴，與音樂神伽陵頻迦相呼應，踏着節
拍，輕快地起舞。

初唐 莫220 南壁

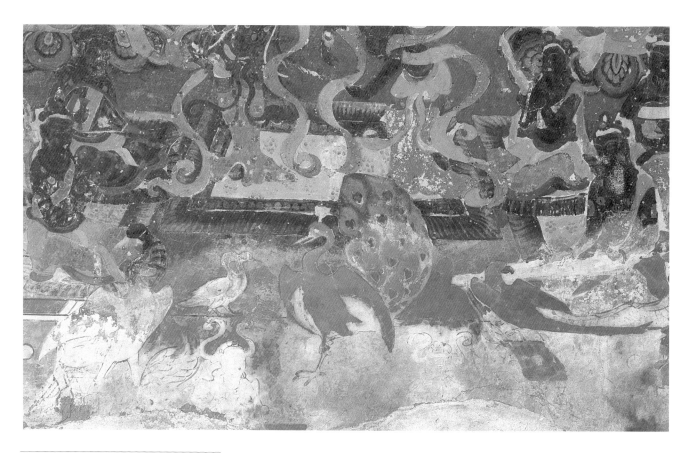

83 孔雀、鸚鵡與雙首雁

在觀無量壽經變的佛國舞樂圖下方，祥禽也隨樂起舞。鸚鵡鼓動着翅膀，回首望着樂隊；孔雀高舉蓮瓣形尾羽，輕踏舞步；而一隻奇異的雙頭雁望着孔雀。雙首雁可能是佛經中所說的共命鳥，象徵同生死，共命運。

盛唐 莫66 北壁

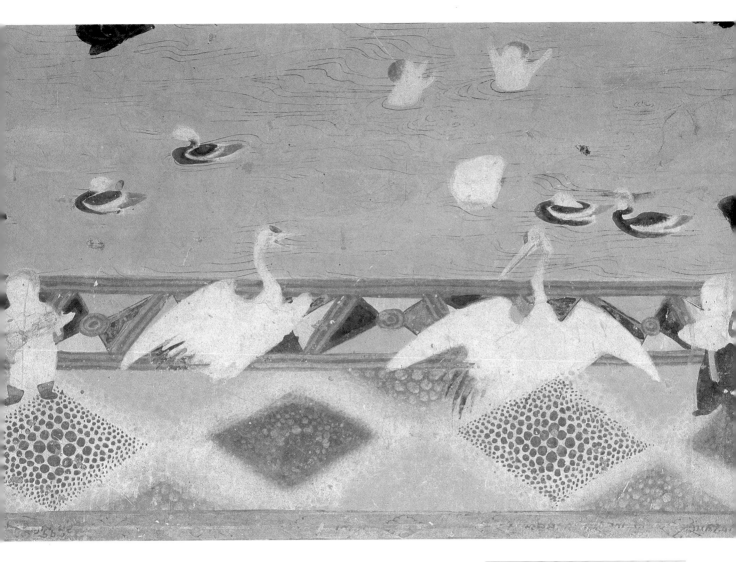

84　雙鶴起舞

這是觀無量壽經變的局部，兩隻鶴在瑪
瑙鑲嵌的地面上翩翩起舞，其中一隻引
頸長鳴。碧綠的蓮池中有玩耍的兒童和
成雙成對的鴛鴦，有趣的是還有兩個為
鶴伴奏的兒童，一派寧靜祥和的氣氛。
盛唐　莫148

第三節 唐代後期動物畫

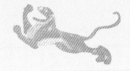

　　唐代後期（公元786-907年），包括吐蕃統治敦煌的公元786至848年間，也即中原的中唐時期，和張議潮收復河西，宗奉唐朝正朔至唐王朝覆滅，即晚唐。此期間雖然政權更迭頻繁，敦煌及河西地區動盪不安，然而敦煌壁畫藝術的共性仍多於差異性，總的來看，基本沿襲着唐前期形成的大唐風範繼續發展，繼續追求形神兼備的意境，動物畫佳作不少，其中吐蕃時期的動物畫大放光彩。

　　這一時期畫有動物的重點洞窟為第159、92、154、156、6、9窟，榆林窟第25窟。

　　吐蕃時期表現虎的形象有兩種，一是猛虎，二是悲虎。在第159窟屏風畫中有一幅猛虎追人，表現的是藥師經變的九橫死之一："惡獸啖於山林"。畫面氣氛十分恐怖。從虎的結構、動作到皮毛的花紋、顏色，無不注重真實感。這裏沒有早期畫虎的變形誇張，也少有主觀想像的浪漫，而是盡可能貼近生活。在第92窟中畫的是一隻趕來哀悼釋迦牟尼的虎，兩眼露出震驚和悲哀的神情。

　　榆林窟第25窟是吐蕃統治時期的代表性洞窟之一，其壁畫藝術性很高，動物畫也不乏佳作。在菩薩裝的盧舍那佛像中，畫着獅子座，左、右各有一側面坐獅，中央一頭為正面。正面的樣式極為罕見，在壁畫中完全正面構圖的坐獅，處理相當困難，而這幅畫卻知難而進，並有很

好的效果。獅子堅實的胸脯、強壯的四肢，捲曲茂盛的鬃毛，有神的雙目，漂亮的眉毛，雖張開巨口，但卻並無兇惡之相，倒有幾分惹人喜愛的笑意。總之是一幅構圖角度新穎的表現雄獅之力作。

　　同窟中畫有一頭六牙白象，是儀仗王向佛供養的七寶之一。七寶即金輪寶、象寶、馬寶、女寶、兵寶、珠寶、藏寶。白象裝飾華麗，背負摩尼寶珠，足踏巨蓮，前面站着一位盛裝的玉女，即女寶。大象造型完全運用寫實手法，比例合度，結構謹嚴，繪工細膩入微。除施清淡的暈染，完全依靠變化的綫描塑造形象，是敦煌壁畫中描寫大象最優秀的作品之一。與此圖相對的是七寶的馬寶、兵寶，畫一匹高大健壯的白色駿馬，紅鬃、紅尾，背負火燄寶珠，面佛而立。馬前站一位戴盔披甲的英俊武士，手持盾斧，腰掛弓箭。此馬是眾多唐馬中保存特別完好的佳作。

　　第154窟金光明經變屏風畫裏有一匹鞍馬，引頸昂首而立，韁繩下垂，在前蹄腕處打結，以防其自行跑遠。在造型上它沒有一般唐馬那麼豐肥，甚至與吐蕃時期的馬，譬如前述榆林窟第25窟的馬相比也有所不同，它的頸、胸、腹、臀部都顯得肌肉發達，特別是兩條後腿和臀部，結實精幹，其表徵是善跑駿馬的典型。繪畫技法上略施暈染，以綫造型，是一幅馬的白描圖。

　　牛的造型非常真實，細膩而生動。

如榆林窟第25窟南壁彌勒淨土經變中表現"一種七收"的內容，畫的是二牛抬槓的耕作圖。北方多旱地，耕牛均係黃牛。畫中兩頭黃牛刻畫得很生動，眼睛圓睜，不須鞭打自奮蹄。勾綫簡潔、力求準確。此圖在敦煌眾多的耕作圖中保存相對完整。

第360窟釋迦曼荼羅中大自在天騎坐的白牛，臥地回首，目光炯炯有神。牛的比例適度，結構準確。堅硬的牛角、牛蹄，鬆弛柔軟的項下垂皮，都表現出不同的質感與體積感。可以清楚地看到，當初畫匠在努力追求表現對象的自然美，以及藝術真實與生活真實之間的和諧。

這一時期表現鹿的題材中，突出的有第159窟《維摩詰經·弟子品》中畫的兩隻奔鹿。佛經的內容說，人生短暫"如幻如電"，"如夢如燄"，轉瞬即逝。畫面用兩隻在原野上飛奔而去的鹿來表現這主題。鹿（梵文Mriga）在梵文中的字面意思為"常死者"，因為鹿經常成為猛獸和獵人捕殺的犧牲品，這裏用鹿來隱喻生命短暫無常，是很貼切的。鹿的造型非常真實，結構準確，動態矯健，敷彩簡約，暈染柔和適中。另外在第154窟報恩經變中畫有鹿母夫人故事，雌鹿產下一個女孩，撫愛備至，畫面頗感人。

從畫鳥的角度來看，榆林窟第25窟是一個鳥的天堂。觀無量壽經變的水池平台一側，畫有一隻仙鶴與伽陵頻迦鳥相伴共為舞樂的畫面。仙鶴扇動雙翅，回看伽陵頻迦鳥，踏着節拍翩翩起舞；伽陵頻迦鳥亦鼓動雙翅，手握拍板，為仙鶴打節拍。而雙首一身的共命鳥，亦鼓動雙翅，彈起曲頸琵琶，為孔雀伴奏伴舞。這些神禽瑞鳥增添了佛國淨土的神聖氣氛。在天宮的迴廊裏還有紅嘴綠鸚鵡自由飛翔，唐代寺院養鸚鵡之風頗盛，唐人曾為大薦福寺製詩云："雁沼開香城，鸚林降彩旒。"這個畫面應是當時寺院場景的寫照。孔雀、仙鶴、鸚鵡均運用非常寫實的手法，畫風工整，形神俱佳。

同上經變中，在大殿柱子的蓮花形柱礎旁，畫了一隻小白鼠，作匆匆跑動之狀。佛經中說，毗沙門天王手中之鼠象徵財運，但這隻小白鼠似乎為隨意之作，用綫較粗，只簡練地勾勒出輪廓，卻較生動。其珍貴之處在於它大概是敦煌動物畫中唯一表現老鼠的作品。

第360窟"無量壽經變天樂舞池前面平台中央一隻孔雀在舞蹈，四隻伽陵頻迦在伴奏；平台左右兩側蓮池中小島上，各有一隻白天鵝鼓翅助興，非常瀟灑而優美。畫面氣氛平和幽雅，與平台上天國淨土的樂舞互為呼應，相得益彰。

公元848年起張議潮逐吐蕃，敦煌重新納入大唐版圖，進入了通常所說的晚唐時期。

由張議潮家族營造的第156窟，有兩幅著名的出行圖，即《張議潮統軍出行圖》及其妻《宋國夫人出行圖》。在這兩幅反映現實生活的畫卷中，出現了一百多匹馬，是敦煌壁畫中馬的圖像最多的畫幅，從動物畫角度看，可以説是前所未有的"百馬圖卷"。雖然馬都向着同一方向運動，但是由於視角不同、馬的功用不同，馬的形態也各不相同，有正面、側面、背面，有走的、跑的，有負重的、拉車的、有追逐獵物的。然而它們的共同特點是膘肥體壯，馬蹄輕快。據文獻記載，唐玄宗"好大馬，御廄（養馬）至四十萬（匹）"。其時"天下一統，西域大宛歲有（良馬）來獻"。唐玄宗還曾命韓幹畫馬，其畫技被譽為"古今獨步"。唐代仕女以肥為美，馬也以肥為美。韓幹等一代畫馬名家筆下腹豐臀圓的畫馬模式，給畫壇帶來較大影響。地處絲路要衝的敦煌也不例外，而唐代後期愈發如此。

佛的獅子座此期仍以雙獅的形象來表現，但其表現方式和造型風格與早期比較，已有明顯變化，首先是寫實性代替了早期的象徵性；其次是用有更多獨立意義的動物畫代替了早期對稱的裝飾畫。第16窟佛壇主尊彩塑座下壺門內，畫有兩頭獅子，前面一頭為雄獅，鬃毛豎起，怒目回首，呲牙咧嘴，對身後的獅子發威。後面的獅子鬃毛下垂，雖亦圓睜雙眼，大張着口，卻顯得不夠威嚴，倒有幾分像供人玩賞的獅子狗。這兩頭獅子既然畫於佛座上，當然有代表佛的雙獅座之意義，但此雙獅座的獅子形象與佛教之外的雙獅圖動物畫亦有相近之處。這個司空見慣的實例，側面表明佛教藝術中國化和世俗化的迹象。

反映獅子搏鬥的畫面，以勞度叉鬥聖變中的最生動，佛弟子舍利弗與外道勞度叉幻化為獅子和牛進行生死搏鬥。獅子代表佛教力量，牛代表外道，獅子用強壯有力的前爪牢牢抓住牛的頸部和脊背，從側面咬住牛的頸部，牛在拼命掙扎，鮮血直流，由於招架不住，一條前腿已屈膝跪地。畫面氣氛緊張激烈。獅子的鬃毛與尾毛都是用金黃和綠色相間的漂亮色彩，顯出獸中之王的華貴與威嚴。類似的造型在公元前5世紀波斯帝國王宮的浮雕上曾出現過，獅子的姿勢基本雷同，耐人尋味。

唐後期逐漸盛行的楞伽經變，通過比喻畫面來闡述佛教禪宗哲理。譬如畫出獵戶打獵、屠夫宰殺牲畜等場面，指示出人類如何違背了佛教義理。第459窟畫的屠房中臥着一隻獵犬，等候主人施捨一些骨頭。周圍的景物已經褪落，狗的輪廓綫也脱落殆盡，只留下本來平塗的顏色，只是因為色中濃淡不勻，又經千餘年的變化，呈現出自然的濃淡深淺，反而增加了色彩變化的活力，加之其輪廓準確和動態生動，仍不失其魅力。

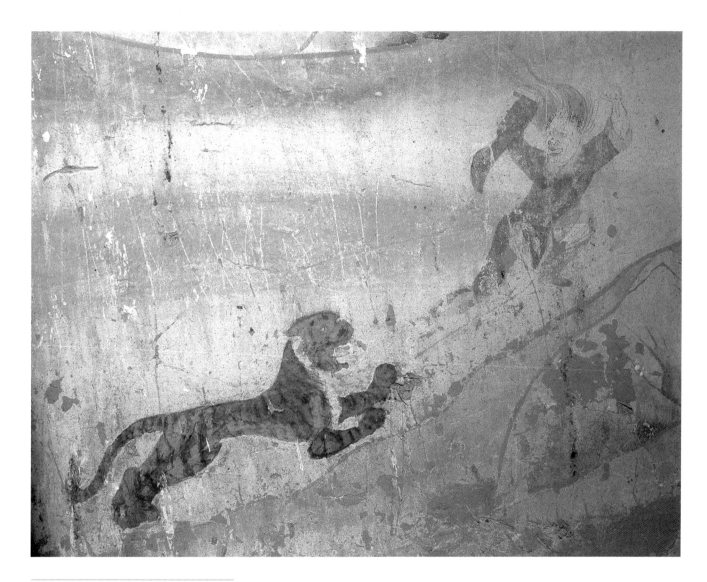

85　猛虎追人

畫面上老虎正在窮追一個人，逃命者雙
手高舉，頭髮散亂而向上豎起，驚恐萬
狀地回首張望。老虎由於撒腿猛追，腰
腹部很細，四條腿卻很壯實有力。畫法
是在勾勒出輪廓之後，先平塗地色，留
出眼、口及肋下、胸部施以白粉，然後
暈染出皮毛的條形花紋。

中唐　莫159　西龕內南壁

86　毒蛇猛獸　　　　　　見下頁 ▶

這是觀音經變局部。畫面表現為一個人
被蠍子、毒蛇、老虎等毒蛇猛獸圍困侵
害。此人盤腿而坐，雙手合十，念誦觀
音菩薩名號，以求得解脫。蠍子口吐火
苗，蛇和老虎的口中也噴射出氣燄，以
強調毒蛇猛獸對人的威脅。

中唐　莫112　東壁北側

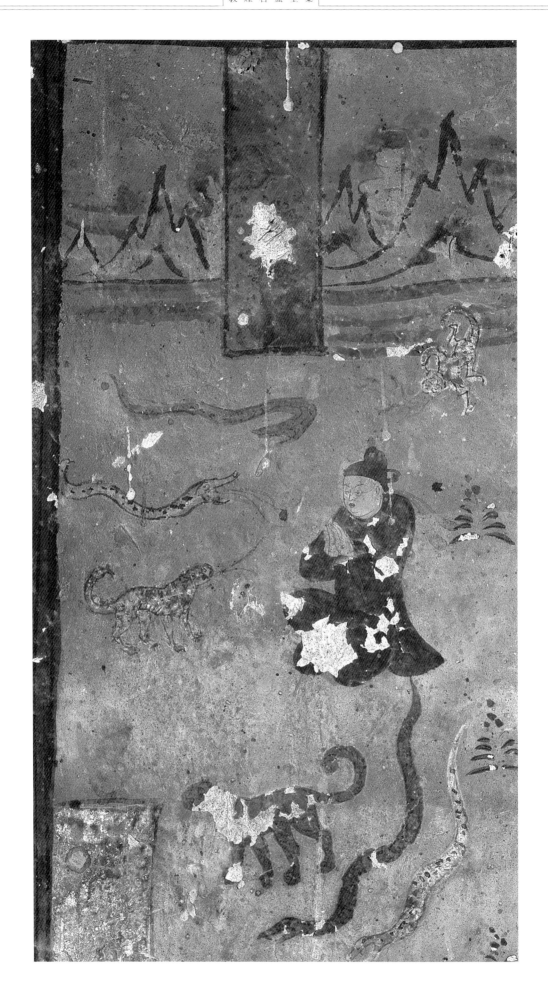

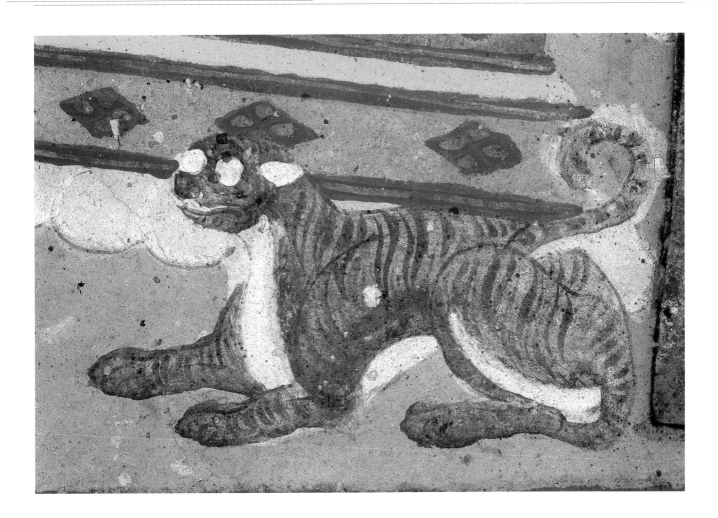

87　黑虎

涅槃經變中趕來哀悼釋迦牟尼的虎。與
另一側的獅子相對稱,伏臥地上,周身
呈黑紅色調,兩眼表露出意外和震驚的
神情。畫法是在輪廓綫內先以赭紅色塗
底,再用白粉塗出雙眼及耳廓內、胸腹
及右腿,最後以墨綫描畫出有粗細變化
的皮毛條紋。

中唐　莫92　西坡

88　白獅

表現佛涅槃時動物界也感到震驚、悲
痛。前來哀悼的獅子周身白色、綠鬃,
伏臥在地上,神態悲愁。它與另一側的
黑虎相對稱。

中唐　莫92　西坡

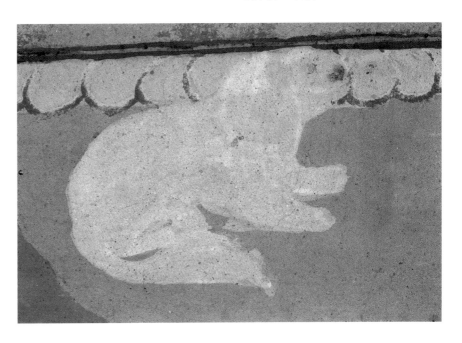

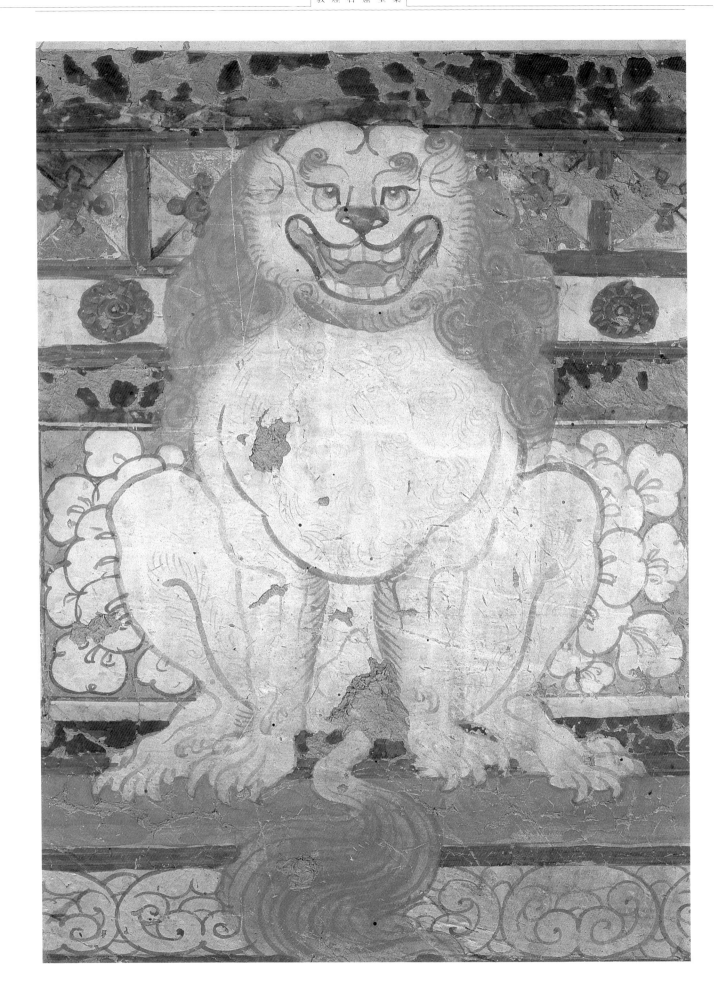

89 獅子

觀音曼荼羅圖像須彌座下繪有一隻坐
獅。完全取正視的角度，表現難度較
大。特別是獅子頭部的刻畫，有意減弱
了凶猛的特性，增加了馴良甚至可愛的
因素。

中唐 榆25

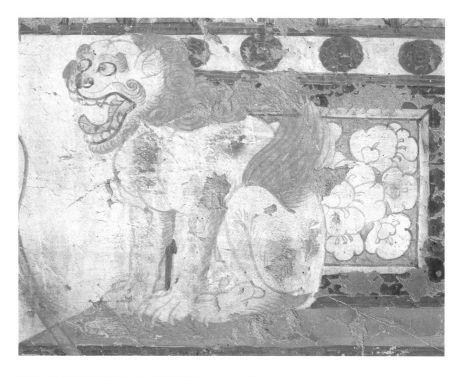

90 獅子

繪在須彌座下的半側坐獅，是敦煌壁畫
所描繪的獅子形象中採用最多的角度。
同前圖一樣，頭部造型上有意增加了馴
化因素，拉近了觀眾同猛獸之間的距
離。

中唐 榆25

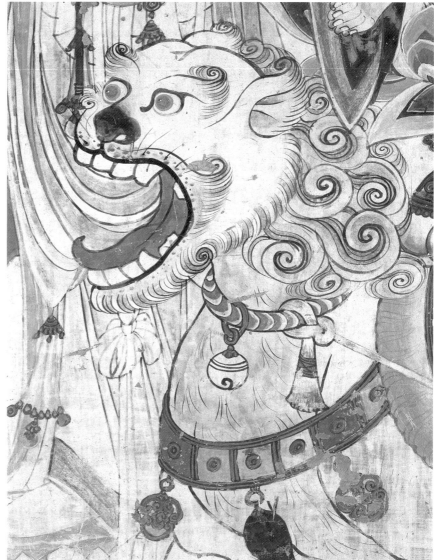

91 文殊坐獅特寫

文殊菩薩所乘的獅子，頭部刻畫細緻入
微，其造型具有圖案化的典型性。綫條起
伏運轉，而且規整，上眼瞼一筆而就，有
輕重粗細變化，墨色潤澤，形成一條漂亮
的曲綫。下眼瞼在淡墨之上提加濃墨綫。
眸子兩層深淺略異的墨色，濕潤有神。嘴
沿處除勾勒出鬚鬚之外，還點畫出皮毛上
的點狀刺斑，益發生動。

中唐 榆25

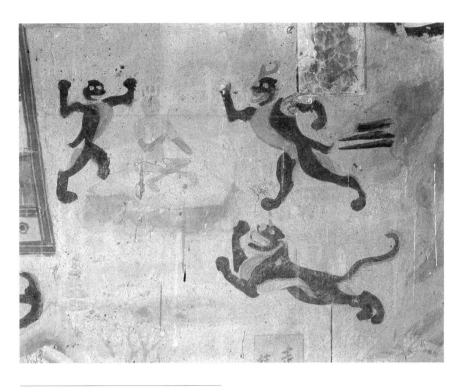

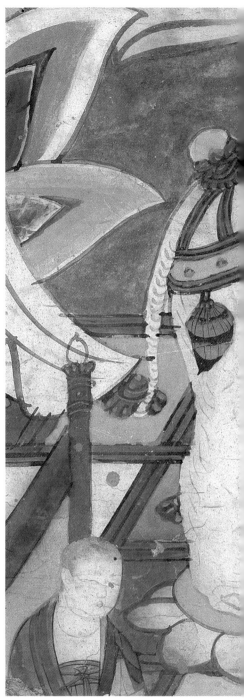

92 羣獅圖

在報恩經變中,三隻獅子圍困着一個祈
禱的人,其中一隻身體直立,兩條前爪
上舉,如力士擎山之狀。另外兩隻作捕
抓之勢。這是擬人化誇張。惜獅身整個
變成棕黑色。

中唐 莫231 東壁南側

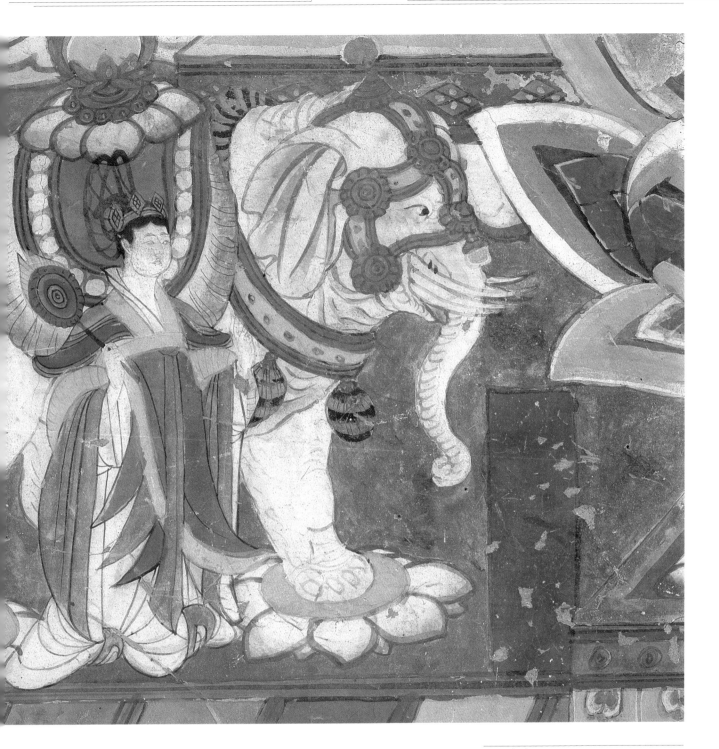

93 白象

彌勒經變中，儴佉王向佛供養的 "七
寶" 中有象寶、玉女寶。畫面表現為一
頭裝飾華麗，背負摩尼寶珠，足蹈巨蓮
的六牙白象，前面一位盛裝執扇天女亭
亭玉立。大象略施暈染，主要依靠綫描
塑造形象，刻畫真實細膩，係唐代以降
描寫象的佳作。

中唐 榆25 北壁

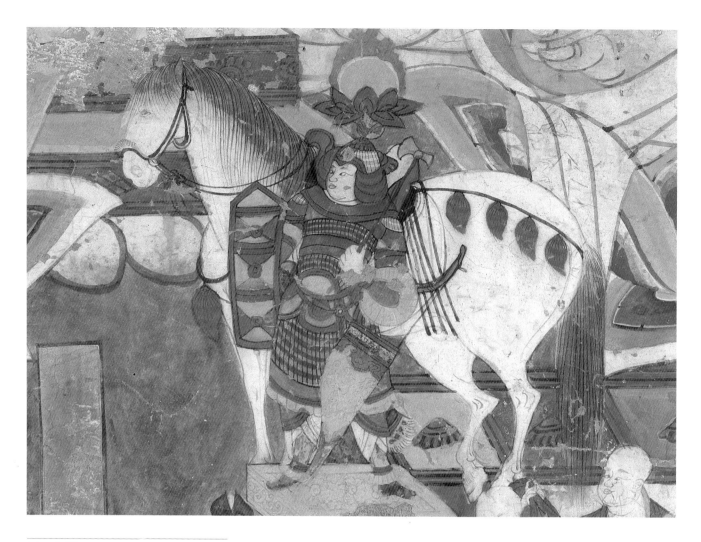

94　白馬

彌勒經變中＂七寶＂的馬寶、兵寶，畫
面表現為一匹白色駿馬，背負摩尼寶
珠，前面站立一位全副武裝的武士。白
馬具有唐馬的典型特徵。技法上是基本
不作暈飾，全靠準確流暢的綫描來塑造
形象。

中唐　榆25　北壁

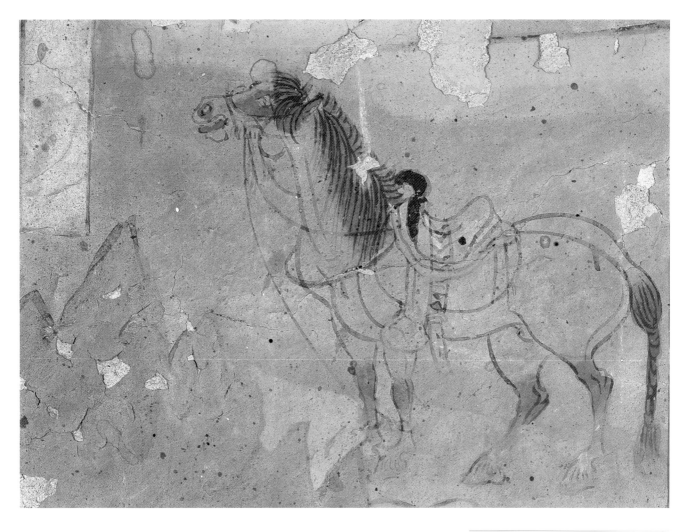

95　嘶鳴的鞍馬

金光明經變的白馬，鞍具齊備，昂首長
鳴。馬前用粗獷的筆觸畫出象徵性山峰。
馬是用白描法勾勒出來的，綫條優美流
暢，恰當地表現了馬的強健筋骨，與盛唐
"肌勝於骨"的肥膘馬，明顯不同。

中唐　莫154

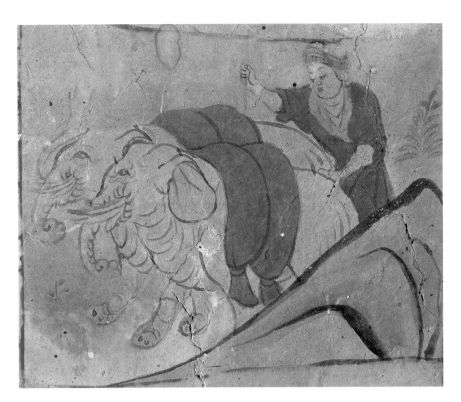

96 馱水的大象

畫面描寫長者向國王借來二十頭大象，
馱水注入枯澤救魚的情節。大象為白
描，僅用赭紅色塗水袋，手法簡練。

中唐 莫154

97 耕牛圖

為了表現《彌勒經》中"一種七收"場
面，通常以耕種為代表畫面。此圖表現
的耕地形式俗稱"二牛抬槓"，北方多
旱地，耕牛均是黃牛，這兩頭黃牛體型
不算大，但卻被飼養得膘肥體壯。

中唐 榆25

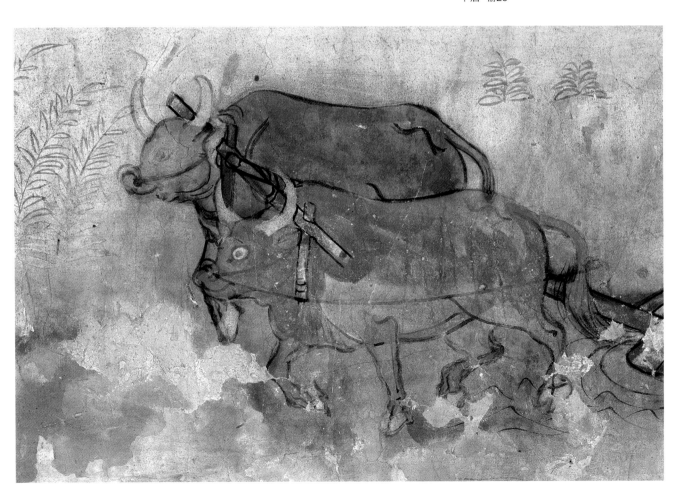

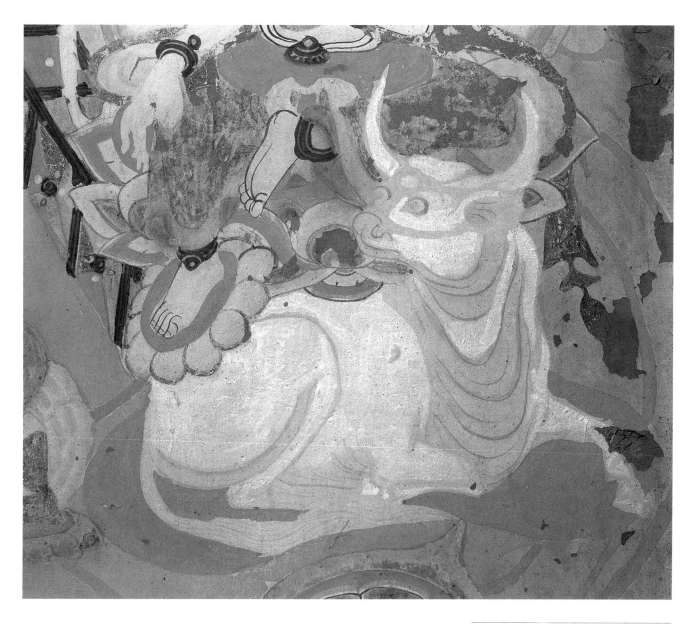

98　白牛

此為密宗釋迦曼荼羅圖像中大自在天所
騎的白牛，側臥回首，前腿向前屈伸，
支撐回首動作的平衡，兩眼炯炯有神。
畫法是在已刷好的底色上先起稿，再用
白粉提高一下色度。

中唐　莫360　南壁

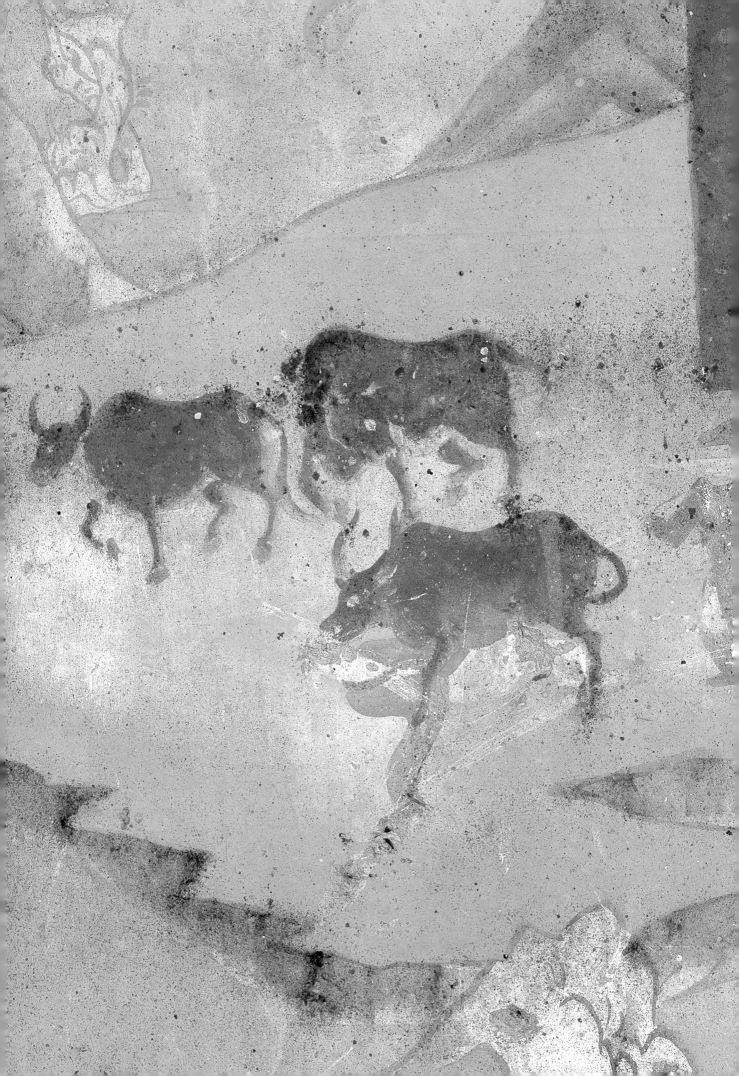

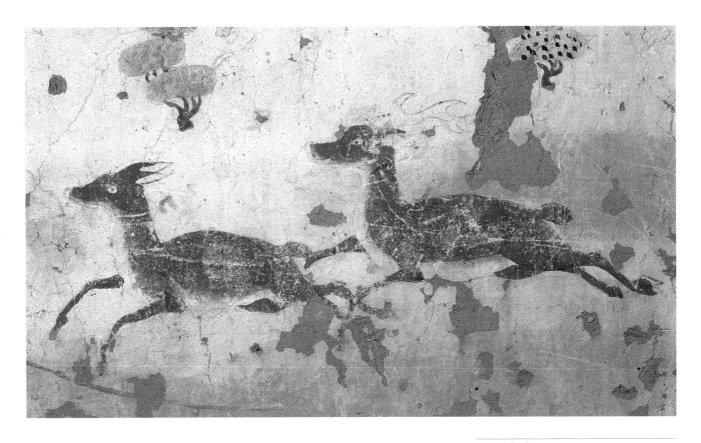

100　奔鹿

《維摩詰所說經‧弟子品》為了說明人生命之短暫無常，用了“如幻如電”的比喻。這裏用兩隻在原野上迅速奔跑的鹿來圖解上述頗為抽象的教義。此圖無論動物形象、色彩暈染，還是背景的設計都非常清新、和諧、優美。

中唐　莫159　東壁南側

99　羣牛圖

這是善友太子被惡友刺瞎雙眼後，得到牛王救護的畫面。造型真實、生動，情節感人，色彩潤澤而半透明，頗似後來西方出現的水彩或水粉畫效果。

中唐　莫238　西龕內南壁

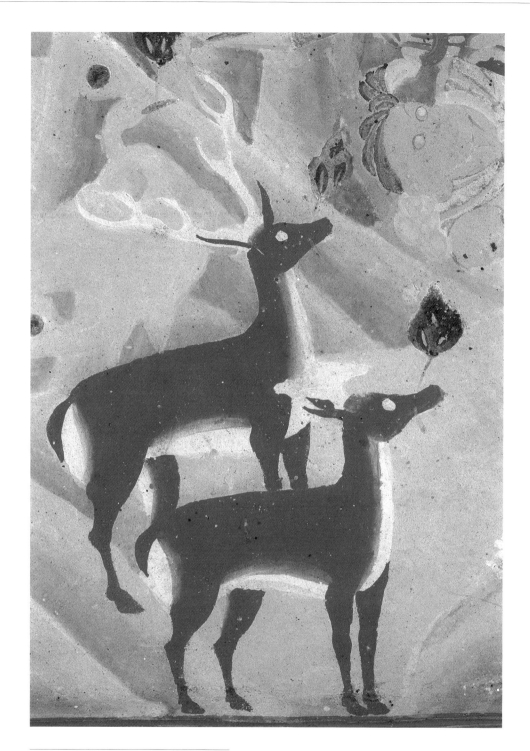

101　啣花雙鹿

涅槃經變中前來作最後供養的一對鹿，
口啣蓮花，向佛作供養。通體塗濃厚的
赭紅色，於頸下、腹下及後臀等部位用
白粉暈染，未見任何綫描痕迹，頗似沒
骨畫。形象真實生動，保存完整，色彩
如新。

中唐　莫92　南頂

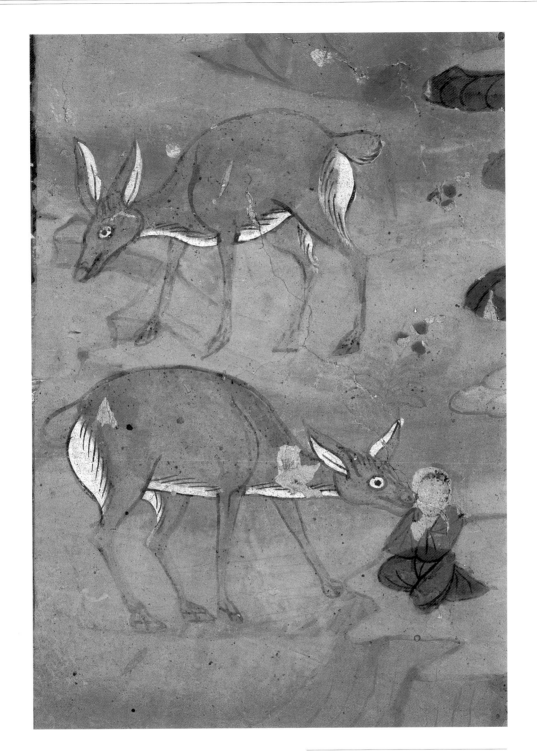

102　產女雌鹿

這是報恩經變中鹿母夫人故事畫局部，
表現雌鹿對自己生產的愛女作獸類特有
的氣味識別的情景。畫面簡約，神態生
動感人。

中唐　莫154

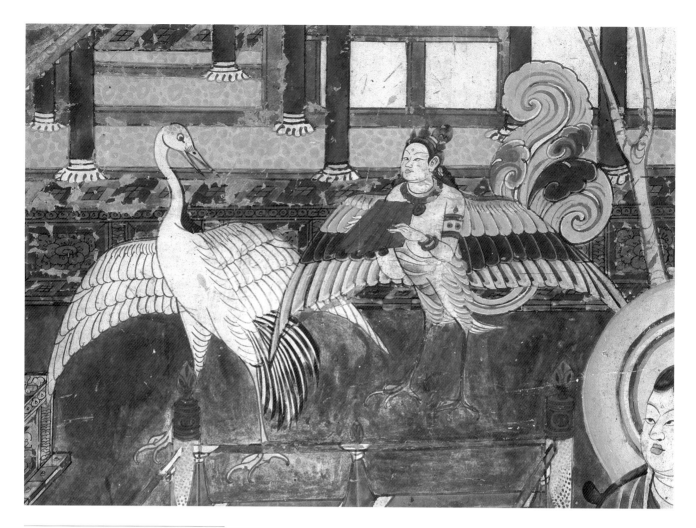

103 舞鶴

這是觀無量壽經變的法會場面小景。仙鶴
昂首回眸，挺胸鼓翅，似在邊舞邊歌。目
光專注於一旁的音樂神伽陵頻迦身上，伽
陵頻迦鳥雙手執着拍板，為仙鶴伴奏助
興，表現了淨土世界的祥瑞氣氛。仙鶴幾
乎不加暈飾，全以綫描造型。

中唐 榆25 南壁

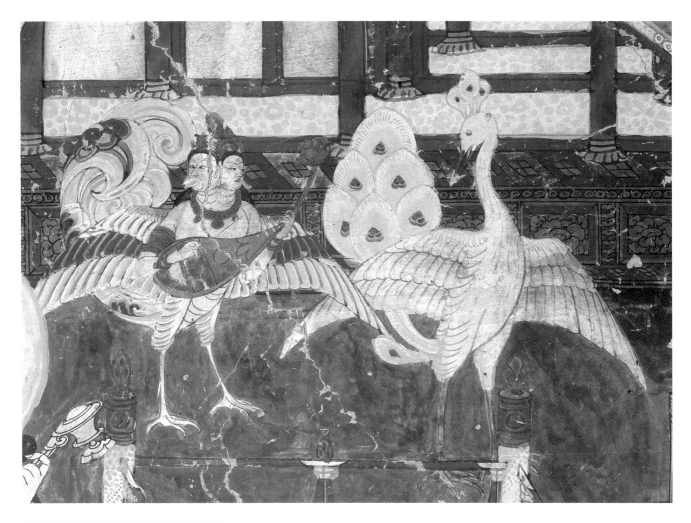

104　舞孔雀

同前經變中的局部。孔雀昂首回眸，挺
胸振翅，高豎美麗的尾羽婆娑起舞，目
光投向身旁的伽陵頻迦鳥。伽陵頻迦為
一身雙首，手捧鳳首笙篌為孔雀伴奏。
在佈局上與另一側的舞鶴相對稱。

中唐　榆25　南壁

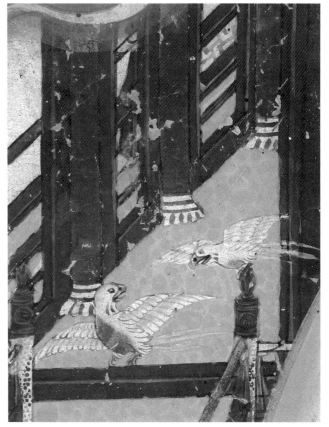

105　廊下綠鸚鵡

同前經變，紅色廊柱上飛來兩隻綠鸚
鵡，一隻立於欄柱頂展翅鳴叫，另一隻
剛剛飛來。它們相互對視。手法簡練而
富有情趣。

中唐　榆25

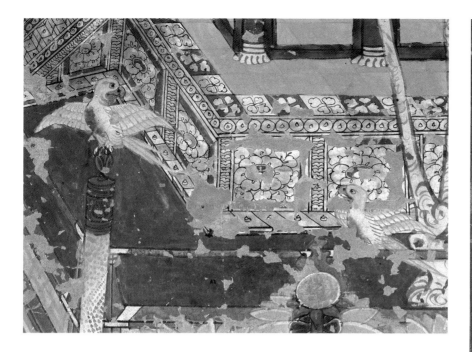

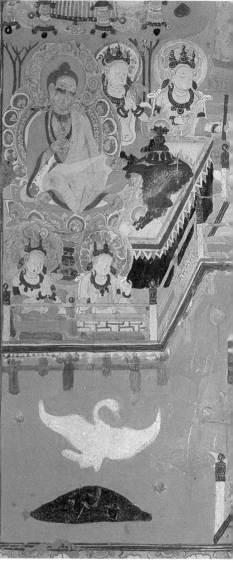

106　飛翔的鸚鵡

同前經變中的另外兩隻鸚鵡，一隻立於
欄柱頂上，展翅回首，另一隻側身立於
欄杆上，張嘴輕語，好似一對伴侶相互
顧盼。這種呼應的形式在後來的花鳥畫
構圖中成為一條法則。

中唐　榆25

107　小白鼠

同前經變畫中，畫有一隻小白鼠在廊柱下
奔跑。綫描雖較粗疏，但形象卻不失生
動。佛經中說毗沙門天王手中之鼠象徵財
運，但這隻小白鼠是畫家隨意所加，也大
概是敦煌壁畫中獨一無二的老鼠形象。

中唐　榆25

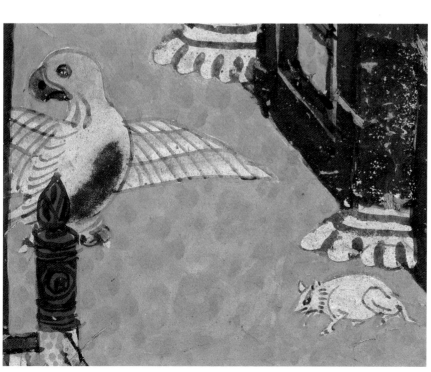

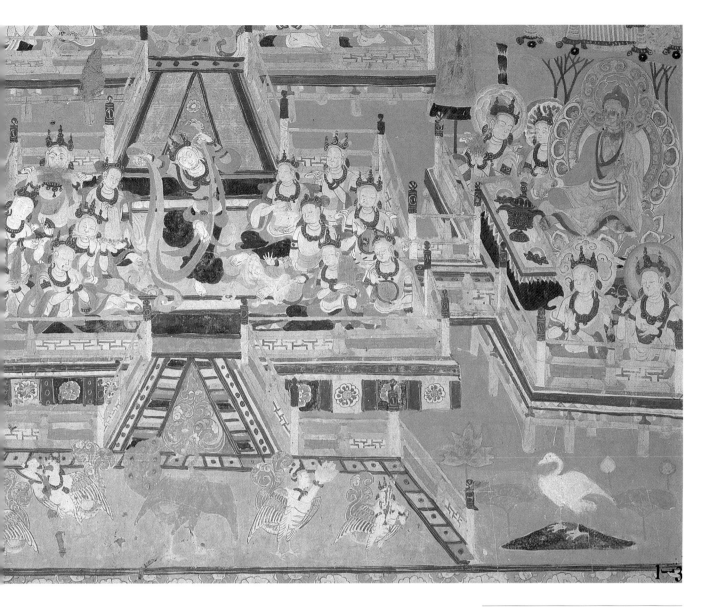

108　天鵝

在觀無量壽經變天國伎樂的下面，平台
兩側各有一隻白天鵝站在蓮池小島上，
曲頸挺胸，舒展雙翅。畫法是在綠色池
水上直接以厚重的白粉塑造形象，從現
狀看，略去了輪廓內之細部描寫，類似
於“剪影”。

中唐　莫360　南壁

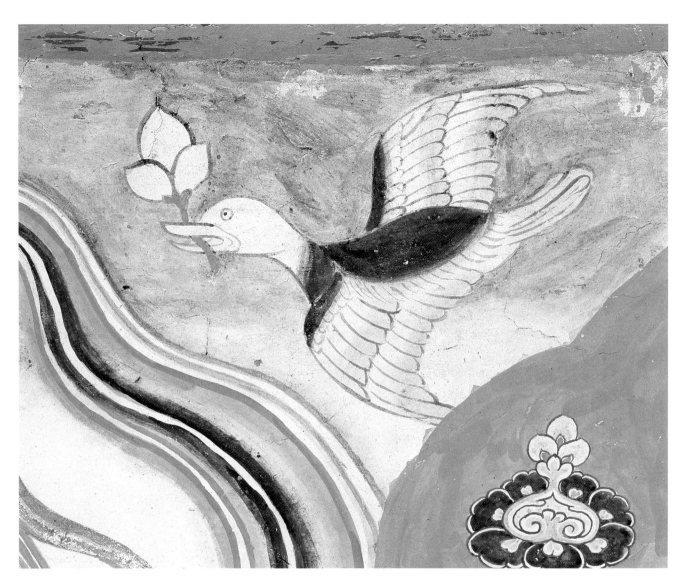

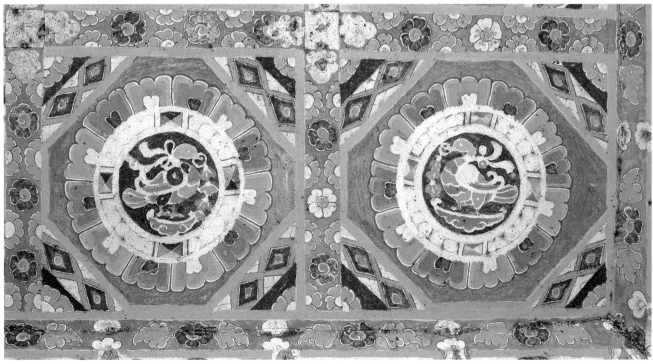

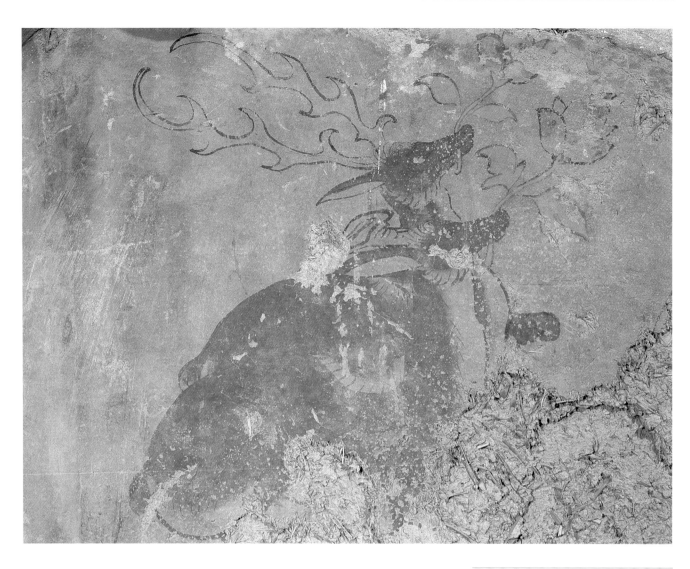

111　唧花雙鹿

藏經洞洪䛒彩塑造像所在禪床壺門內，繪有一對伏跪而口唧鮮花供養的鹿。造型寫實，神態生動，除花、葉施彩外，其餘均為水墨渲染而成，為晚唐畫鹿的佳作。

晚唐　莫17　南僧影像壇基

109　唧花的大雁

涅槃經變中，當佛涅槃之時，各種動物都發出悲鳴。大雁從遠處飛來，嘴唧蓮花，向佛作鮮花供養，表示哀悼與敬仰之情。大雁的眼神中有幾分驚愕與悲哀，與主題內容氣氛相協調。

中唐　莫158

110　雁紋平棊

兩隻大雁口唧流蘇，相對立於蓮輪之中。唐代時，對雁在中原象徵和睦、守信。造型曲綫十分優美。

中唐　莫361　西龕頂

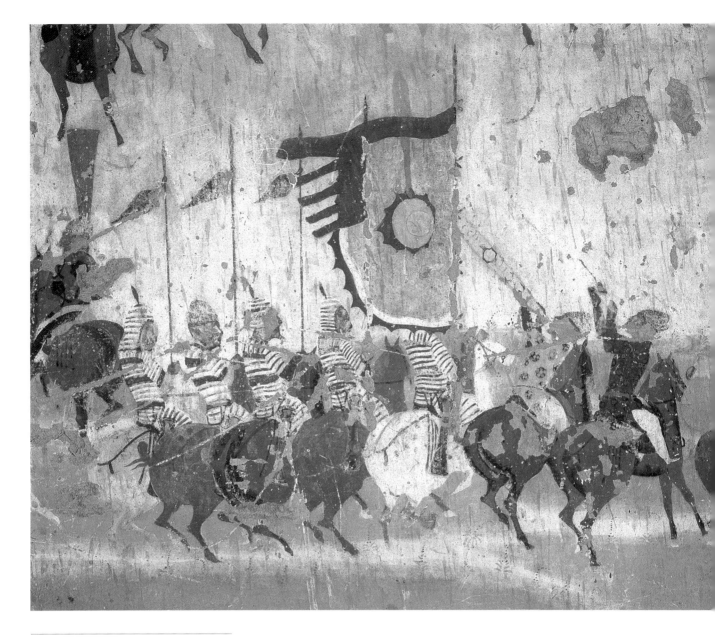

112 儀衛馬隊

以張義潮及其夫人為主角的張義潮出行
圖及宋國夫人出行圖中，前者馬匹多達
八十餘匹，後者也多達三十餘匹，兩幅
出行圖是敦煌壁畫中馬匹形象最多的畫
幅。此為張義潮出行的儀衛馬隊，前面
四匹馬是軍樂隊；後面五匹為軍隊儀
衛。因為是夾道而立，這些馬匹均作背
面而立，有白馬、棗紅馬、赭黃馬和棕
黑馬，有的皮毛還有花斑。每匹馬都腹
股豐圓，充滿力感，精神具足，造型方
面是典型的以豐肥為美的唐馬風格。

晚唐 莫156 南壁

113 奔馬

張義潮出行圖中兩匹快馬。前面一匹馬
正向右下方猛跑，後面一匹馬則向右前
方狂奔。前馬用的是俯視構圖，而後馬
則是平視構圖。馬豐肥健壯，造型與長
安昭陵六駿石刻的風格一致。

晚唐 莫156 東壁南側

114 金毛獅子

在《大方便佛報恩經》中有獵師為了得
到國王的賞賜，用計誘殺金毛獅子的故
事。畫面上，獅子正騰身跳起，撲向獵
師，其動勢逼真，鬃鬣被誇張成藍色。

晚唐 莫85

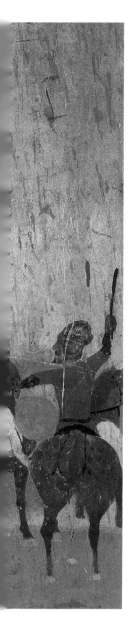

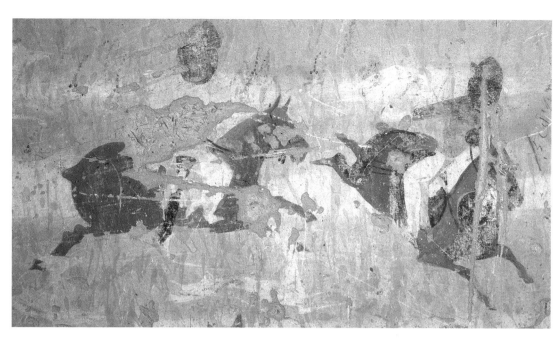

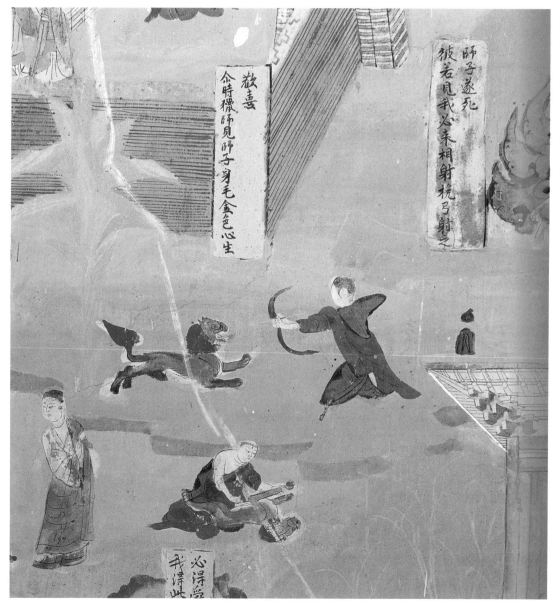

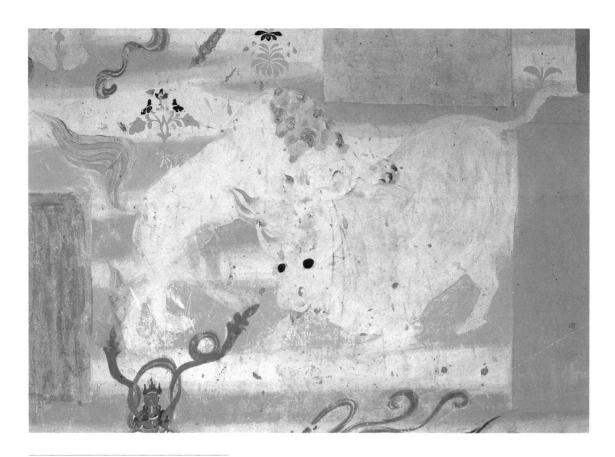

115 獅子搏牛

畫面描寫外道勞度叉同釋迦弟子舍利弗
鬥法的一個情節,勞度叉變成牛,而舍
利弗變成獅子降伏牛。畫面上一頭碩大
強壯的牛,被雄獅雙爪緊緊抓住脊背,
脖頸被獅子牢牢咬住,鮮血流出,情節
緊張,動人心魄。

晚唐 莫9 南壁

116 雙獅

這兩頭獅子畫於該窟主尊彩塑須彌座壺
門裏。在早期獅子以左右對稱形式塑或
繪於佛座兩側,象徵佛教的權威。至中
後期,增加了繪畫的屬性,因而頗像寫
生動物畫。前一頭獅子表現出雄獅的威
嚴,後一頭獅子則具有雌獅的特性,其
神態頗似獅子狗。

晚唐 莫16 佛壇主尊彩塑佛座南側

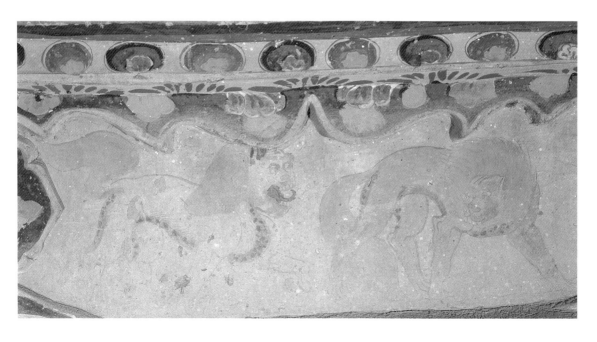

117 紅毛獵犬

此為楞伽經變表現獵殺屠宰牲畜，破壞佛教戒律的畫面。描寫屠房中，獵犬守待得到餘骨。原畫綫條基本無存，僅有赭紅色施彩，猶如"剪影式"動物畫。

晚唐 莫459 南壁西側

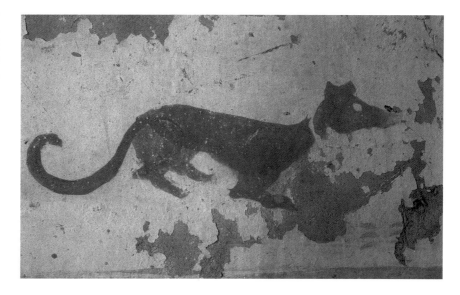

118 屠案下的獵犬

楞伽經變表現殺牲破戒的畫面。屠夫正在案上宰割牲畜，獵犬伏於案下等待拋棄的骨頭。獵犬的體格碩大，嘴尖，腰身細長。畫法是以墨綫造型為基礎，加以敷彩暈染。

晚唐 莫85

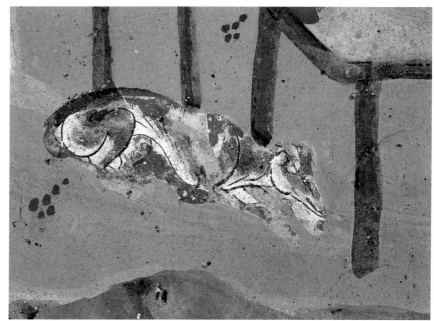

119 山羊頭部特寫

《楞伽經》勸戒獵戶不要為求財利去捕捉殺害生靈。畫面上描寫獵戶趕羊去賣給屠房的情形。這個無辜的生靈此時此地還不知道自己死期在即，因此還表現得閒適從容。以米色先塗底，筆觸隨意，再以濃墨勾勒定稿綫。

晚唐 莫9

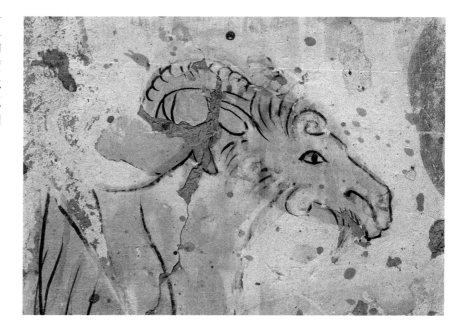

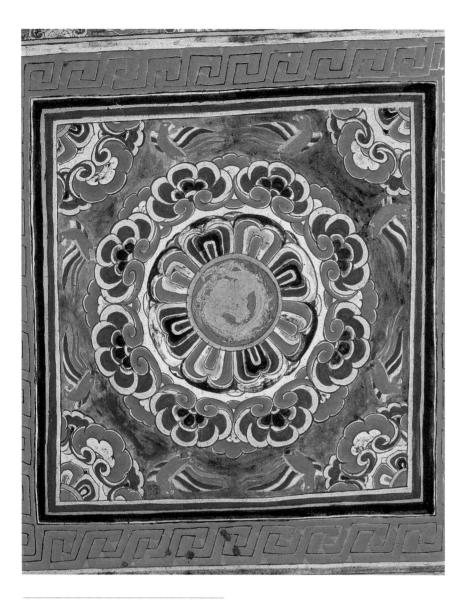

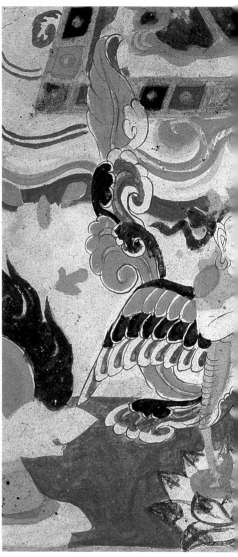

120 鸚鵡

敦煌壁畫中將動物設計為裝飾紋樣,至
隋唐以後演進到極致。這一對鸚鵡作均
衡對稱佈局被納入藻井圖案之中。形象
寫實生動,敷彩華麗。

晚唐 莫6 窟頂中心

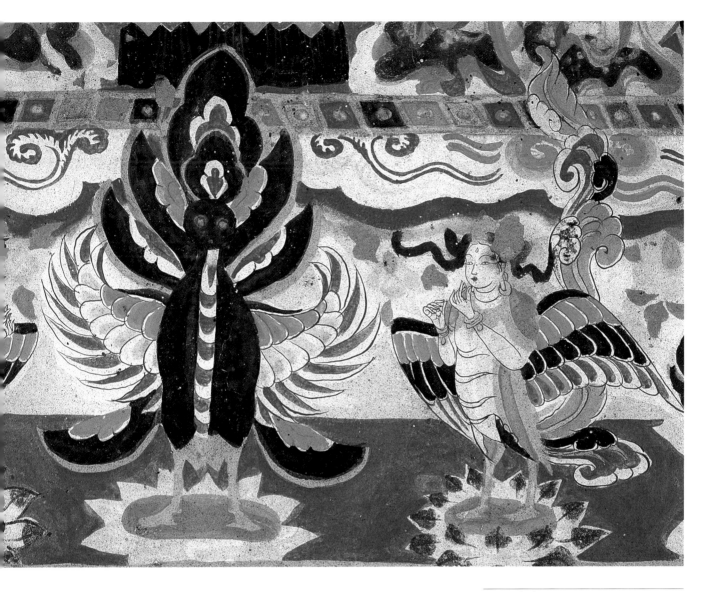

121 孔雀

此為釋迦說法圖中的孔雀。它正面站在
蓮花上，雙翅大展，尾羽作開屏狀。由
於是正視構圖，看上去其尾羽就像是孔
雀的“頭光”。技法上用赭紅綫勾輪
廓，其內填色留邊綫，羽毛色彩分深淺
而疊暈，雖色種很少，但搭配得好，令
人感覺並不單調。這種正面的孔雀，此
前極為罕見，晚唐時出現較多。

晚唐 莫7 南坡

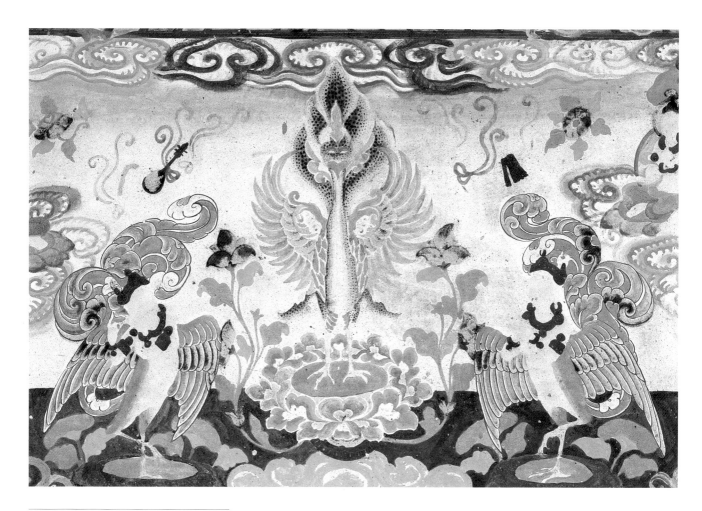

122 孔雀

釋迦說法圖中的孔雀，完全取正視的角
度。孔雀兩側各有一伽陵頻迦為孔雀伴
奏，空中還有天樂在不鼓自鳴。此圖繪
工精細，色調清淡。

晚唐 莫359 西坡

晚期：世俗與圖案

五代、宋、西夏、元（公元 907—1368 年）

　　經隋唐三百多年大統一之後，出現長期分裂割據時期，直至 13 世
紀下半葉才又為元朝所統一。其間中原戰爭頻仍，然而偏處一隅的敦煌
及河西地區，則相對安定。敦煌石窟寺中一批規模宏偉、風格清雅精細
的大窟應運而生；前代許多洞窟也得到裝鑾和重修。

　　這一時期的敦煌佛教藝術雖然已經由絢爛復歸於平淡，但中原畫壇
卻正經歷着重大的變化與發展：花鳥畫受到關注，動物畫在宋代終於發
展為一個獨立的新畫科。西蜀與南唐先後創立了翰林畫院，黃筌父子、
邊鸞、刁光胤等著名畫家及其弟子的寫生花鳥畫作品，成為宮廷花鳥畫
的典範；其後民間花鳥畫家徐熙的沒骨法花鳥畫，也發展為一個"野
逸"畫派。北宋時的馬賁擅長佛畫和動物畫，有《百牛圖》、《百鹿圖》
等流傳於世，其中紙本水墨畫《百雁圖》，現藏於美國夏威夷藝術館。
敦煌曹氏歸義軍政權在北宋時期也創立了自己的畫院，領導着本地區繪
畫潮流。在此影響之下，敦煌石窟動物畫出現了寫生的傾向，更真實地
表現世俗的主題，用綫方面吸收了中原波折靈動的勾勒技巧，在敷彩方
面則力求鮮明。

第一節　五代、宋動物畫

公元907至1030年前後回鶻統治之前，約當五代至北宋中期。由於經變種類的繼續增多，入畫的動物題材不減前代，把動物作為裝飾紋樣也比前代有所擴展。反映現實生活的巨幅五台山圖、出行圖相繼出現，為描寫多品類動物羣提供了新的空間。同時動物造型和表現風格以及審美追求方面，也在悄悄嬗變，轉向徹底的寫生，以求更貼近生活真實。這一時期表現動物形象相對集中的洞窟有第100、61、146、55、76窟，榆林窟第32窟等。

第100窟《曹議金統軍出行圖》及其夫人《回鶻公主出行圖》，雖然整幅畫都在追摹第156窟《張議潮統軍出行圖》及其夫人出行圖，然而眾多馬匹的造型則沒有前代馬匹那樣肥碩健壯，變得頭小，頸部細長，腿部也較修長，步伐輕快，儘管不如唐馬那樣氣勢威武，但顯得高傲靈活。馬的品種也似與唐代的不同。

以現實生活為主題的第61窟《五台山圖》，是巨幅的山水風俗畫。畫面展現了佛教名山五台山的朝聖者、商旅馬隊、駝隊川流不息的景象，到處是馬匹、驢騾、駱駝與人們相關的活動。大多數情況下，主人同役畜之間都保持着和睦的關係，但有時也難免發生衝突。眼下在忻州定襄縣城外一匹馱貨的毛驢，屁股後坐不肯前行，一個腳伕在前鼓勁拉韁繩，一個在後面手推鞭打，表現出了毛驢的犟脾氣。像這樣活生生的情節，使畫面增添了世俗生活的情趣。

第146窟勞度叉鬥聖變中，表現了佛弟子舍利弗與須達大臣一起，到舍衛國尋找精舍祇園園址時所乘用的交通工具。圖中出現了不少馬匹及挽車的馬、騾、牛、大象，有的正在拉車或被乘用，有的卸車憩息。其中有頭騾子雖然脖子上還繫着纓子，卻高揚着頭，邁着閒適的步子，在享受着勞累之後的輕鬆與愜意。

在勞度叉鬥聖變的中心顯要位置畫的卻是緊張、激烈，甚至殘酷的另一番景象：一頭牛被雄獅緊緊咬住牛脖頸，雄獅的兩隻前爪鐵鉗般抓住牛背，鮮血如湧泉。身軀碩大的牛由於獅子的壓力不得不彎腰屈膝，張口慘叫。獅子搏牛的畫面在前述晚唐第9窟介紹過，這是依據變文中勞度叉化作大水牛，舍利弗化作雄獅，水牛見之亡魂跪地，獅子乃先齧項骨，後拗脊根，未容咀嚼，形骸粉碎的敘述繪出的。搬到經文和經變中，此圖以可視可感的藝術手段，昭示佛教必定戰勝外道。在這裏雄獅的勇猛剛健與牛的笨重憨厚形成鮮明對比，造型上着重刻畫獅子的大口和利齒，果敢的目光，有力的爪；對於牛則着重描繪龐大的身軀，肥厚而鬆軟的脖頸以及絕望的眼神。而這一切都是運用簡練的綫描完成的。

　　該經變中還畫有大蛇纏樹的情節。一株年久根深的大樹，被一條巨蛇緊緊地纏着，加之狂風勁吹，根已拔起，搖搖欲倒。巨蛇雙目如銅鈴，口中利牙火舌畢露，其狀頗為恐怖。經變榜題說：勞度叉變成參天大樹，舍利弗使風神放出大風，聲如電吼，並幻化一條大蛇纏樹，將樹連根拔起。敦煌壁畫中表現自然的蛇，雖出現過許多次，但畫得較大而且連細部也畫清楚的，就數這幅了。

　　五代時期出現的幾幅梵網經變中，盧舍那佛在大法會上說法，連六畜也前來聽佛說大戒。因此在該經變中出現了一組動物形象，有牛、鹿、馬、虎、獅等。在這裏，依據佛經內容的需要，把包括猛獸在內的所有牲畜，描畫成慢條斯理、文質彬彬、溫良而虔誠的佛教"信徒"。但造型仍然是寫實，既無變形，又無誇張，只不過採用了擬人化手法。

　　晚唐、五代以後，敦煌壁畫中出現高僧的畫像，並在其身旁出現一隻已馴服的鹿。它很有靈性，脖子上掛着僧人的化緣背包，忠實地伴隨着僧人。其中畫得比較生動的要算第395窟。僧人像已不存，但張大千題記說此為誌公和尚畫像。旁邊的鹿雙耳高豎，高揚着頭，目光炯炯，注視着主人；前蹄提起，顯得很精神。

　　盛於中晚唐而終於宋代的金光明經變裏，有一則長者子救魚的故事，表現了佛教眾生平等的主張，凡生命都要保護，既不能讓魚枯死，也不能為救魚去傷害飛禽走獸。北宋時期，第55窟的《長者子流水品》是由兩組組成的連環畫，其一畫的是一個乾涸的魚塘，魚在陽光下正垂死掙扎，而飛禽、走獸卻於池塘中恣意捕食。　另一幅畫面是長者子為了救魚，向國王借到二十頭大象，緊急地馱水注池。這種乾涸魚塘之類的畫題僅見於敦煌壁畫，從未有人描繪過。

　　敦煌晚期壁畫出現一種概括表現釋迦牟尼一生八件大事的新題材——"八塔變"。因每件事迹都以一座寶塔的形式來表現而得名。莫高窟北宋時期的第76窟整壁畫八塔變，今僅存上半壁四塔，其中第三塔表現釋迦牟尼在鹿野苑初轉法輪，塔前畫一對鹿代表鹿野苑，鹿作跪伏狀，毛赭黃色。形象和色彩都完整如新，輪廓綫以赭紅色勾描，勻潤流暢。第七塔描寫獼猴向釋迦牟尼供養蜂蜜受到接納，高興得手舞足蹈，失足落井而投生天上的故事。連環式畫面有五個情節：一是獼猴採蜜；二是向釋迦獻蜜；三是手舞足蹈；四是失足落井；五是投生天上。有意思的是採蜜時的獼猴滿身長毛，十足的猴相；向佛獻蜜時的獼猴雖也畫成通身長毛，然已有幾分人相，尤其是面部變化較為明顯；舞蹈時，周身毛已脫盡，除耳朵還似猴耳，短尾尚存外，與人無異；命終升天時，完全變為年輕俊俏的天人，可駕雲飛翔，散花供養，除未披帔巾外，與飛天沒有兩樣。繪畫技法上完全用赭紅綫塑造獼猴形象，連毛也是赭紅短綫描出，不施任何暈飾。

這一時期作為裝飾圖案的動物形象，最突出的是統治敦煌的曹氏家族於北宋乾德八年（公元 970 年）重修的第427窟前室木構窟簷及其壁畫。在涅槃經變佛床壺門中，畫有大雁、雄獅和孔雀等動物。此畫的構圖兼有舉哀和裝飾雙重意義。處理手法同初唐的第332窟基本相同，稍有不同的是此窟的動物或首或尾，或足或翅突破了壺門的界限，顯得比較自由活潑；而在第332窟的動物圖像則都被限制在壺門以內，裝飾性相對濃厚些。

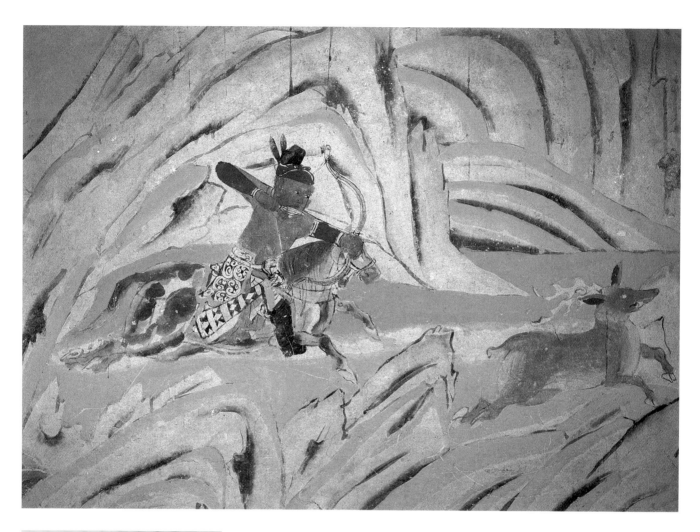

123　獵鹿

這是五代時期較精彩的狩獵圖，內容是
勸戒狩獵殺生的。鹿與馬都畫得寫實生
動，勾綫靈活有力，用赭紅色暈染表現
馬的肌肉，但還只是一種嘗試。

五代　莫98　背屏後

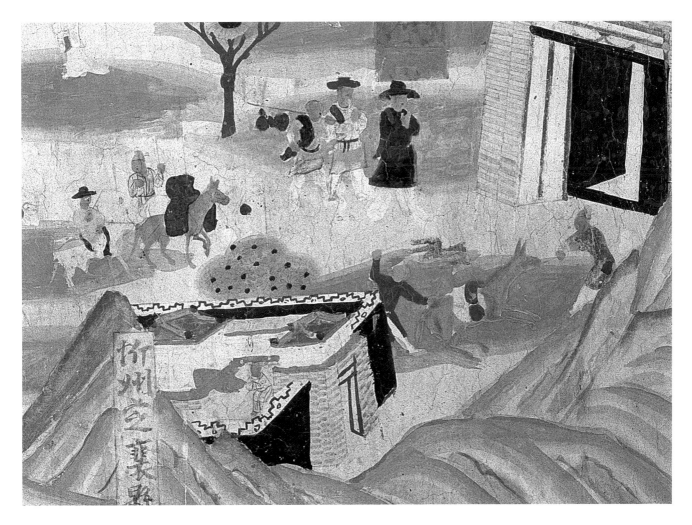

124 調馴牲口

五台山圖中，在忻州定襄縣城下的商旅
正在調馴不聽使喚的毛驢。毛驢身負財
貨，不肯前行；一人在前緊拽韁繩，另
一人舉鞭在後面催趕。畫面雖簡單，卻
洋溢着郊野濃郁的生活氣息。

五代　莫61　西壁

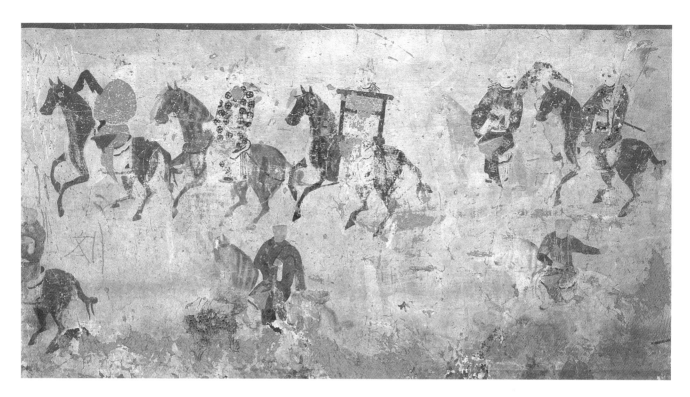

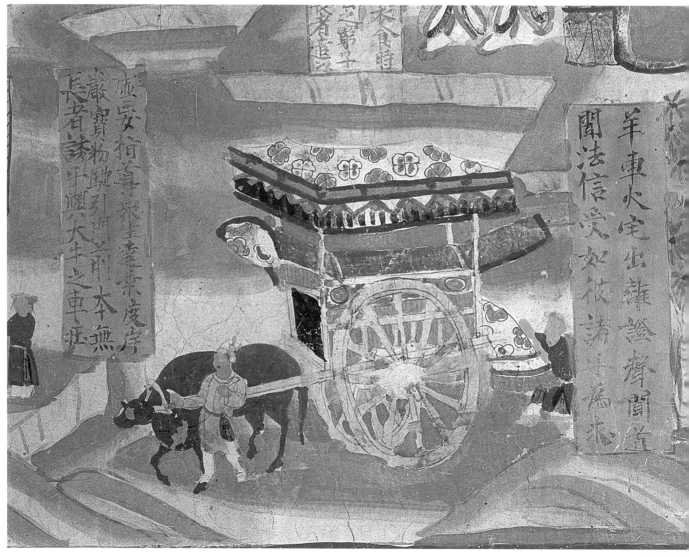

125　騎馬樂隊

在回鶻公主出行圖的前段繪有馬上樂隊，樂器有箜篌、方響等。馬的體形比唐代細瘦，因而比例顯得較為勻稱。

五代　莫100　北壁

126　挽車的牛、鹿和羊

這是法華經變的局部，表現"火宅喻"中長者以裝飾華麗的用牛、鹿、羊挽拉的三種車，引誘處於火宅而仍貪玩不出的兒童逃出危境。這裏以牛車比喻大乘，鹿車喻中乘，羊車喻小乘。

五代　莫61　南壁

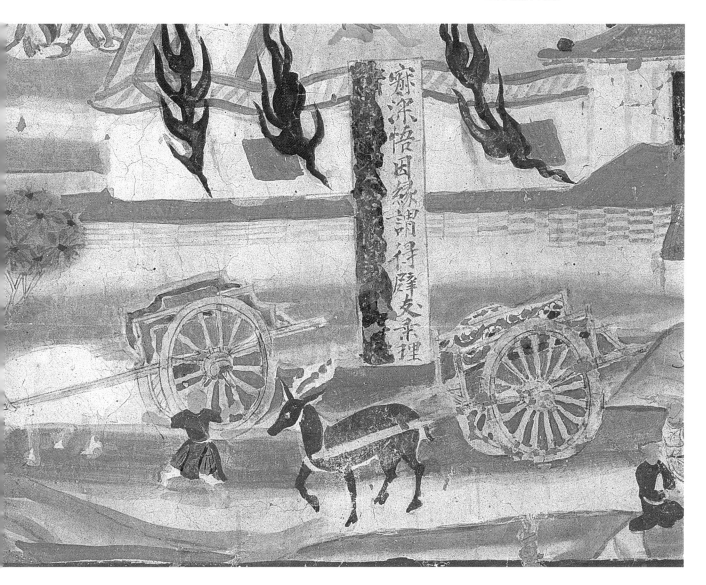

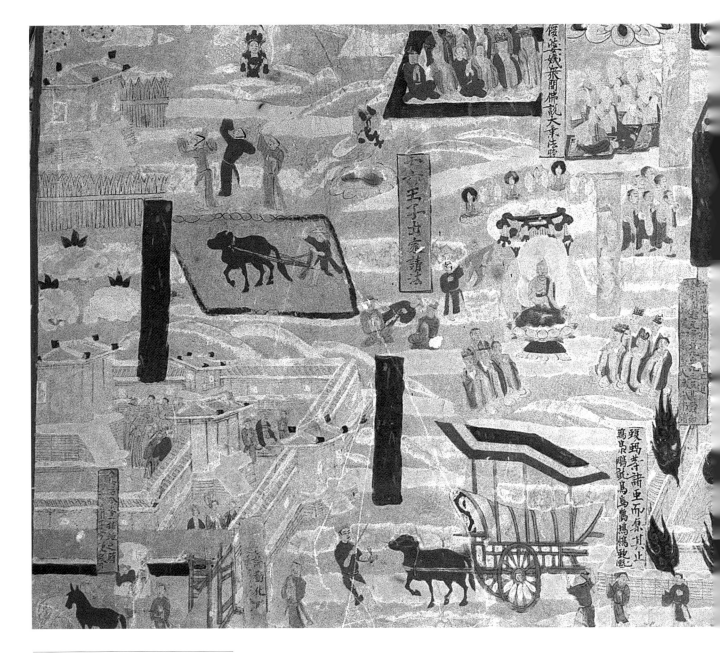

127　法華經變中的動物

此為法華經變中動物形象比較集中的畫
面。從左至右，〈信解品〉中馬廄內的
馬羣，"火宅喻"中挽車的牛、鹿、羊
以及火宅中的猛獸，〈安樂行品〉中的
戰馬。

五代　莫108　南壁

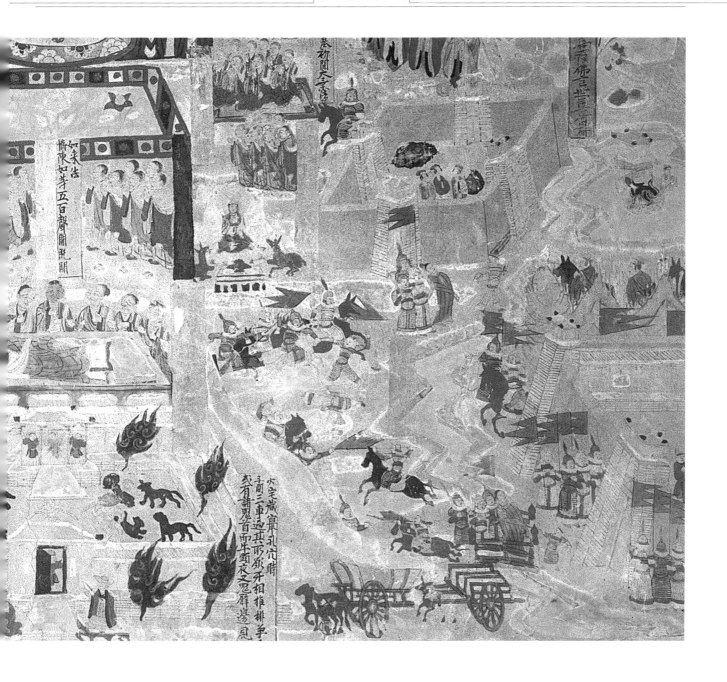

128　法華經變中的動物　見下頁 ▶

這是法華經變的局部：左側為〈信解品〉，中部為"火宅喻"，右側為〈安樂行品〉。也是在一幅經變中出現動物形象較多、較集中的題材。

五代　莫146　南壁

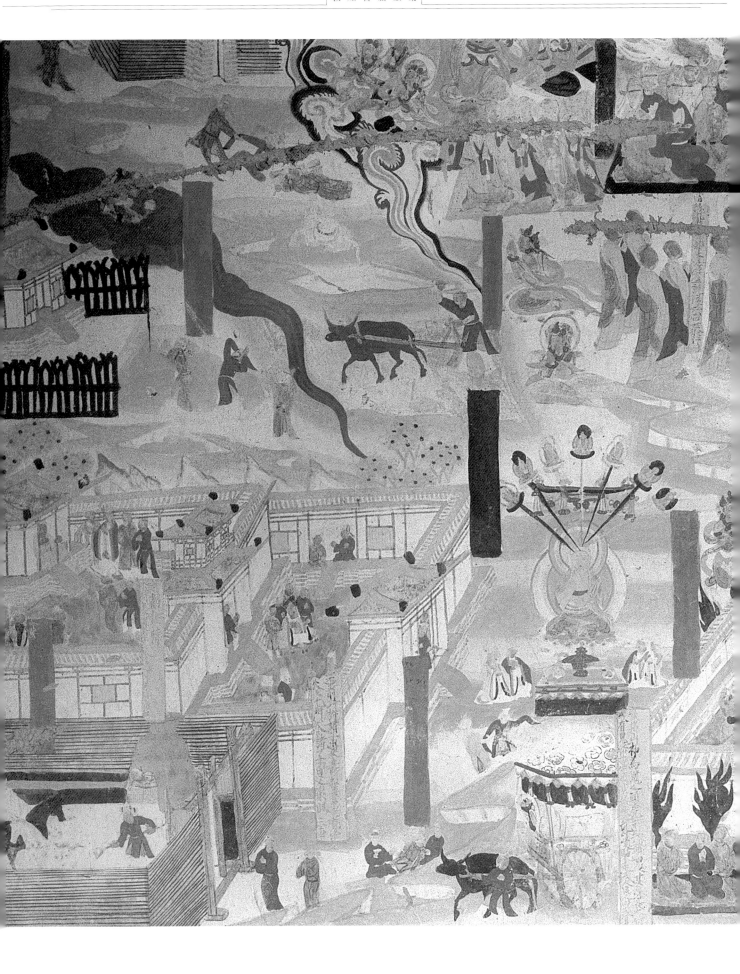

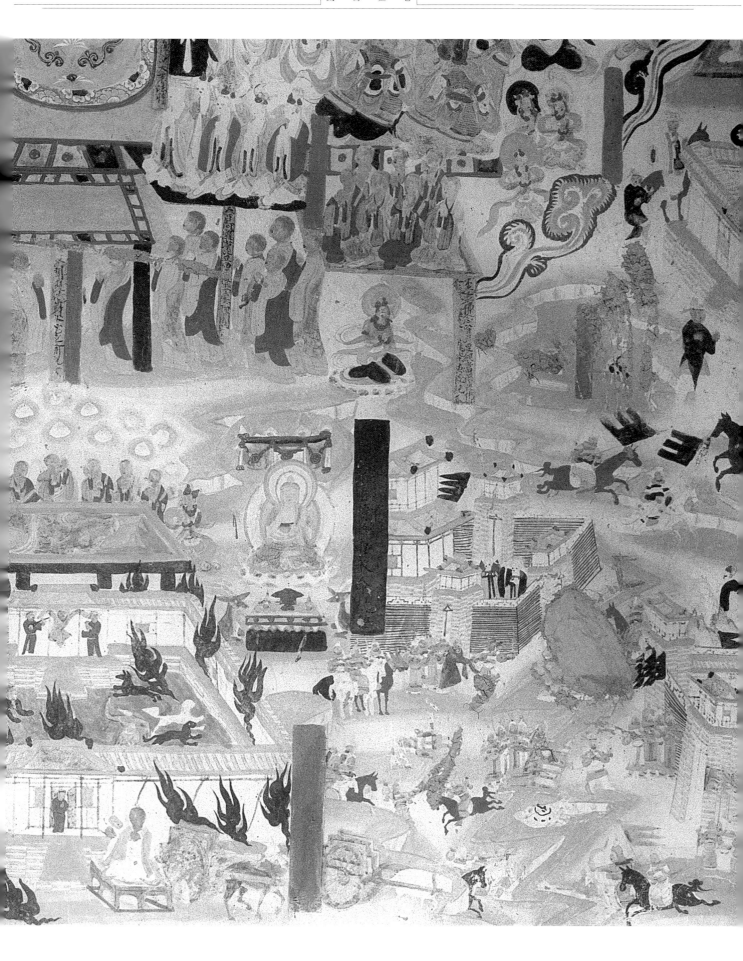

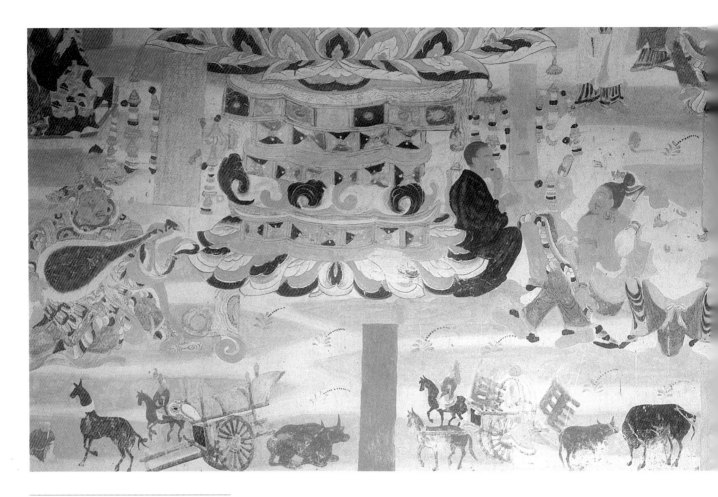

129 勞度叉鬥聖變中的動物

圖中表現了舍衛國大臣須達與舍利弗一
起尋找營造精舍的處所時，乘用的牲畜
及車輛，其中有騾、馬、牛、象等，有
的已經卸車釋重，在輕鬆憩息，有的正
在為主人效力。

五代 莫146 西壁

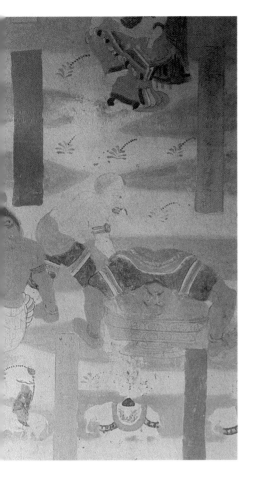

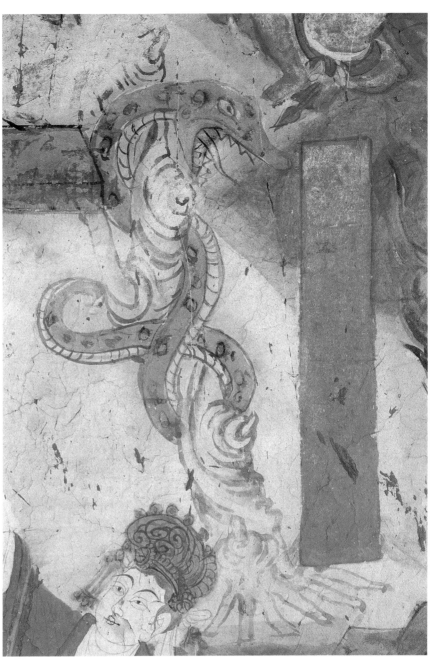

130　大蛇

此為勞度叉鬥聖變的局部，依據變文中
勞度叉化作大樹，而舍利弗化作大蛇，
"長蛇纏樹，大風勁吹，大樹根拔而欲
倒"這段文字而繪製的。畫面上一棵根
部露於地表而斜依着的大樹，被巨大的
蟒蛇緊緊纏繞着。敦煌壁畫中出現的
蛇，描繪細緻而又形體較大者，僅見於
此圖。

五代　榆16　後室東壁

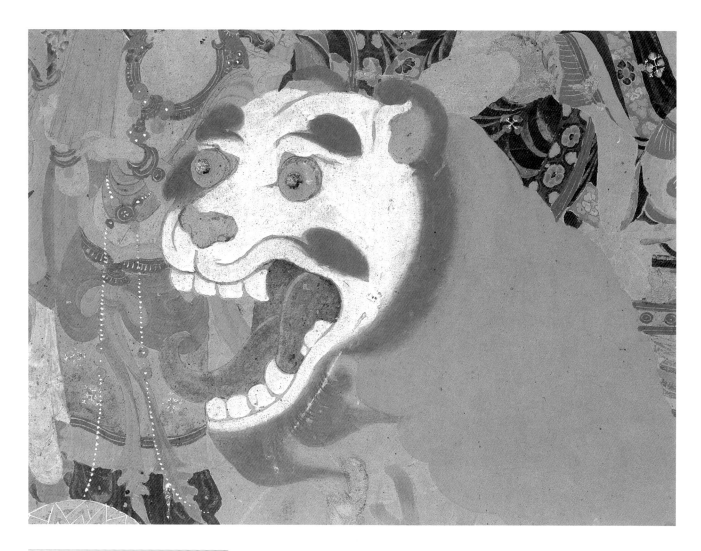

131 獅子頭部特寫

獅子是文殊菩薩的坐騎。本圖畫法是在
畫好的獅子面上，再用白粉提亮，強調
了效果，留出結構輪廓綫和眉、眼、
鼻、耳、口等較深的色彩。此畫法有可
能是後代畫工所為。

五代 莫12

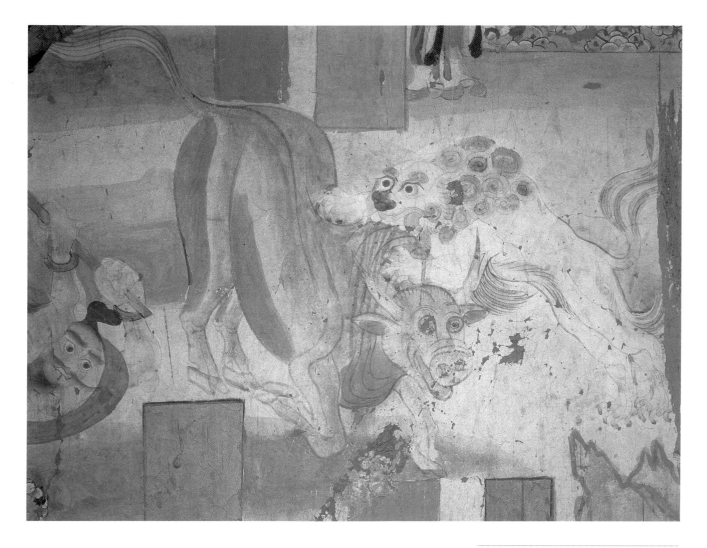

132 獅子搏牛

畫面表現外道勞度叉同佛弟子舍利弗鬥
法的一個片斷：勞度叉幻化為一頭力大
無比的牛，而舍利弗則變成一頭雄獅，
勇猛強勁，勢不可擋，緊緊咬住牛的脖
頸，牛則驚恐萬狀，力不能支。情節緊
張，造型生動。

五代 榆16 後室東壁

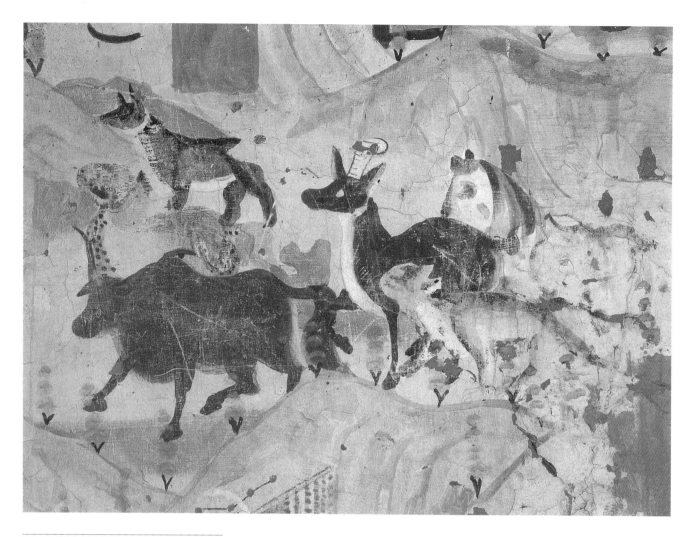

133 聽法的動物

此是梵網經變中的畫面,表現盧舍那佛
回答眾菩薩怎樣才能修得菩薩十地道而
成佛果問題時,一切禽獸六畜也前來聽
會受戒。其中有牛、虎、獅、鹿、馬、
狼、狗等。這些在自然界中原本是弱肉
強食、生存競爭十分激烈的動物,在佛
法的感召面前變得相互友好,溫順可
愛。

五代 榆32 西壁北側

134 梅花鹿與虎

這是楞伽經變中的鹿與虎,動態、神情
互有呼應,不乏生動。梅花鹿用厚重的
赭、白二色畫成,裝飾意味較濃。

五代 莫61 東壁

135 頸部掛包的鹿

這是比丘供養畫像中的鹿,它專注地望着
前面的比丘,脖頸上還掛着一個小包,表
現得馴服而有靈性。畫法簡約明快,在墨
綫輪廓內僅用了兩種顏料渲染:用花青渲
染鹿的皮毛,用赭紅染小包。

五代 水峽口3 東壁

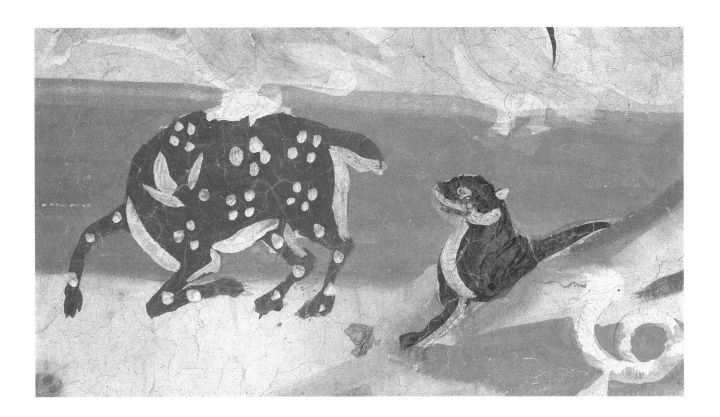

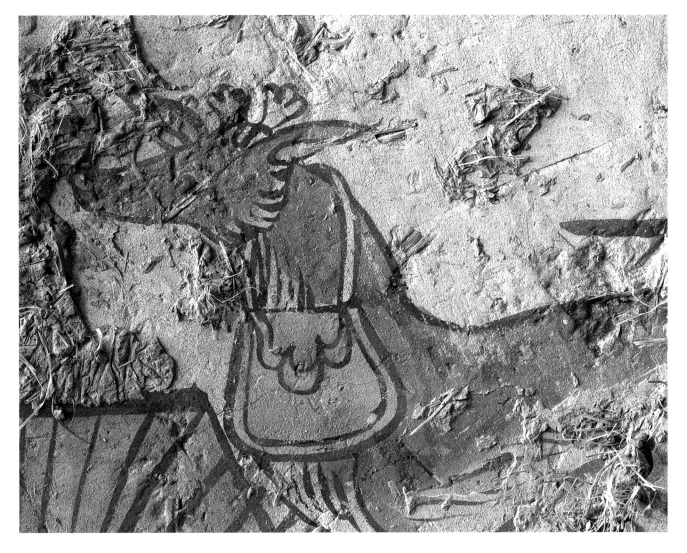

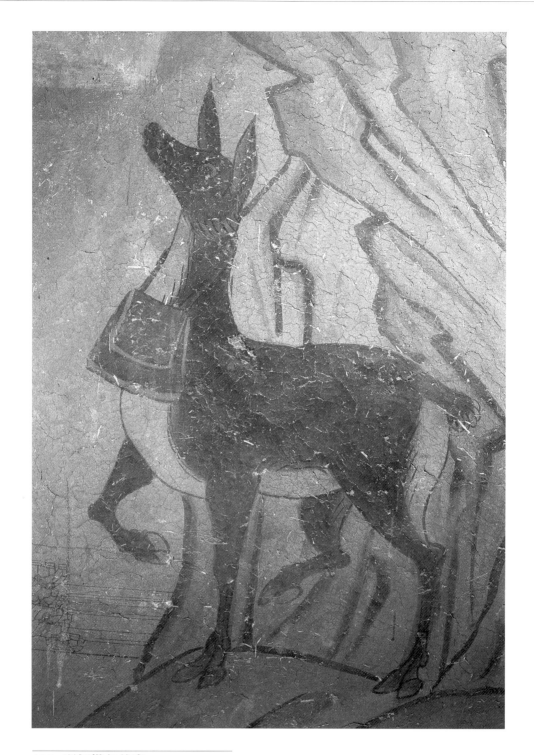

136 頸部掛包的鹿

據後人題記可知,這是誌公和尚供養像
中的鹿,形象機警馴服。技法上先以淺
墨綫起稿,然後用赭紅色塗染皮毛地
色,將頸、腹下部及後股部空出來,再
以棕紅色暈染,最後以濃墨勾勒定型
綫,並描出耳、頸、腹、股部的毛。

五代 莫395 甬道南壁

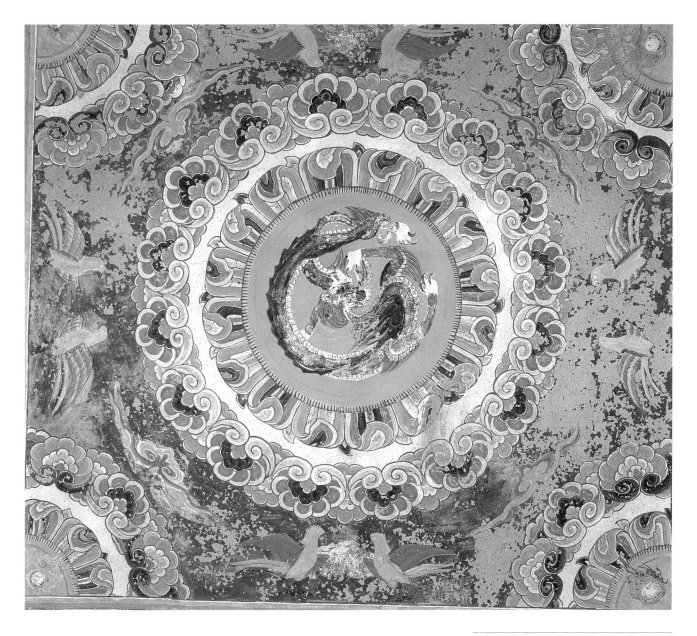

137 鸚鵡

藻井中的一對鸚鵡，翅膀展開，回首顧
盼，相互呼應。

五代 莫146 窟頂中央

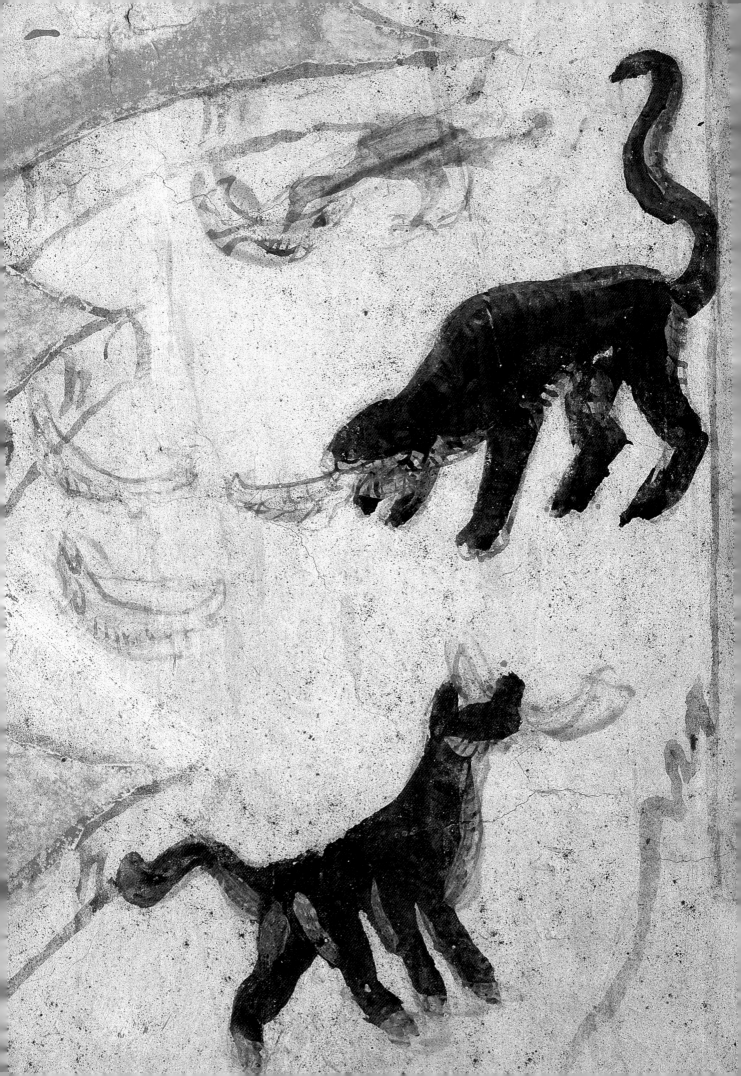

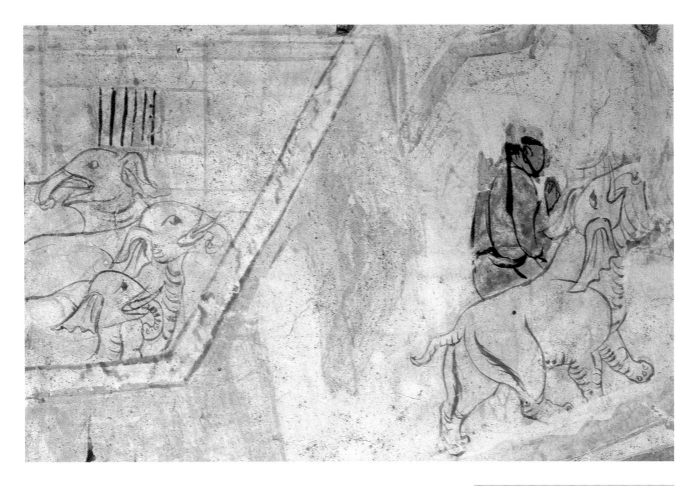

139　吼叫的大象

同上經變的另一個情節，表現長者向國
王借來大象，急忙奔赴水澤準備運水注
入乾枯魚澤的情況。畫面上大象善解人
意，一邊大步流星地趕路，一邊舉首長
嘯。畫面勾綫簡練，技藝嫻熟。

宋　莫55

138　捕捉魚的鳥和虎

《金光明經‧長者子流水品》說：以行
醫為其職業的流水長者同兩個兒子，途
經一枯澤，見成羣的虎狼入澤食魚，頓
起憐憫之心。便向國王借來大象，運水
注入澤中，並投入魚食，從而使魚羣得
救。此圖即描寫魚澤水枯後鳥獸入澤食
魚的場面。綫描、敷彩以及形象描寫都
比較簡約隨意。

宋　莫55

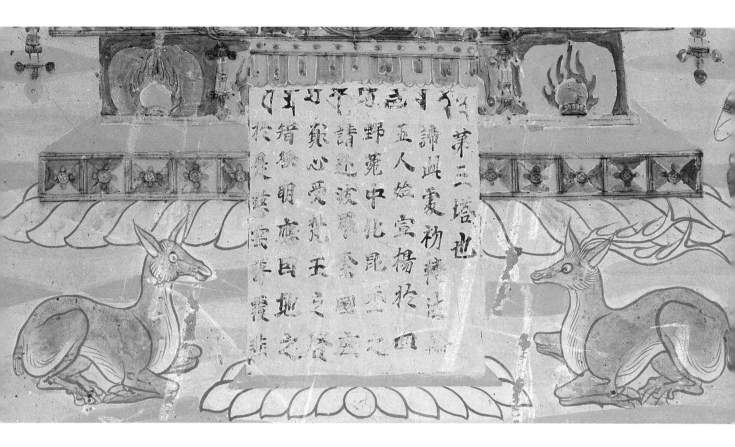

140 聽法雙鹿

為表現佛在鹿野苑初轉法輪,畫兩隻鹿
伏跪在佛前聽佛説法。敦煌壁畫由北朝
就有這種模式,傳自印度。

宋 莫76 東壁南側

141 獼猴

這是八塔變的局部。描寫一獼猴因採蜂
蜜供養佛,高興得手舞足蹈,失足落井
致死,轉生天上的故事。畫中獼猴採蜜
時的形象是猴,舞蹈時和落井時已近人
形。畫師有意通過這些微小的變化,暗
示供奉佛前後的因果關係。

宋 莫76 東壁北側

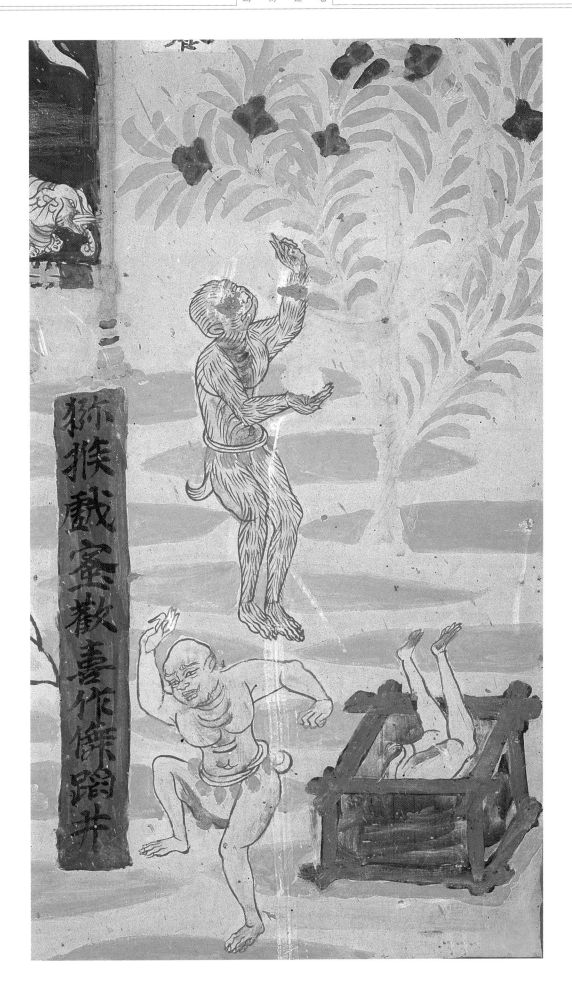

獼猴戲塞歡喜作儛蹈井

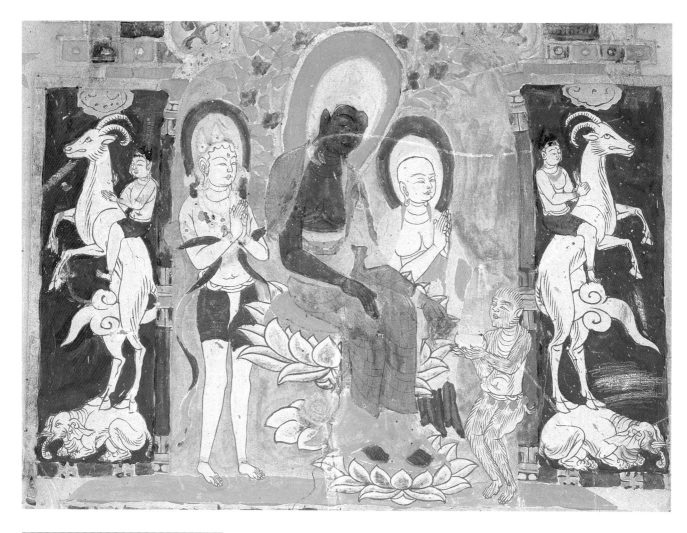

142 站立的山羊

佛龕兩側畫兩頭伏臥的大象,山羊用後
腿站在象背上,羊背上騎着一個少年。
羊尾梢部變成雲頭紋,這種特別的裝飾
是受了印度石窟藝術的影響,來自古印
度一種座具上的裝飾造型。

北宋 莫76 東壁北側

143 仙鶴與鸚鵡

在觀無量壽經變中,仙鶴和樂神伽陵頻
迦同歌共舞,表現佛國極樂淨土的祥和
與歡樂氣氛。頗有意思的是,鸚鵡在一
旁既不歌也不舞,冷眼旁觀,與此歡樂
氣氛不相協調。

宋 榆38 北壁

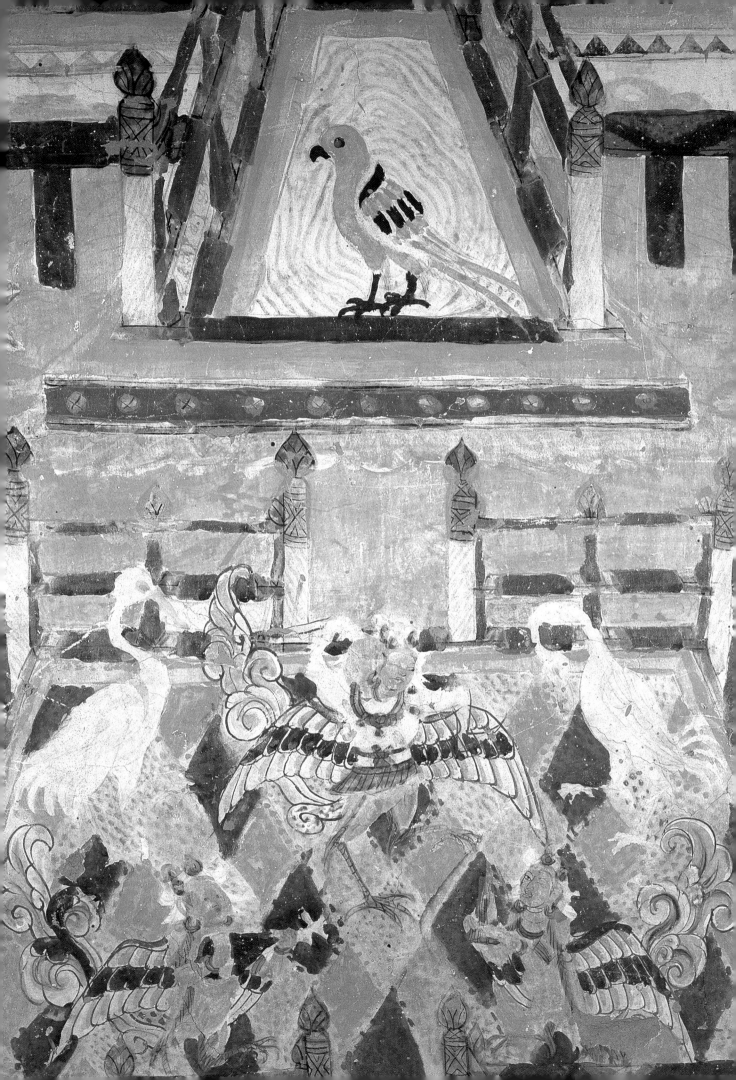

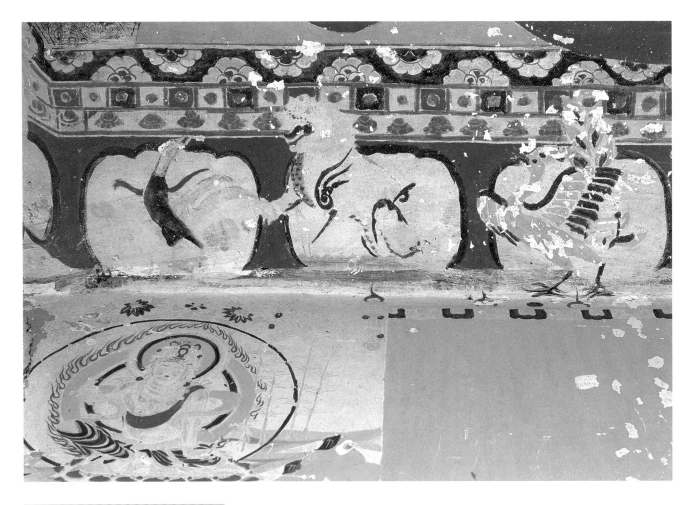

144 獅子、孔雀和大雁

這是描寫佛涅槃時，眾禽獸震驚、悲悼
的情節。巧妙的是該圖將動物安排在棺
床壺門之中，既符合佛經內容要求，又
起到裝飾棺床壺門的作用。

宋 莫427 前室西坡

第二節　回鶻、西夏、元動物畫

　　自公元1030年前後至公元1368年，約三百三十多年間，沙州回鶻、党項及蒙古等西北民族相繼統治敦煌。來自漢地和西藏的密教（即漢密和藏密）繪畫兼有；來自尼泊爾、印度的佛教繪畫風格與模式，也在敦煌地區佛教繪畫中產生影響。唐代以後漸趨消逝的壁畫題材，在這一時期再次重現，有些採取了新的表現形式。動物畫也相應地在題材內容及表現形式上發生變化。對動物的整體造型仍承襲傳統樣式，只是在刻畫上更加細微具體，並且越來越注重表現人與動物之間的感情。

　　沙州回鶻時期，出現了伴有動物的十六羅漢圖，單純十六羅漢的題材，在敦煌最早是以彩塑的形式出現於五代。第97窟中東勝身洲第三尊者跋釐墮闍大阿羅漢像中，畫有兩隻鹿，一隻前腿跪地，埋頭於溪中飲水，另一隻邊走向小溪，邊回頭張望，眼神中透出機警，這正是動物羣體飲水時防範天敵偷襲的本能表現。這是一幅既真實又生動的白描畫。

　　西夏時期仍然盛行文殊、普賢、觀音、涅槃信仰，所以好的動物形象也往往出在這些經變畫中。榆林窟第2窟〈觀音普門品〉表現觀音菩薩法力無邊，濟拔各種苦難，其中有一幅猛虎圖，粗看似無輪廓綫，細察原以細而流暢的淡墨綫勾勒輪廓，再以淡墨加少量赭色塗底，最後以較濃的墨勾描出皮毛斑紋及眼、眉、口、鼻及鬍鬚等，是一幅水墨淡彩畫。虎呈下行式，步幅很大，雙目逼視前方，虎虎有生氣，是晚期動物畫的佳作。

　　文殊、普賢變自隋、唐之後一直長盛不衰。榆林窟第3窟是西夏後期完成的重要洞窟。壁畫題材豐富，漢密、藏密繪畫風格交相輝映。該窟規模宏大的文殊、普賢變，是以白描為主的水墨淡彩畫，除了作為兩位菩薩座騎的獅子和大象外，還有水中的大魚、巨龜、岸邊台地上的馬、猴等。佛經中說，文殊菩薩主諸佛智德和證德，駕獅子王表示智慧之威猛。文殊變中的青獅畫得威嚴強壯，一副倔強的模樣。技法上在墨綫勾勒出輪廓後，以很淺的綠水色烘染鬍鬚、尾毛及鬣毛，以兩種深淺不同的淺青色暈染凹凸起伏的肌肉，增強獅子身體的力量感。而普賢菩薩與文殊菩薩遙遙相對，乘六牙白象王。佛經中說，普賢菩薩主諸佛理德與行德，謹慎、靜、重若象。白象在畫法上與獅子不同，是墨綫勾的白描。

　　在文殊變中出現大魚、巨龜，在敦煌是獨一無二的。而對稱的普賢變中，雖也有水卻未出現這類水族動物，可能與文殊菩薩曾經變成魚供人食用的故事有關。圖中的大魚、巨龜，刻畫十分精細，特別是大魚無分巨細，綫描一絲不苟，生動傳神。它們無疑是敦煌壁畫中形體最大、又刻畫最精細的魚、龜圖像。

此幅普賢變中出現了《唐僧取經圖》。這題材僅見於西夏時期，而且相當流行，大多在《水月觀音圖》中出現，獨此圖出現在普賢變之中。它們是現存最為古老的此類圖像。圖中畫一匹負經白馬，一旁畫猴面毛手的着衣人，這就是《西遊記》中的白龍馬與孫行者。

東千佛洞第2窟《水月觀音圖》中的《唐僧取經圖》又別有一番情趣。馬的視角一反常見的角度，改畫後面，僅將頭部側向一邊。這種構圖頗難表現，然而處理得相當協調。突出了馬的豐滿的臀部和強健的後腿，且基本符合比例與結構。那猴面孫行者的造型也不同於一般：他面部無毛，散披頭髮，扁平的臉，短而突出的下頜，闊嘴露齒；對觀音菩薩也不頂禮膜拜，表現了猴子頑皮的天性。

西夏時期的涅槃經變，在前來佛涅槃處的各路菩薩、比丘、羅漢的行列中，隨行着各種飛禽走獸。美麗的孔雀依然瀟灑，兇猛的老虎悲慟不已，調皮的獼猴在羅漢身後舞手動腳，神情有別，姿態各異。東千佛洞第2窟中的孔雀，圓睜着驚恐的眼睛，拖着漂亮的尾羽，扇動雙翅，張嘴悲鳴。繪工精細，綫描同敷彩並重，運筆流暢，暈染及施

色柔和鮮麗，不愧為晚期動物畫的精品。東千佛洞第7窟的老虎，坐在涅槃的佛前，愁眉苦臉，舉頭對佛，張嘴耷耳，一副失聲痛哭的神情。這些畫面充分運用擬人手法，將人類的思想情感賦予動物，與周圍環境一起烘托出宗教氣氛。

榆林窟第3窟的千手觀音經變，是同類經變畫中非常特別的一幅，在觀音菩薩的手上，除了繪有諸般法器之外，還畫出不少動物，如獅、象、龍、牛、雞、狗、鴨、鵝等，且都一式兩幅，兩側對稱。形體雖不大，卻很細緻。

西夏時期大大發展了將動物形象納入花邊圖案的傳統，從題材的廣泛到組織結構的新穎，再到繪工的精巧等方面，都把動物裝飾圖案發展到極高的水平。榆林窟第3、10窟是最優秀的代表。僅在藻井邊飾中出現的動物就有孔雀、鸚鵡、藍鵲、鷹、鹿、馬、天鹿、天馬、麒麟等。飛禽均作展翅飛翔之狀，走獸都作奔跑之態。運用勾填法，施彩及暈染比較簡便，效果卻頗佳。榆林窟第3窟紋飾，構思新穎，構圖豐滿，動物造型以寫生為基礎，並施以富麗的色彩，堪稱敦煌晚期動物畫的精品。而榆林窟第10窟窟頂外圍飛翔的鶴與孔雀則更具有裝飾性，是敦煌晚期壁畫中描寫飛禽飛翔的佳作。飛鶴取鳥瞰式構圖，它額抹丹頂，口啣鮮花，平展雙

翅，爪若握卵，刻畫逼真生動，加之深綠色底襯托潔白的羽毛，十分醒目。飛翔的孔雀頭豎冠羽，身披五彩，後拖尾羽，平展雙翅，姿態優美。

五個廟第3窟中有一個放生小鳥的畫面，風格與上述紋飾截然不同，完全用簡練的墨筆"寫"出意境。小鳥造型稚拙，頗有天真之趣。這種畫法在敦煌壁畫非常罕見，可能受中原減筆畫法的影響。追求童真之趣是一種可貴的美術精神。

榆林窟第4窟，在圖案化的山石中畫有牛頭、獅頭圖像。此前敦煌壁畫沒有類似的圖像，在晚期壁畫中也僅見於此窟而已。這恐怕屬於密宗特別是藏密的圖像，獅子頭或獅子面（天福之面）是印度教神廟常用的裝飾，印度教大神濕婆的坐騎南迪是一頭公牛，印度波羅王朝的密教佛寺也採用這種裝飾圖案，這種裝飾圖案通過尼泊爾傳至西藏。藏傳佛教吸收了西藏地方的苯教信仰，牛頭是苯教崇拜的聖物。圖像造型相當謹嚴，特別是牛頭的結構、比例及細微特徵都把握得很準確。

敦煌石窟的營建和重修工程自歸義軍政權消亡前後，即大約相當於北宋時期，已日薄西山，至元代更是每況愈下。與此相應，壁畫題材稀少，動物畫作品也不多，主要見於第61窟的熾盛光佛經變、第465窟五方佛曼荼羅及個別尊

像畫中。元代動物，或是作為佛教尊像的座騎，或是作為星宿的象徵，此外在裝飾圖案中也偶而出現。

第61窟甬道依據《佛說大威德金輪佛頂熾盛光如來消除一切災難陀羅尼經》繪製的熾盛光佛經變，畫出了虛空中的黃道十二宮，將星宿繪成圓球形代表"宮"，又於圓球中畫象徵性圖形。十二宮的西方命名為：獅子、處女、天秤、天蠍、人馬、摩羯、寶瓶、雙魚、白羊、金牛、雙子、巨蟹，於是出現了相應的動物形象。其中金牛宮的牛、白羊宮的羊、巨蟹宮的蟹、天蠍宮的蠍子，保存較好，畫得較生動。金牛宮的牛作平視側面構圖，通體皮毛白色，作徐步前行狀。其綫描法初看一般，細視之頗有章法，有粗細、虛實、濃淡、挺柔變化，以求表現骨骼、皮、肌肉的不同質感。白羊宮畫一隻白色綿羊，一看即能感到羊毛的鬆軟和蹄的堅硬。巨蟹宮的大螃蟹和天蠍宮的蠍子筆力較弱，造型亦欠準確，如螃蟹可能是依《荀子》"六跪而二螯"的說法畫的，實際本應八爪。不過印度巴爾胡特浮雕中的螃蟹也雕成六爪。它們是敦煌動物畫中唯一的蟹和畫得最大的蠍。

第465窟是敦煌西藏密教模式最純粹、最典型、規模最大、藝術水平最高的洞窟。密教護法天神之一的吉祥天母，騎一匹馬騾，其鞍為人皮，其韁為

蛇,四蹄踏於血海之上,騾首一側有毗那夜迦(障礙神)牽騾侍行。騾子的造型相當寫實,特別是頭部馬騾的特徵把握得很準確,綫描非常細而且勻稱流暢,敷彩比較厚重均勻,雖說是綫描色彩並重,然而色彩效果更突出。畫風有鮮明的藏畫特色。

繪於後室窟頂的五方佛曼荼羅圖像,以大日如來為中心,脅侍菩薩坐騎有獅子、大象、鹿和羊等,均作伏臥之狀。獅子造型頗為奇特,雄獅的頭部本來很大而神態威嚴的,而此處卻畫得很小,鬃毛既少又緊貼腦後,頗像黑種人的鬈髮,沒有雄獅的氣勢與威嚴,反而像供人賞玩的獅子狗。大象的造型比較寫實,採用擬人手法,給大象一副笑容可掬的面容。鹿和羊均以寫實手法來表現。這些動物畫從總體上看雖然有一定的表現技巧,畫風細緻,色調濃麗,但比諸前代,少了幾分靈氣。

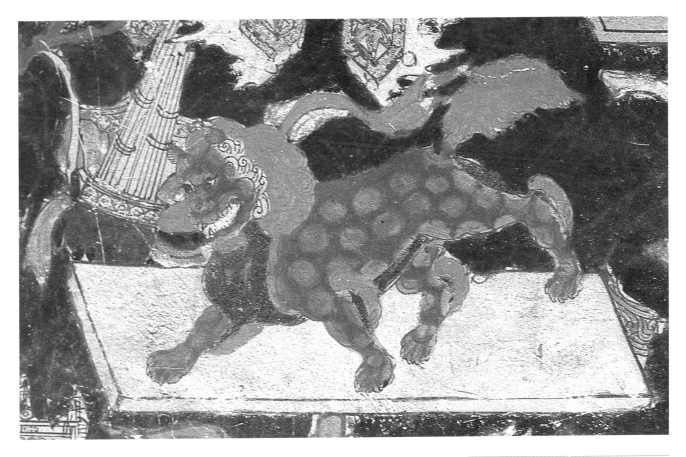

145　獅子

此處畫出一凶猛的獅子來說明修持榜排
法，千手千眼觀世音菩薩即可使人轉危
為安。在畫法上，是先用墨綫勾勒好輪
廓，然後敷彩渲染，將獅子身上的肌肉
用深淺兩種色調染出圓球形，不再描定
稿綫。

西夏　榆3　東壁

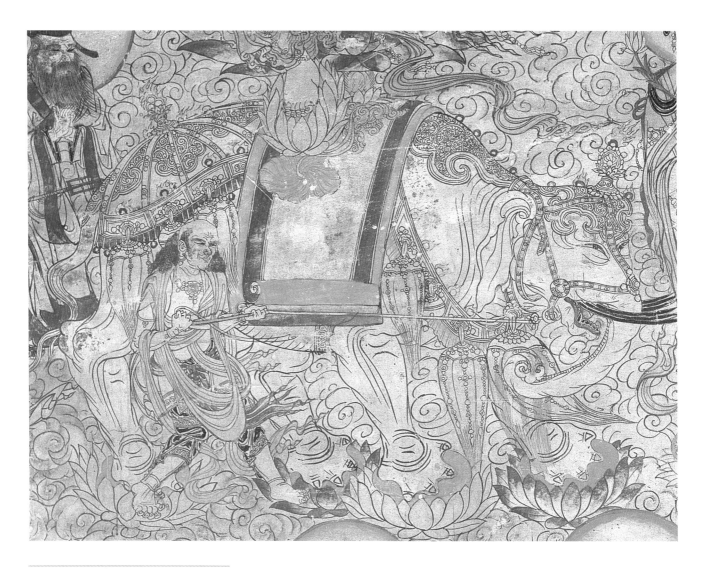

146 普賢坐象特寫

佛經說，普賢菩薩主諸佛理德、定德與
行德，乘六牙大白象王。圖中大白象雙
目微閉，含着慈善笑意，頭頂飾寶珠，
顯得華麗高貴。技法上完全以墨綫白描
造型。

西夏 榆3 西壁南側

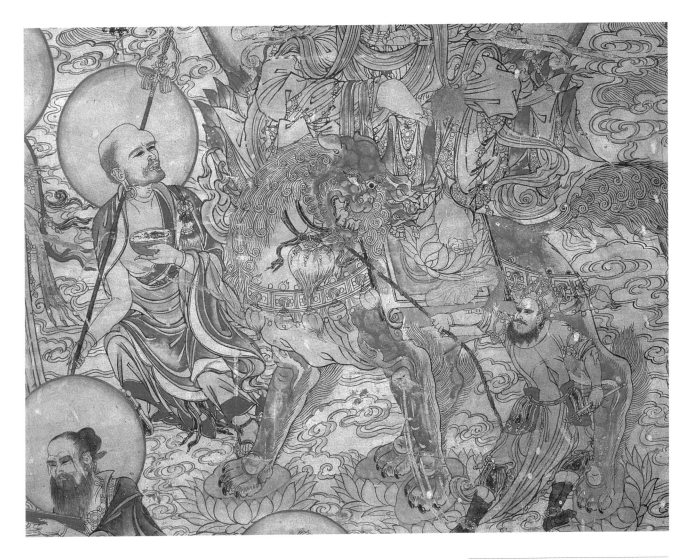

147 文殊坐獅特寫

佛經說，文殊菩薩主諸佛智德和證德，
駕獅子王表示智德之威猛。畫法以墨綫
勾描，兼用淡彩暈染，表現獅子的健
壯。鬚毛加以圖案化處理，具有裝飾
性。此圖為高手之作。

西夏 榆3 西壁北側

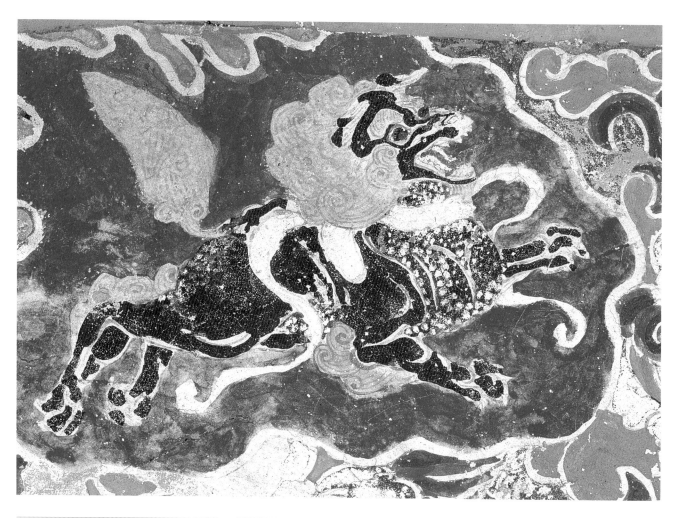

148 奔獅紋

此為窟頂藻井邊飾中的動物紋樣。獅子張
口舉尾，四爪作快速跨躍飛奔之狀。外周
以飛動的光燄圍繞，有神秘的色彩。

西夏　榆10

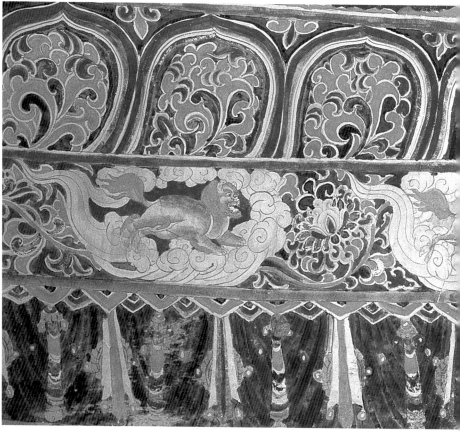

149　動物紋花邊

以植物紋捲草為背景，襯托出在朵朵雲
彩中飛翔、奔馳的各種動物。層次分
明，結構緊湊，繪工精巧，清新優美。
西夏　榆3　北坡

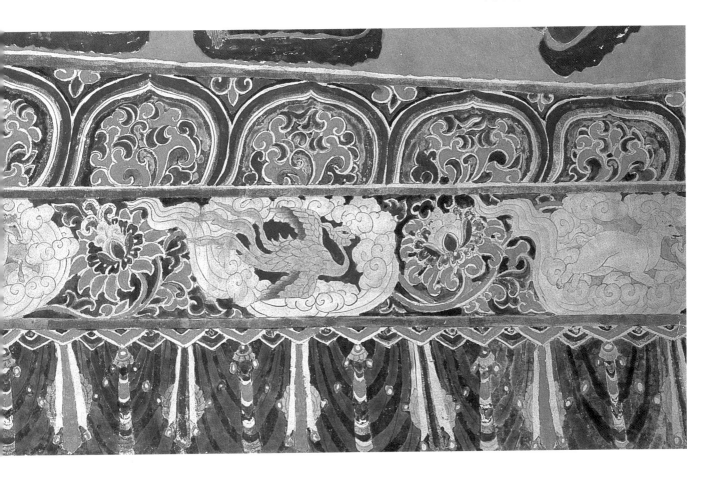

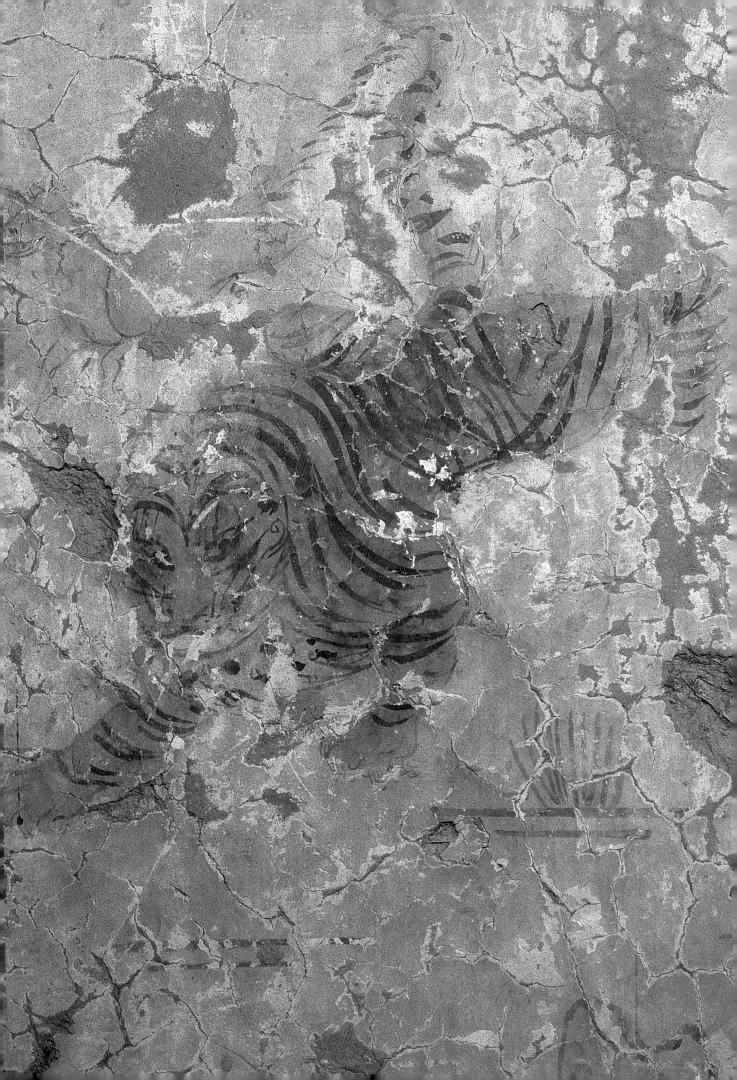

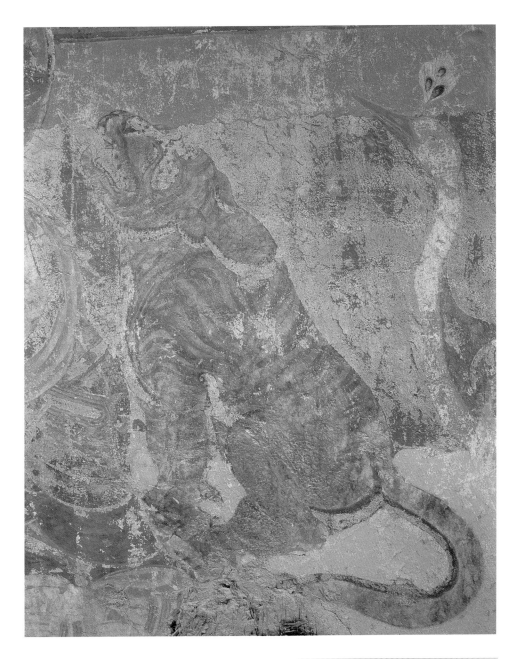

151 哀傷的虎

這隻涅槃經變中的虎，坐在地上，揚頭張嘴，似在嚎啕痛哭，表現出悲哀留戀的情感。這種擬人化的手法，在敦煌動物畫作品中是慣用的。

西夏 東7 中心柱背面

150 下山虎

這是一隻正在襲擊目標的下山虎。以俯視構圖，着重刻畫眼睛的傳神與全身動勢。原綫條大都脫落，只留下渲染的水墨，頗似近現代的水墨動物畫，是敦煌晚期的畫虎佳作。

西夏 榆2 東壁

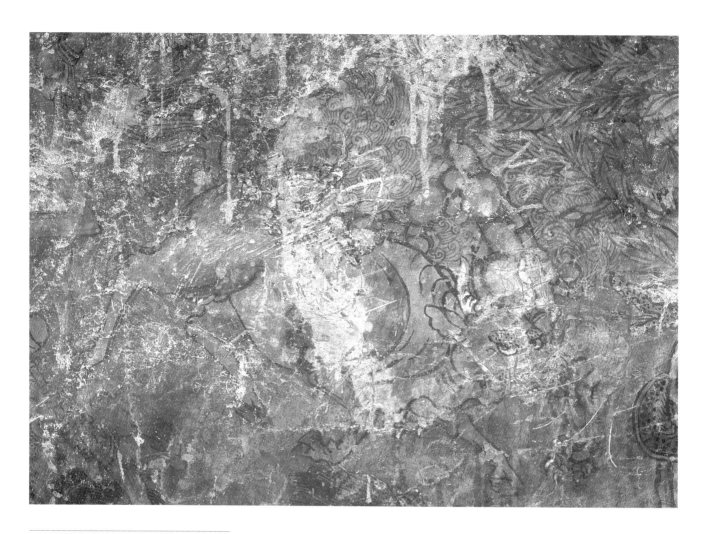

152 獅子搏牛

外道勞度又幻化為牛，而佛弟子舍利弗
則變成一頭雄獅，緊緊咬住牛背，牛欲
逃不得，情節緊張生動。墨綫造型，略
施微染。雄獅鬣毛及尾毛都起捲，作了
圖案式處理。

西夏　五3　西壁

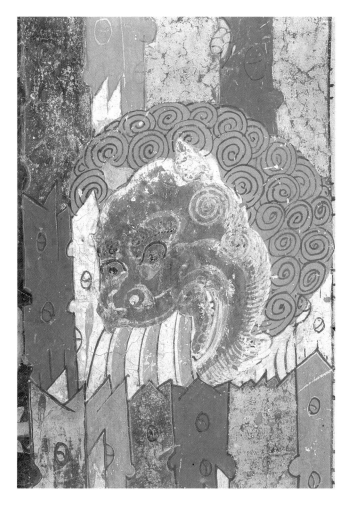

153　獅首紋山石

在幾何式圖案化的山石間，畫出一巨大的獅子頭，可能是象徵佛教重地獅子岩。頭部施米色，頂部鬣毛石綠色，墨綫勾勒出旋渦紋。整個圖形有鮮明的裝飾效果。

西夏·元　榆4　南壁

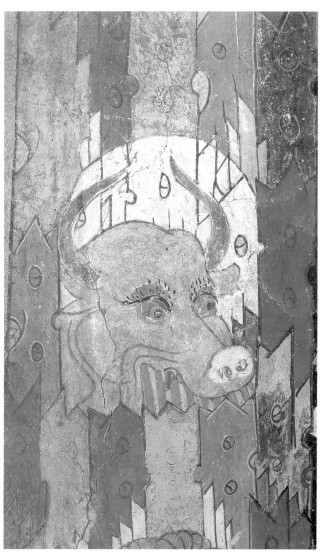

154　牛首紋山石

在山石中畫出一巨大的牛頭，可能是象徵佛教聖地牛頭山。頭部塗石黃色，白鼻，綠眼，形象及敷彩均相當講究。這是敦煌壁畫中畫得最大，刻畫最為細膩生動的牛頭圖像。

西夏·元　榆4　南壁

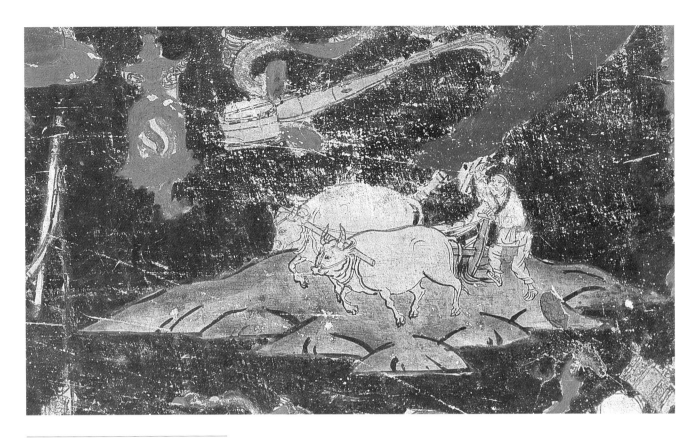

155 耕牛圖

此為"千手經變"的局部。一頭白牛和
一頭灰牛共拉一犁,俗稱"二牛抬
槓"。畫法熟練,造型準確,其中灰牛
暈染是中國傳統繪畫的技法,即所謂
"隨類敷彩"。

西夏 榆3 東壁

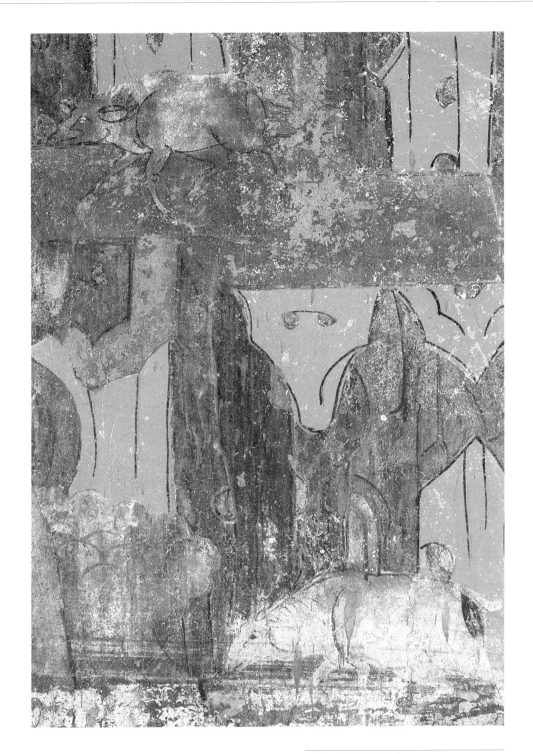

156 綿羊和野豬

在圖案化的山巒中，畫着一頭野豬和一
隻綿羊。野豬邊跑邊往前伸頭，專心覓
食。而下面的綿羊正慢步走着，低頭吃
草。野豬的厚皮與羊毛的鬆軟都表現得
很有質感。

西夏 東7 南壁

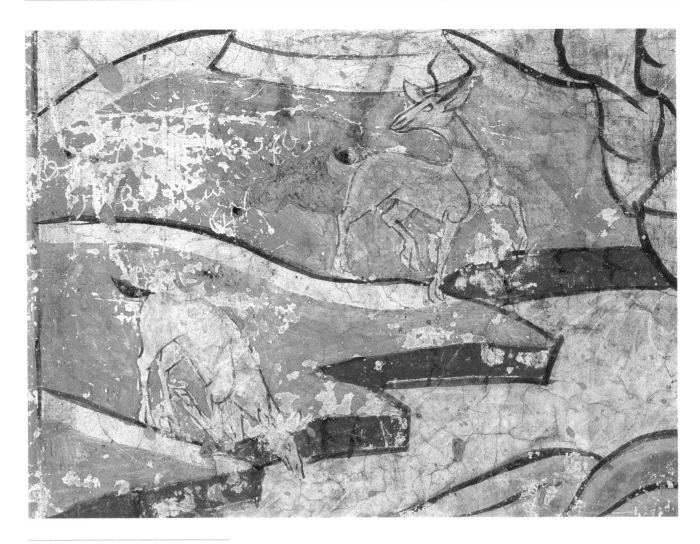

157 飲鹿

此為十六羅漢中第三尊者的兩隻鹿。一
隻前腿下跪,伸頭飲水,另一隻正向泉
邊走近,但卻機警地回首張望,似乎聽
到甚麼動靜。雖然筆墨技巧不算精,但
還是頗有生活感。

回鶻 莫97 北壁

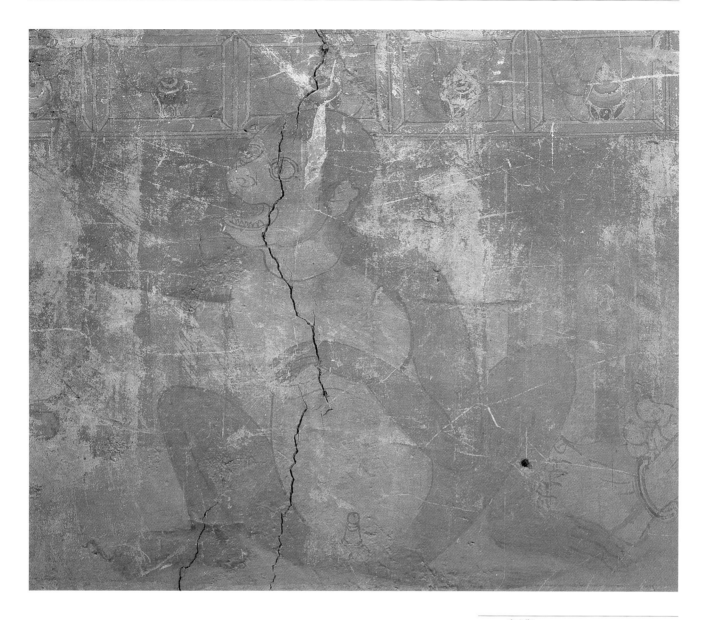

158　獼猴

在涅槃經變中，出現了一隻與人相近的
猴，只是身披體毛，嘴、腳等處近猴。
圖中將猴的根部明顯描畫出來，這在動
物畫中極為罕見。

西夏　東2　中心柱背面

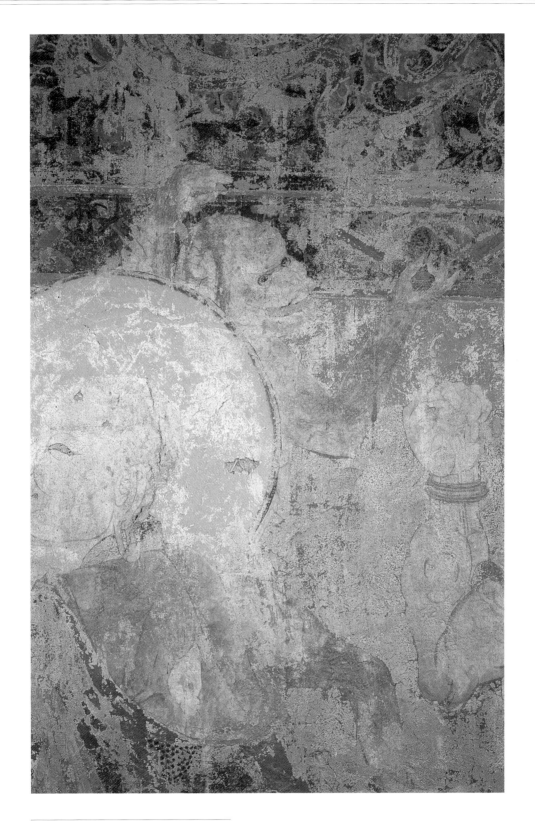

159 獼猴

涅槃經變中的獼猴，躲藏在人背後大張
着嘴，手舞足蹈，不知是哭還是笑。畫
師把獼猴的好動、機敏、調皮的特性表
現得相當充分。

西夏 東7 中心柱背面

160 猴行者與白龍馬

西夏時期的水月觀音圖中常常出現唐僧
取經的畫面。猴行者是人的打扮。白龍
馬取正背視構圖，這種處理方式在歷代
壁畫中非常少見。

西夏 東2 南甬道

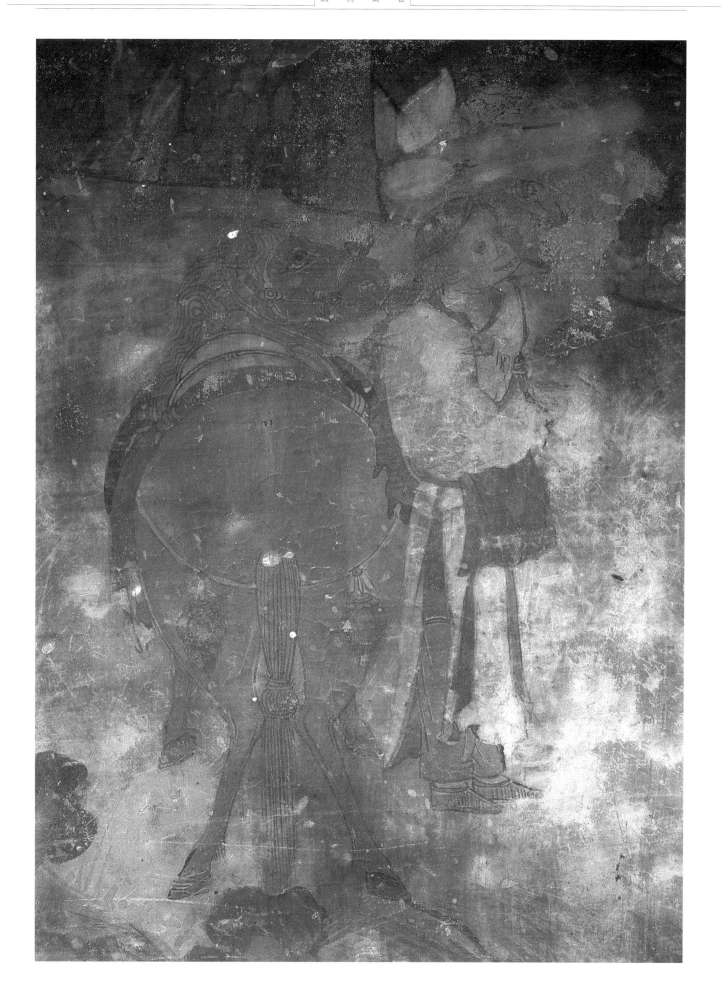

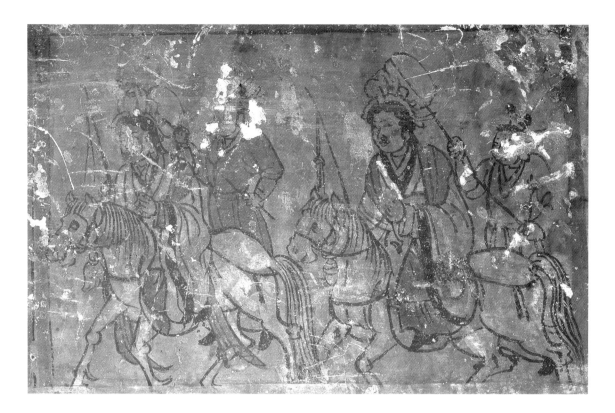

161 供養馬

畫在供養人像中的馬，作快走之狀。似
用淡墨綫起稿後，未上彩。其濃墨綫似
經後人重描。造型及筆墨技巧都顯得拙
弱，唯備五個廟石窟資料而已。

西夏 五3 北坡

162 孔雀

涅槃經變中的孔雀揚首張嘴，目光有驚
恐、緊張之色，不安地鼓動雙翅，形象
寫實、傳神，比例結構準確，是敦煌晚
期畫孔雀的重要作品。

西夏 東2 中心柱背面

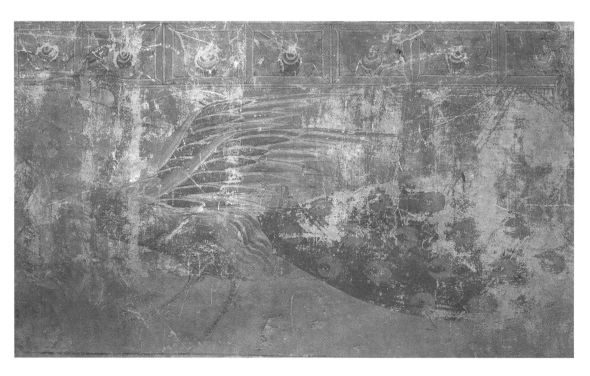

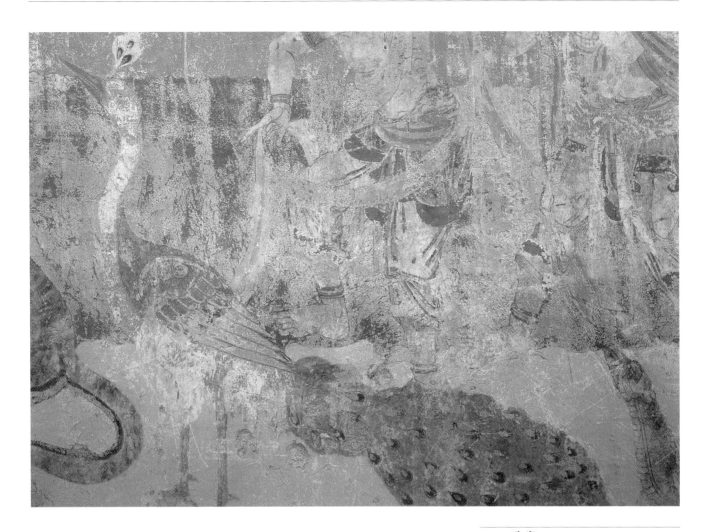

163　孔雀

涅槃經變中的孔雀仰着頭、閉着嘴、拖
着尾，流露出無限悵惋與悲愁，表現對
釋迦牟尼涅槃的留戀與追思。

西夏　東7　中心柱背面

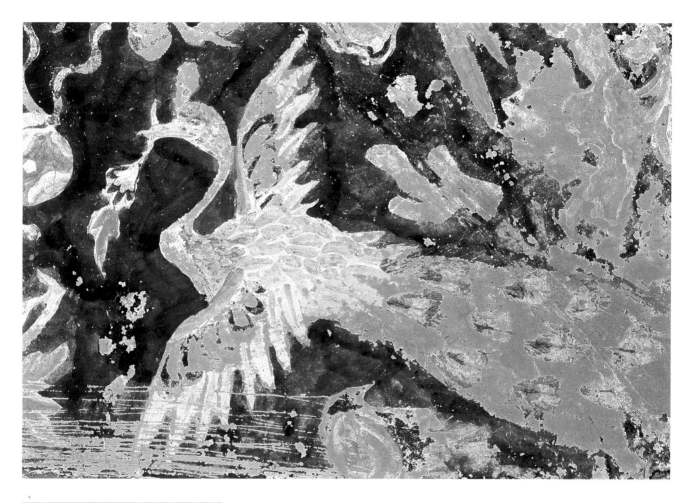

164 飛翔的孔雀

壁畫中少見孔雀作空中飛翔狀。它口啣一
枝鮮花，大展雙翅。構圖上採用鳥瞰式，
將雙翅、背部及尾部漂亮的羽毛全展現出
來。為敦煌晚期動物畫中的精品。

西夏 榆10

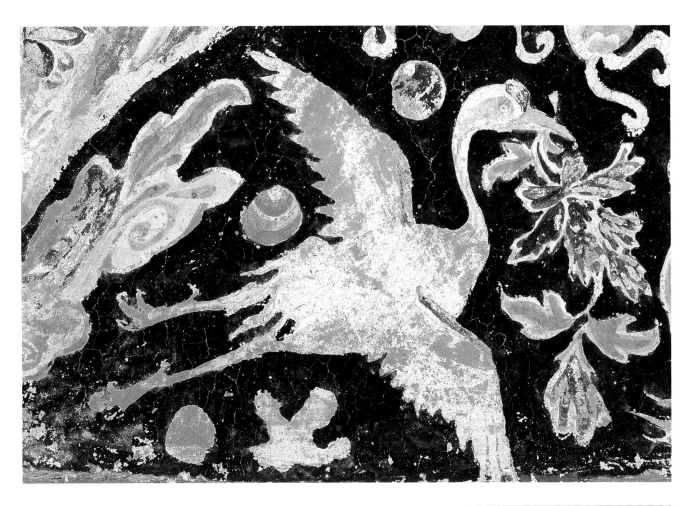

165　飛翔的仙鶴

仙鶴口啣鮮花翱翔。鳥瞰式構圖，造型
和敷彩注重寫實，是晚期動物畫中的精
品。

西夏　榆10

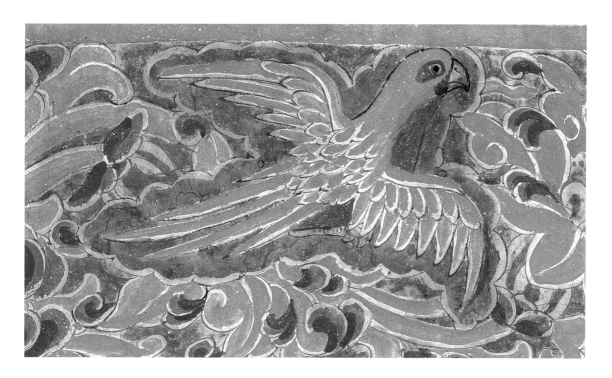

166　飛翔的鸚鵡

畫在圖案中的鸚鵡，取鳥瞰式構圖，集
中表現漂亮的羽毛。畫法是在勾勒好的
輪廓綫內，單色平塗敷彩，留出邊緣白
綫，即所謂“勾填法”，與輪廓墨綫一
起構成雙輪廓綫，強化了輪廓造型，又
具有裝飾趣味。

西夏　榆10　窟頂東坡

167　飛翔的紅嘴藍鵲

紅嘴藍鵲藍羽白頂，長尾。在中國繪畫
中也稱為藍壽帶，以區別於紅色的壽帶
鳥。刻畫真實細緻，動態富有變化。

西夏　榆10　窟頂北坡

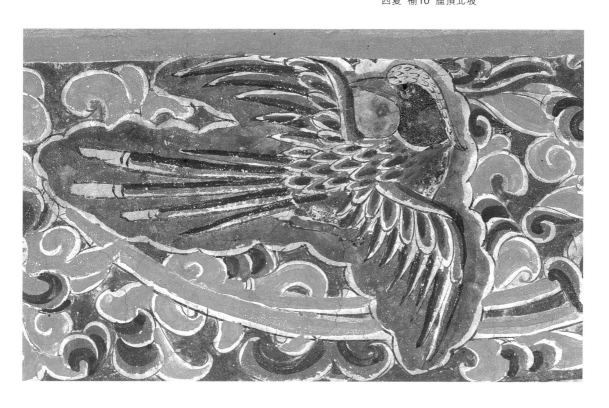

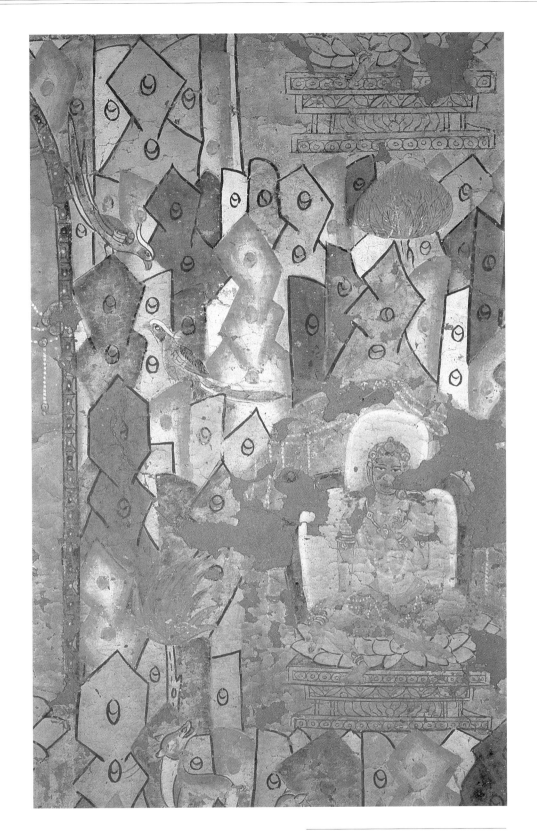

168 藍鵲

在圖案化的山巒中，畫一對藍鵲在相互
傳情。居上的一隻以赭紅綫勾勒出輪
廓，淡彩微加渲染；居下一隻則以墨綫
起稿，淡彩略加渲染。雖畫工略為粗
簡，但頗有野趣。

西夏 東5 北壁

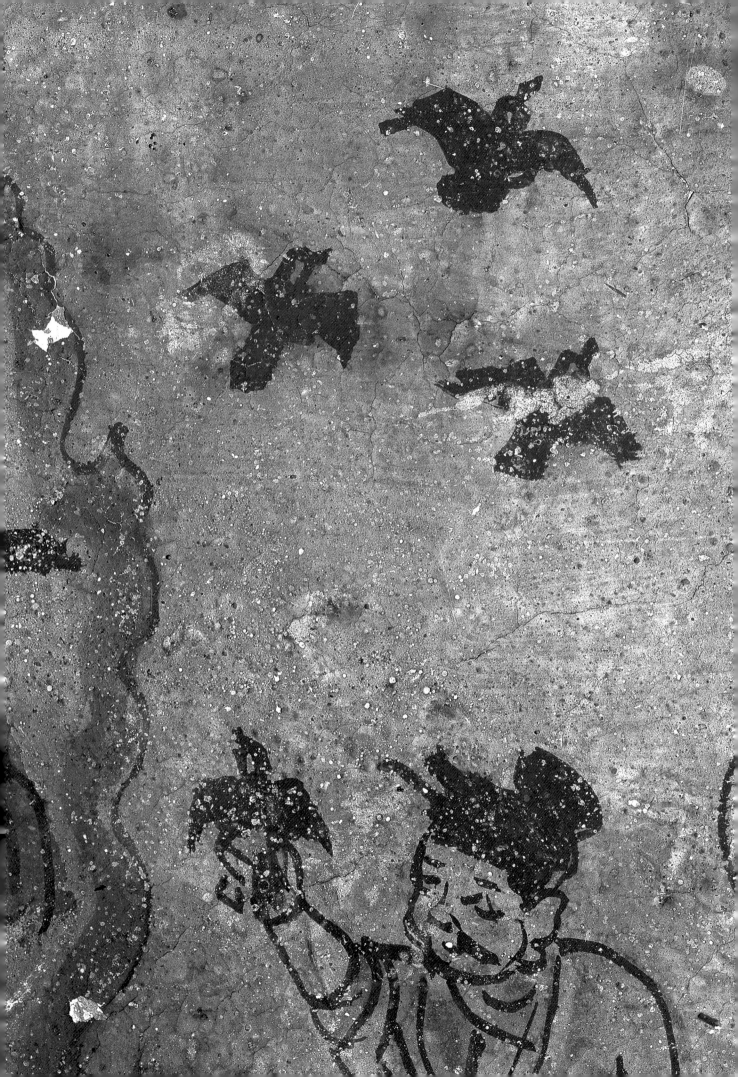

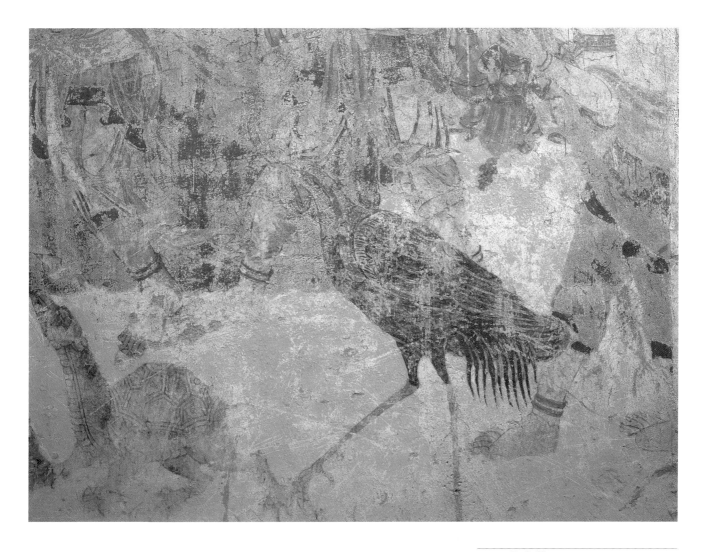

170　龜與鶴

涅槃經變中前來追悼的龜與鶴表現出驚
愕、不安的神情。造型寫實，用筆細緻。
西夏　東7　中心柱背面

169　放生的小鳥

此為藥師經變中放生的場面。小鳥造型
雖粗簡稚拙，但頗有幾分童真之美。在
同類題材壁畫中是非常罕見的。
西夏　五3　南坡

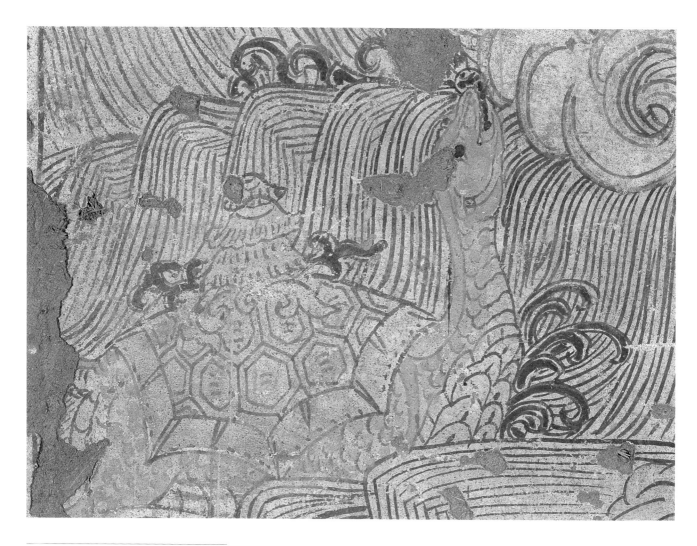

171 巨龜

此為《華嚴經疏》講到的大海十相中的無
量珍寶之相，巨龜分開大海的波濤，背馱
珍寶，昂首獻予菩薩。用墨綫白描，刻畫
入微，為敦煌壁畫中形體最大的龜。

西夏　榆3

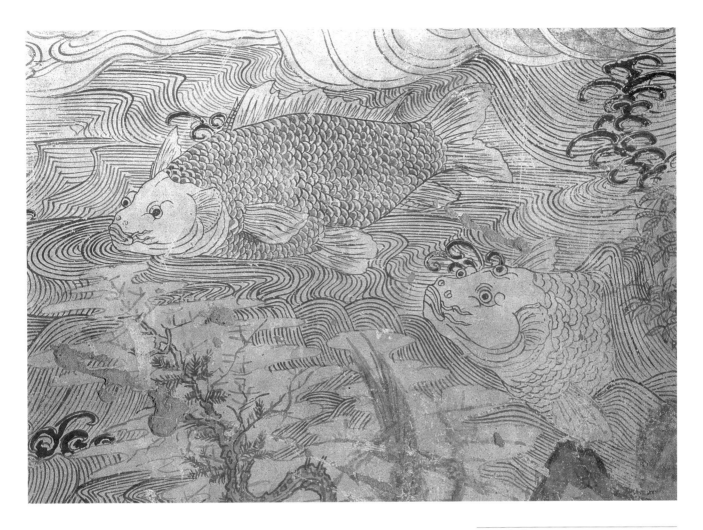

172　大魚

在波浪起伏的大海裏，浮現出兩尾大
魚。大魚表示海中有無量珍寶，也可能
同佛經中的文殊菩薩化成魚供人食用的
故事有關。魚的造型是以鯉魚和鯽魚為
基礎神化的，是敦煌壁畫中形體最大，
描寫最為細膩的魚。

西夏　榆3　西壁北側

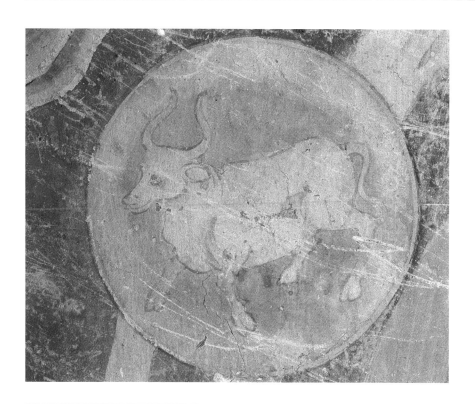

173 金牛

黃道十二宮之一的金牛宮，畫在熾盛光
佛東側，它與雙子宮、白羊宮同處東
方。圓形星宮中畫金牛緩緩踱步，結構
比較準確，綫描的虛實、粗細、挺柔等
變化運用得當。

元代 莫61 甬道南壁

174 白羊

黃道十二宮中的白羊宮，它處於東方。
以圓形表示"宮"，於宮中繪一隻大尾
羊。

元代 莫61 甬道南壁

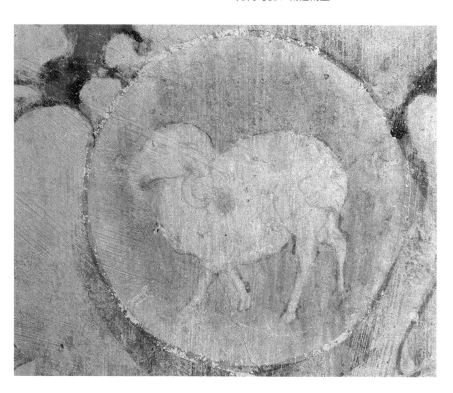

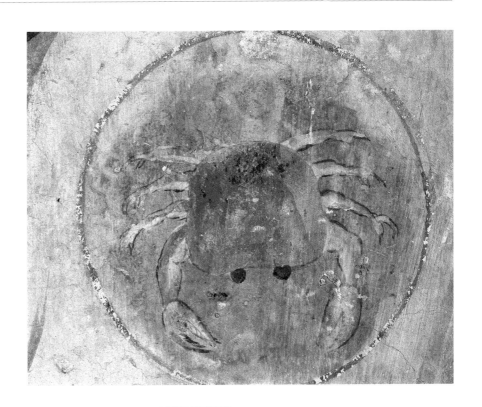

175 巨蟹

黃道十二宮中的巨蟹宮，它同獅子宮、
雙女宮共居於北方。圓形“宮”中繪一
隻巨大的螃蟹，蟹生六爪。繪工比較粗
疏簡略。

元代 莫61 甬道南壁

176 天蠍

黃道十二宮的天蠍宮，取俯視構圖，使
蠍子的結構得到全面反映，也符合生活
中的習慣視角。

元代 莫61 甬道北壁

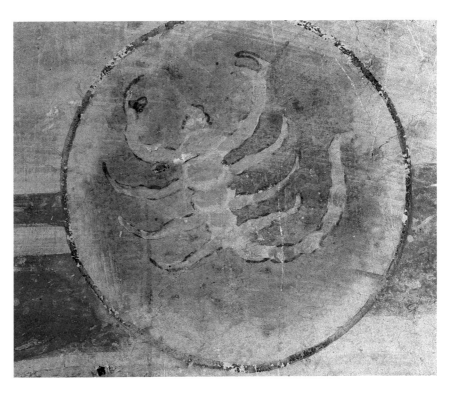

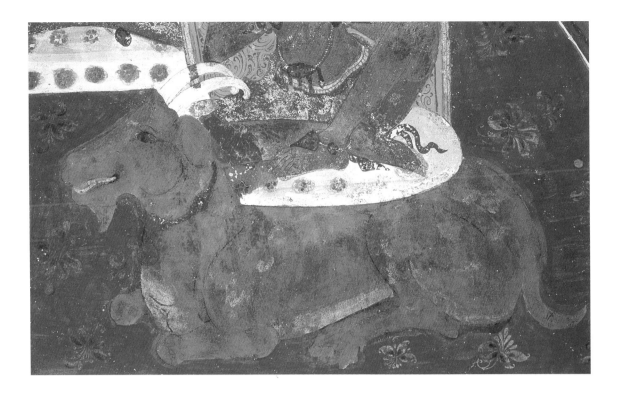

177　羊首獸

密宗五方佛曼茶羅處東方的脅侍菩薩，
坐在一隻伏地的羊首獸上。其頭、角、
身均為山羊特徵，唯足生獸爪，頗為怪
異。繪工嚴謹，綫、彩並重，唯覺稍有
刻板。

元代　莫465　後室東坡

178　白象

密宗五方佛曼茶羅中與乘羊菩薩相對，有
一乘象菩薩，大白象驀然回首，笑容可
掬。手法寫實，繪工細膩，然稍顯刻板。

元代　莫465　後室東坡

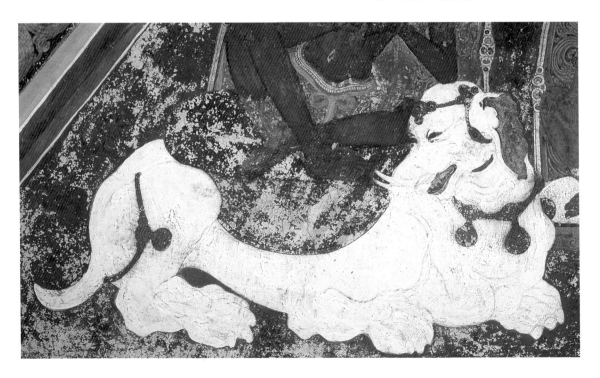

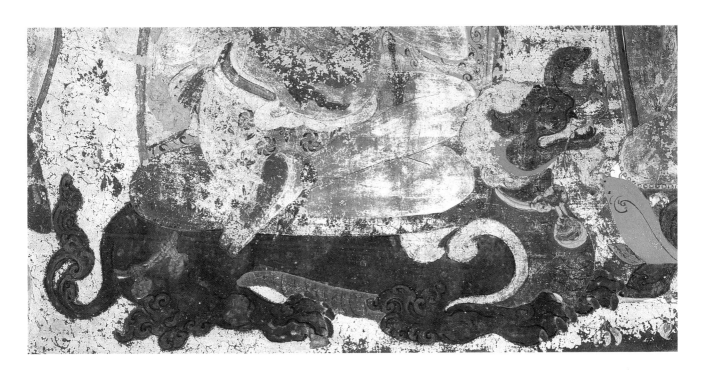

179 獅子

密教五方佛曼荼羅處於西方的脅侍菩薩
所乘的獅子。繪工雖細，然而造型欠
佳，特別是頭部，未表現出其特徵。

元代 莫465 後室西坡

180 鹿

與菩薩乘獅相對應的菩薩乘鹿。鹿的造
型比較寫實，繪工精細，敷彩渲染效果
較好。略有板滯之憾。

元代 莫465

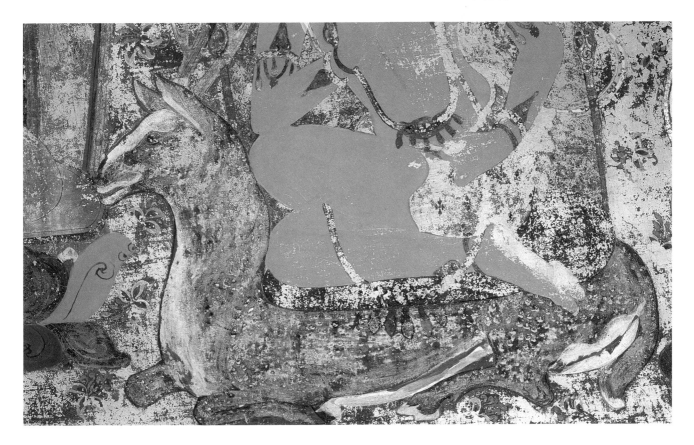

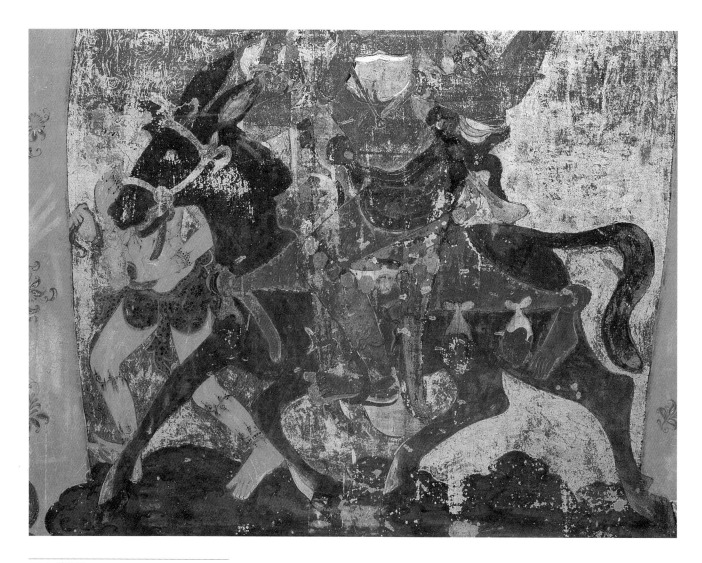

181 騾子

騾子是藏傳密教護法天神吉祥天母的坐
騎，作疾走之狀。此畫結構嚴謹，造型
寫實，風格細膩，敷彩濃重。是藏式動
物畫的典型作品。

元代 莫465 後室東壁

神奇與怪誕

敦煌神瑞動物畫

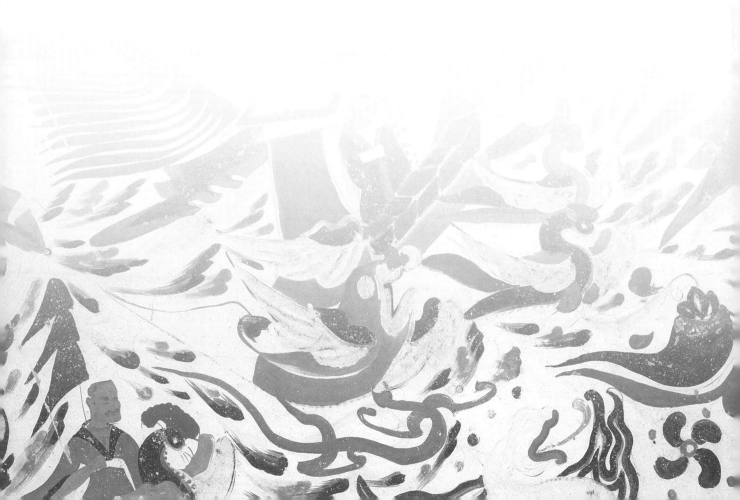

　　敦煌動物畫除了以現實的動物為畫題之外，還有一類動物形象，它
們造型奇異：或是走獸肩生翅膀，或者半人半鳥或半獸，或是幾種動物
特徵的複合體，充滿神話色彩，在客觀世界中並不存在。人們把對超自
然力的崇拜寄託在它們身上，並作為吉祥神瑞的象徵。我們稱之為神瑞
動物畫。

　　早期的神瑞動物圖像，主要是描繪中國傳統神話故事中的四神、羽
人、翼馬等。這些圖像較集中於西魏幾個主要洞窟的頂部，其題材、佈
局和表現的意旨，與佛教在中土流行前的墓室壁畫一脈相承，尤其同敦
煌四周的魏晉十六國時期墓室壁畫關係密切。中後期敦煌壁畫中的神瑞
動物圖像，既有中國傳統的，又有外來的，中西合璧，交光互影。由於
佛教淨土思想在中土盛行，神瑞動物常見於各類淨土經變畫中，同時也
以建築裝飾紋樣的形式大量出現於藻井及花邊圖案中。其中龍、鳳和伽
陵頻迦鳥形象久盛不衰，形式多樣，蔚為壯觀。

　　神瑞動物畫在佛教石窟中出現，有深刻的社會歷史及傳統文化根
源。中國是個鬼神信仰既久且深的國家，正如魯迅在《中國小說史略》
所言：“秦漢以來神仙之說盛行，漢末又大暢巫風，而鬼道愈熾；會小
乘佛教亦入中土，漸見流傳。”鬼神信仰是古老的自然崇拜和祖先崇拜
的產物。它自然地被帶進在中國流傳的佛教之中，滲透到藝術形象裏，
並為中國僧俗大眾所喜聞樂見。

　　鑑於鬼神圖像例如日、月、雷、電、風、雨神，伏羲、女媧、三
皇、東王公、西王母以及龍王等，已被收入全集的《民俗畫卷》，因此
本卷從略，而主要介紹神瑞動物圖像，其中最具代表性的是龍、鳳、天
馬、伽陵頻迦等。

第一節　龍與天馬等神獸

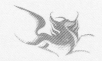

龍在中國為上古圖騰崇拜，幾千年來，經常作為華夏族、漢族以至今日的中華民族的象徵。據典籍記載和考古發現，龍最初是夏族的圖騰，其基本形象是蛇。相傳人類的始祖伏羲、女媧、黃帝均為人面而蛇身。後來大約是以鱷魚、鷹和鹿等為圖騰的幾個民族加入了以蛇為圖騰的氏族聯盟，由此形成了多種動物的複合形象。在漢譯佛經中，"龍"被列為護法的"天龍八部"之一。不過，印度的"那伽"（梵文 Naga）漢譯作"龍"，實際上是蛇，屬於印度民間信仰的自然精靈，可能曾經是印度北方蛇族那伽人的圖騰，在概念和造型上都不同於中國的龍。印度佛教、耆那教和印度教藝術中的蛇神，都呈現蛇頭蛇身或人面蛇身的形象。而漢譯佛經根據中國傳統文化概念把印度的蛇翻譯成中國的龍，這種"龍蛇變化"恰恰說明了外來文化傳入中國發生的變異。新疆克孜爾石窟早期壁畫的"龍神"還保留着印度蛇神的蛇形。敦煌壁畫所見的龍的形象，則是中國的樣式，已不見印度的蛇的影子，並被認為可以變幻莫測，興雲作雨，上天入海，自由馳騁。

龍的蹤影在敦煌石窟早期的龕楣、華蓋，到中後期藻井紋飾以及經變故事畫、佛傳、因緣故事畫、供養人畫像中都可見到，雖然造型特徵和表現方式不盡相同，但其基本圖像卻還穩定，因為

秦漢以後，龍的圖像已逐漸程式化了。

隋代第 392 窟藻井中畫出左右對稱的兩條龍，在虛空中疾馳，爭奪蓮花中的寶珠。龍體瘦硬，尖喙巨口，大眼，頭上有角，大步跨越飛騰，氣勢兇猛。龍身以三種顏色依次排列塗染，猶如色階式疊暈，現已經變色。虛空為石綠色，蓮花荷葉及雲氣浮遊其間。這是敦煌藻井紋飾中最早的龍的形象。

入唐以來，藻井中心以龍為主要紋飾的圖案比比皆是，有團龍、游龍、五龍組合，也有龍鳳組合，一般為一鳳四龍。西夏第400窟的龍紋最怪異，藻井中心設計了兩條首尾相逐的"鳳首龍"，表現由鳳向龍的過渡，創造出一個陰陽合一、龍鳳呈祥的新型吉祥圖案，體現了古代畫師特別豐富的創造力。

在藻井以外的洞窟裝飾中，也不乏優秀的龍的圖像。如東千佛洞第2窟，開鑿於西夏，甬道頂部畫一條黑色的龍，前肩有波浪式翼，蜿蜒曲折猶如飄帶。身軀粗壯，氣勢不凡，魚鱗紋畫得特別精細，鱗甲弧綫較圓，甲片中還加了暈染，顯得更加細緻真實。又如榆林窟第10窟藻井外周花邊的龍形象，其基本造型、動態及表現技法等，與上圖類似，唯鱗甲較尖，勾出輪廓後，並不加暈染，周圍有雲煙。

出現在各種經變故事或佛傳、因緣故事中的龍，其造型變化多樣。較早的

龍形象主要在佛傳和因緣故事畫裏出現，如釋迦誕生後的"九龍灌頂"，和〈須摩提女緣品〉中佛弟子優毗迦葉化五百龍前去赴會，風格比較粗獷，表現手法非常簡練概括，帶有象徵性。稍後是仙人乘龍，儘管都在表現虛空中騰躍飛行，然均未出現翼。自初唐以後，龍不但形體變大，而且刻畫細膩，特別是多數肩部生翼，即使在陸地站立或伏坐的龍，也往往肩生翼，不過多為雲頭、流雲式而非羽翼。譬如初唐第332窟涅槃經變中向佛舉哀的龍，肩部就有捲雲式翼。吐蕃時期榆林窟第25窟的彌勒經變中，畫龍看守着寶函，龍的形象已畫得相當具體精細。龍的脊背、後腿，有雲頭紋裝飾，肩部也有雲頭式翼。造型及表現技法相當成熟與規範化。

　　天馬的概念，無論從圖像學或者古文獻學的角度來看，都有至少兩種含義：一是肩不生翼，外在形態與自然界中之馬無異，而能凌空疾馳；二是肩生翼，因此自然快速且能凌空飛奔。其唯一要旨就是表現超乎凡馬的神馬。中國在漢武帝時期開始盛行關於天馬的種種傳說，這是關於天馬圖像的唯一依據。漢魏時，西域曾貢大宛汗血馬，被認為是天馬種，有"天馬"之譽，對其前漢武帝所得的烏孫馬則稱為"西極"。在流傳過程中又同來自西方的翼馬相互滲透。在印度和波斯神話中，天馬是駕駛太陽

神的天車巡行諸天的神駿。早在公元前3世紀阿育王時代的鹿野苑獅子柱頭的頂板浮雕上，就雕有與法輪相間的奔馬形象，代表宇宙方位的南方。公元前1世紀佛陀伽耶的圍欄浮雕中曾出現有翼的馬，

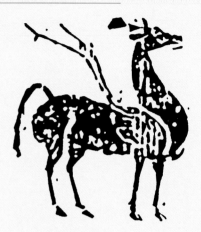

四川省彭山漢畫像石上的天鹿

可能受西亞藝術的影響。在印度佛教壁畫中，馬的形象屢見不鮮，但一般無翼。桑奇塔門上的雕刻倒有有翼的獅子和有翼的公牛形象，據說是受西亞亞述、波斯翼獅、翼牛雕像影響的結果。

　　敦煌壁畫中最早的天馬，在北魏須摩提女緣故事畫中，佛弟子大迦葉化五百馬赴會的場面。白馬肩不生翼，但卻可以同鵠一起在虛空中疾馳飛躍。西魏第249窟北頂畫有肩生雙翼的神獸，在虛空中與仙人、羽人一樣飛行。此獸耳比馬稍大而尾比馬短，通身為青藍色，而羽翼淺赭黃，暈染為天竺凹凸法。這是敦煌壁畫中最早的有翼的類馬神獸，有人即稱之為"天馬"或"翼馬"。

　　畫在聯珠紋內的翼馬紋飾，出現在隋代第277、402、425、420等窟。這是受波斯薩珊王朝裝飾風格的影響，影響廣及新疆、青海以及敦煌、西安、洛

陽等絲綢之路沿綫，並遠及日本。

　　中唐的第92窟，涅槃經變的舉哀百獸之中，有一匹翼馬，站在牛和鳳鳥之間，體態俊健，口啣鮮花供養，通體白色，紅色羽翼，臀部至大腿末端，有赭紅色暈染的羽鱗狀飾物，尾部的外側也有赭紅色忍冬紋狀飾物。這是最典型的翼馬圖像，也是經變故事畫中獨一無二的翼馬圖像。

　　西夏的翼馬多繪於建築裝飾中。榆林窟第3窟藻井的花邊中畫有翼馬，白身、綠尾，肩生羽翼，鱗狀部分在輪廓綫內以紅、綠二色填繪，留出邊沿，後

大腿內側有類忍冬紋式的紅色裝飾。在慶雲圍繞之中，作疾奔之狀。榆林窟第10窟藻井外圍花邊中，畫有在雲檖中疾速奔馳的翼馬，通體白色，羽翼部分在勾出的輪廓綫中，用青藍色作留邊填繪。其中猶以一匹回首奔馳的翼馬畫得優美生動：兩條前腿交叉跨躍，顯屬對優良走馬的動作描寫；兩條後腿作凌空騰躍之狀。臀部和大腿肌肉發達豐肥，而小腿及腕部卻很細，富於彈性，力感很強。造型簡潔洗練，結構準確，動態優美，是翼馬形象中的佳作。

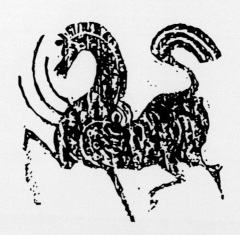

四川省新津漢畫像石上的翼馬

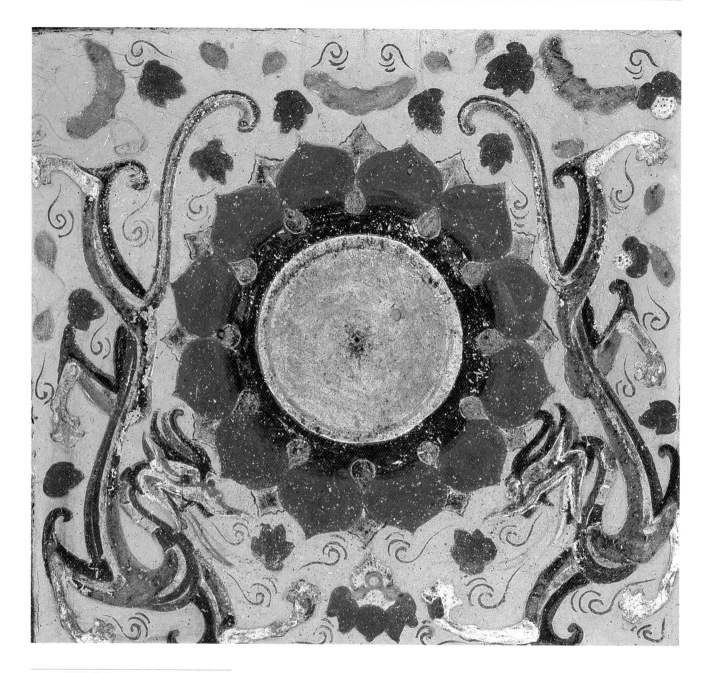

182　雙龍奪珠

由大蓮輪和龍組成的藻井圖案中，兩條
龍從兩側疾馳會合，同時舉爪爭奪一顆
置於蓮花中的寶珠。龍身比較細瘦，動
勢強。是早中期造型比較優美的龍的形
象。

隋　莫392　窟頂中心

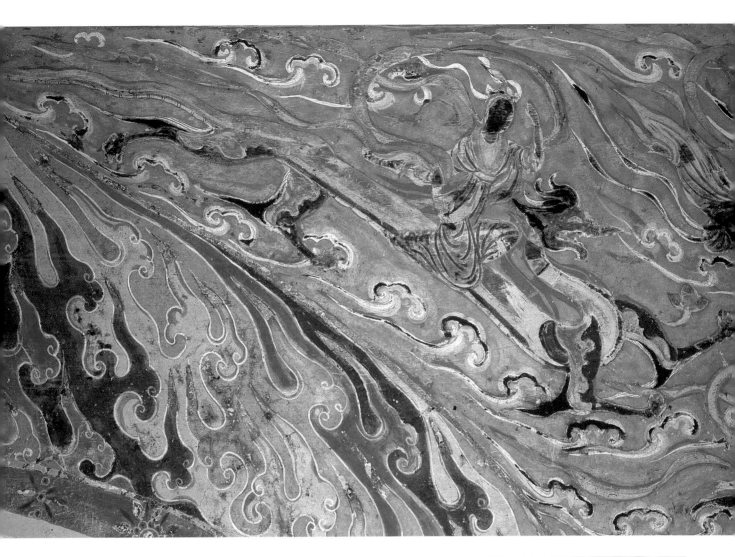

183　虛空乘龍

在虛空飛行神遊的飛天行列中，出現了
漢代流行的仙人乘龍形象。龍身青色，
似表示四神中的青龍之意。龍身細而
長，是早中期造型的特點。

隋　莫204　西龕內北坡

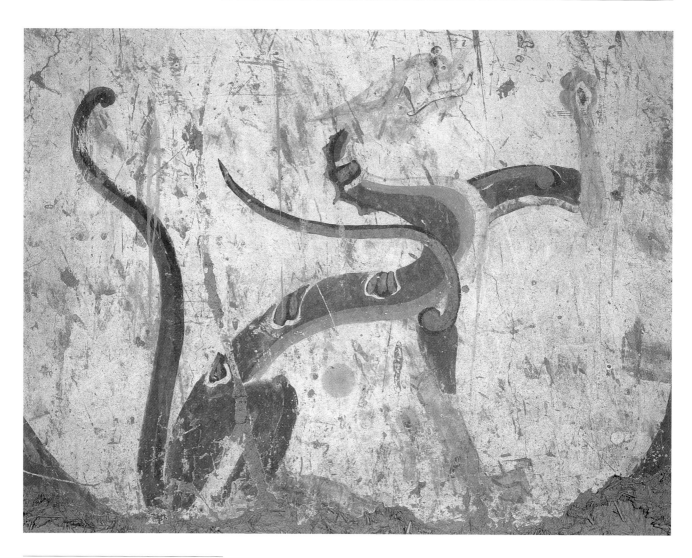

184 壺門中的龍

這是涅槃經變中畫在佛床的壺門中的
龍，它昂首望着佛，舉爪坐地，肩部生
出雲頭狀的翼，身軀細長，上有花紋。
初唐 莫332 西龕

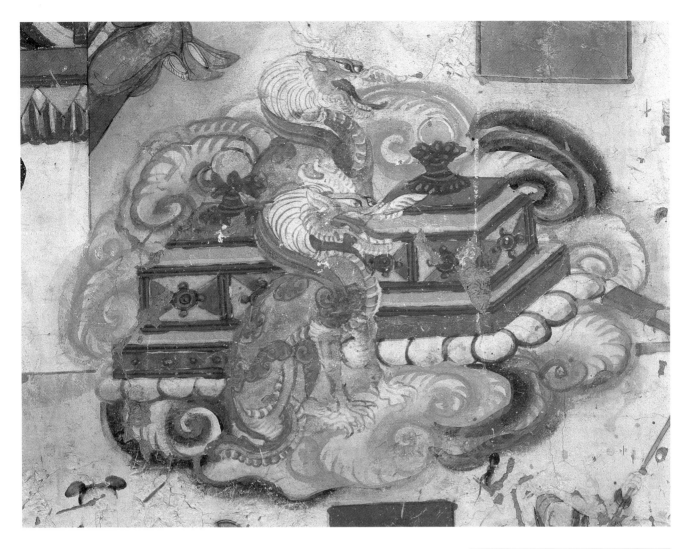

185 守寶神龍

這是彌勒經變中翅頭末城儴佉王向彌勒
佛所供奉"七寶"中的庫藏珍寶，由神
龍護衛，人莫敢近。龍坐於彩雲上。造
型體現出陽剛之美。一般畫龍都取動勢
很強的騰飛之態，如此靜態的坐龍特別
罕見。

中唐（吐蕃） 榆25 北壁

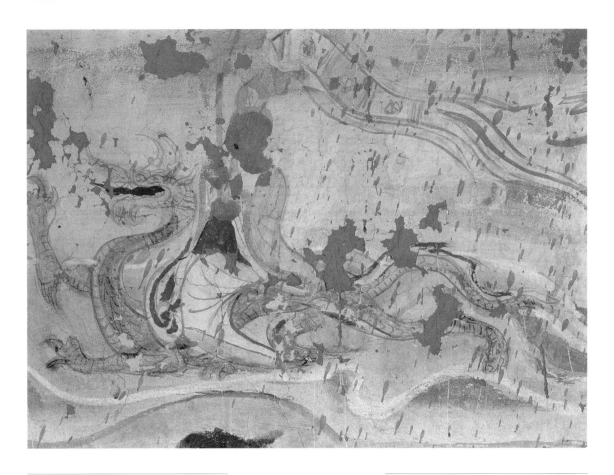

186 虛空飛龍

一仙人持幡乘龍於虛空中飛行，導引信徒升天。龍肩部生有捲雲狀的翼，綫描隨意，敷彩簡約清淡，繪工頗粗簡，但造型頗有氣勢。

五代 榆32 南壁

187 羣龍圖

此為佛傳屏風畫的部分殘畫。在不大的空間裏畫出六七條龍，有翻江倒海之勢。現存畫面除殘留一點淺赭色外，基本上是一幅淡墨綫勾勒的素描。

五代 榆36 南壁

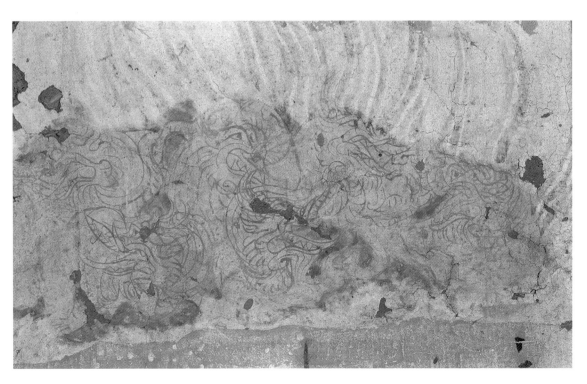

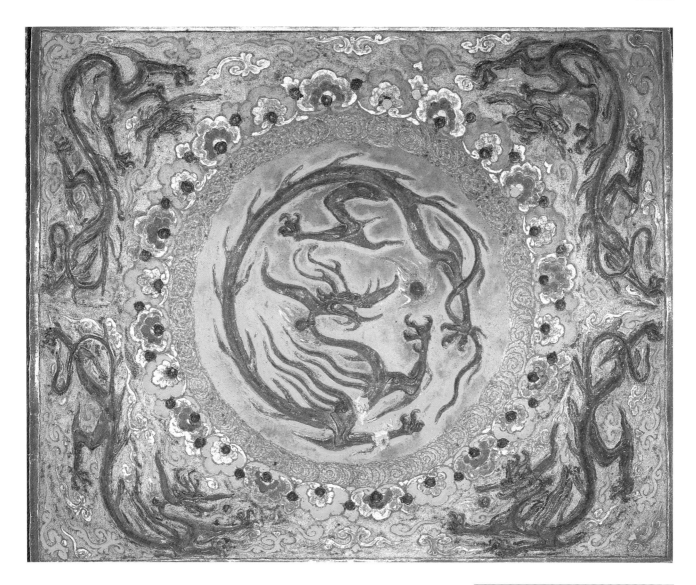

188　五龍騰雲

在彩雲環繞的碧空中，一條金龍伸爪奪
珠，兩翼飛動，細尾纏足。四角有四條
金龍騰雲飛舞。造型明顯維持唐代風
格。

宋　莫235　窟頂中心藻井

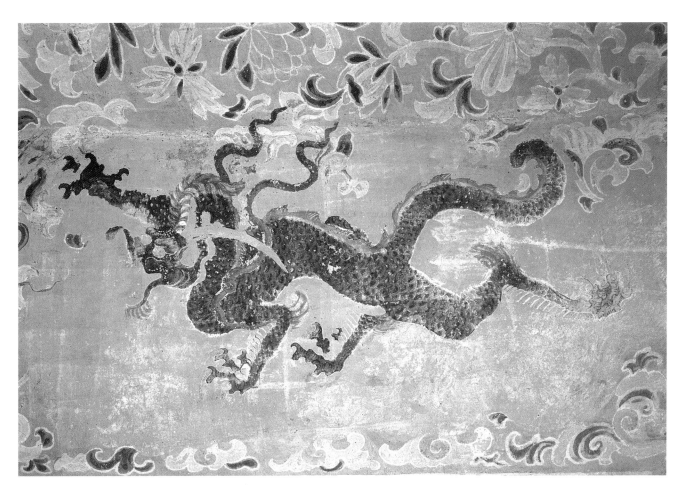

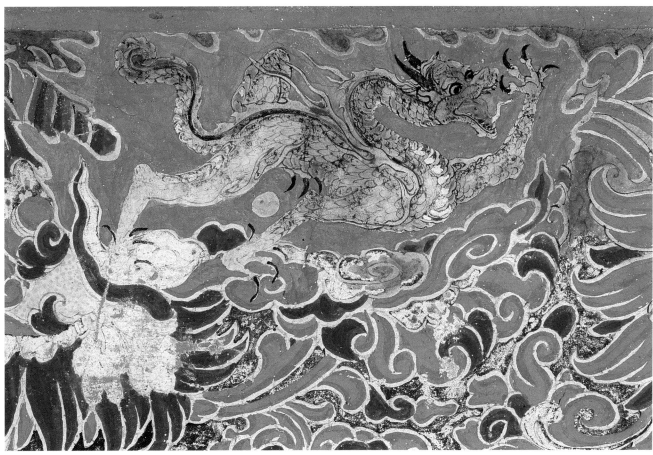

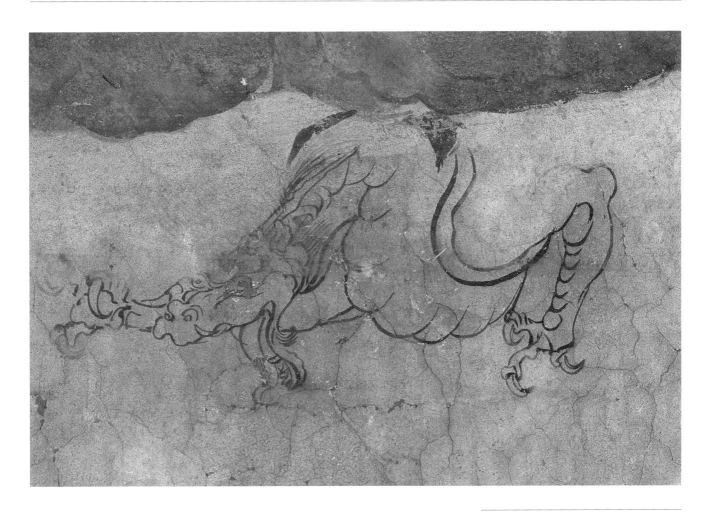

191 龍素描畫稿

為〈觀世音菩薩普門品〉局部。在虛空
之中出現一條龍,張口瞪眼,爪似鐵
鈎,居高臨下,勢若排山倒海,使人望
而卻步。這條形神兼備的龍是敦煌壁畫
中罕見的傑作。

西夏 榆2 東壁

189 黑龍

黑龍大張海口,眼若銅鈴,角如利劍,
四足跨躍,肩生波浪形長翼,蜿蜒擺
動,勢若蛇行。通體有灰黑色鱗甲,繪
功精細,氣勢磅礡,充滿力感。

西夏 東2 甬道頂

190 龍紋特寫

在青綠色調的捲草和雲燄中,繪出一條
紅色的龍,現紅色已脫落,顯現出墨綫
勾勒的輪廓。然而張牙舞爪、飛騰疾馳
的氣勢,仍躍於壁間。

西夏 榆10 窟頂

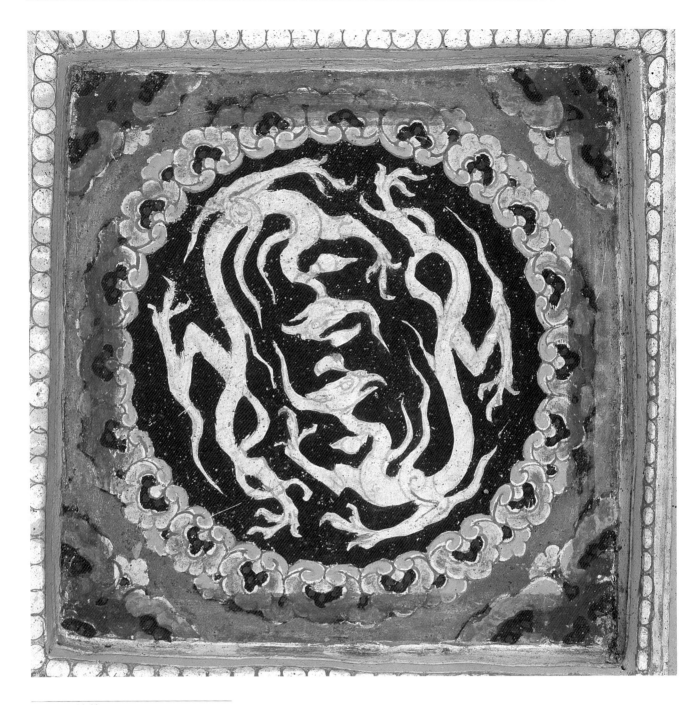

192　鳳首龍

兩條鳳首而龍身的異獸組成藻井圖案。
兩種傳說中的神異結合得很巧。這樣的
圖形不但在敦煌藝術中是僅有的，就是
在中國古代藝術中也極其罕見。
西夏　莫400　窟頂中心

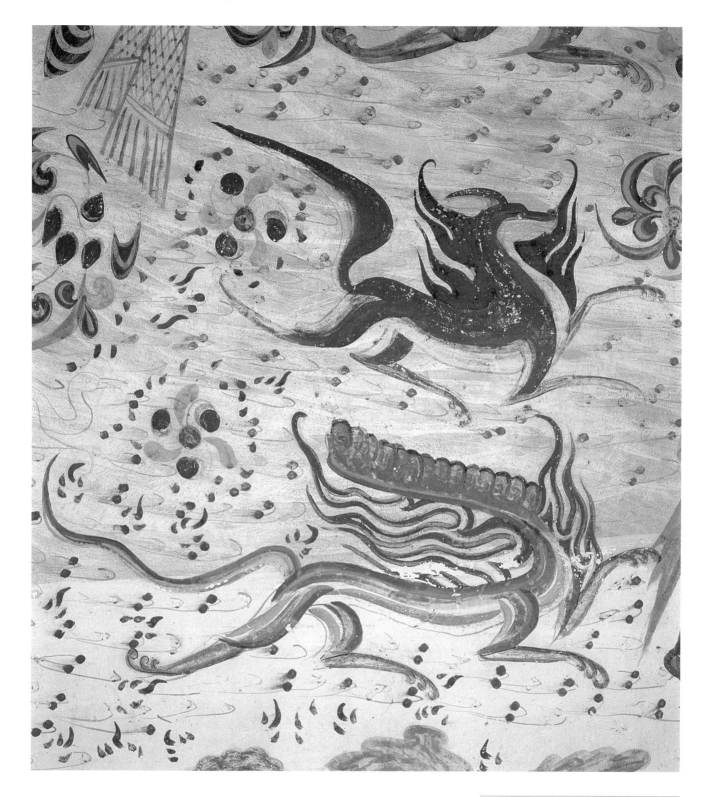

193　開明與飛廉

開明龍身而有十三首，均人面，此處畫
十四首，為天皇形象。項背兩側有火燄
狀的翼，表現它在虛空中飛行時有隨意
變幻的神力。其上方的飛廉是主風之
神，鹿身，背有翼，飛騰如風。

西魏　莫285　東坡北側

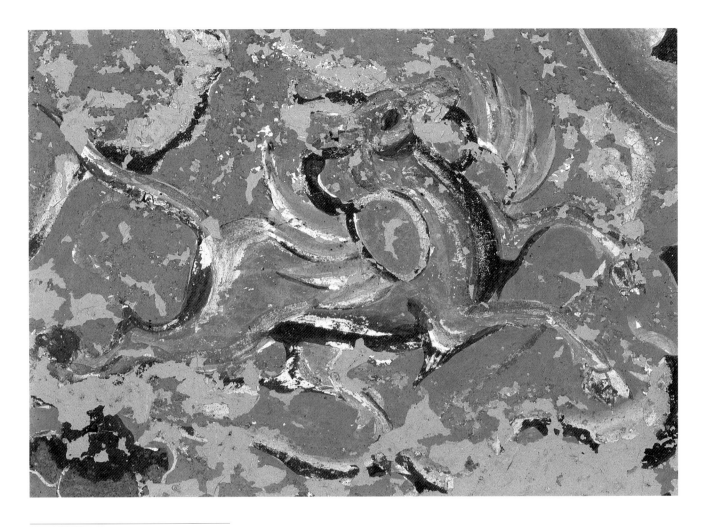

194 翼獸

這是表現佛傳"夜半逾城"圖的局部，
從造型特徵看畫的可能是天鹿（天
祿），但佛經中並無此獸，是畫家借以
表現祥瑞氣氛的。
隋 莫397 西壁龕頂南側

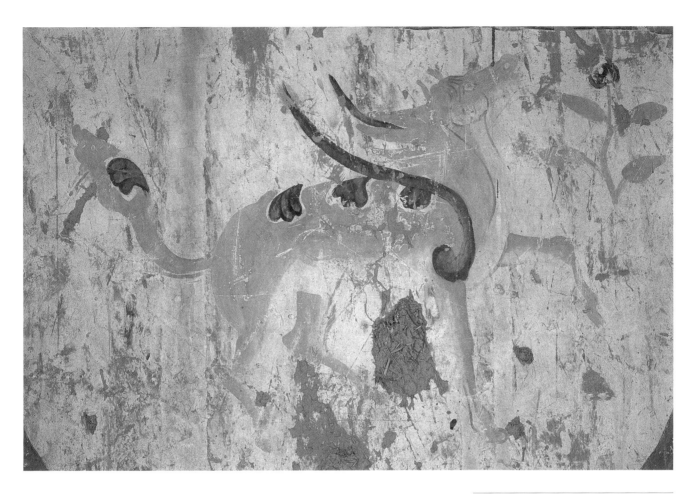

195 天鹿（天祿）

這是涅槃經變中前來舉哀的百獸之一。
頭部形象有較明顯的鹿的特徵，肩部有
捲雲式翼，背部和尾部畫有疊暈花紋。
表現的可能是天鹿的形象。

初唐 莫332 西龕

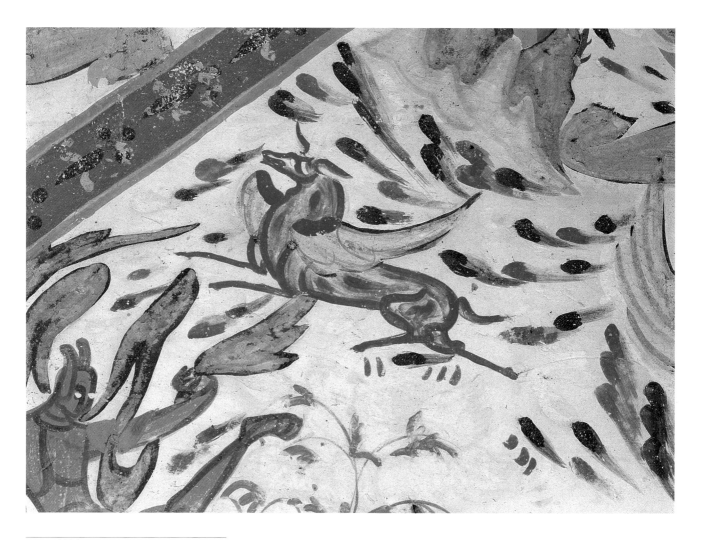

196 翼馬

翼馬即指天馬，翼馬最早出現在漢代畫
像石上，相關圖像也有不生翼的。它有
風趨電擎般的速度。此圖肩生雙翼在虛
空中飛行，通體青藍色，翼作赭紅色。
這是敦煌壁畫中最早的翼馬。

西魏 莫249 北頂西端

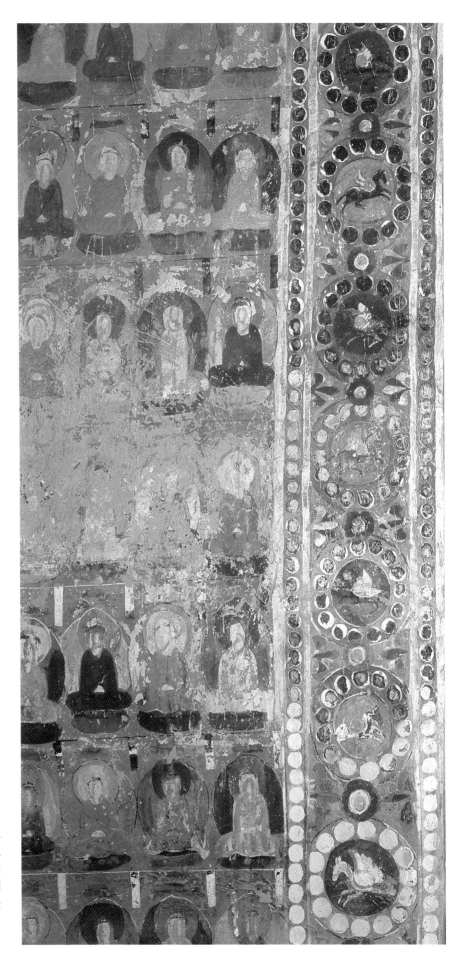

197 翼馬聯珠紋

在龕邊的聯珠紋裝飾中，畫有各式在虛
空奔跑的天馬，兩肋生翼，羽翼如鷹
翅，並與馬身不同色，格外醒目。這是
來自波斯薩珊王朝的紋飾。

隋　莫425　西龕

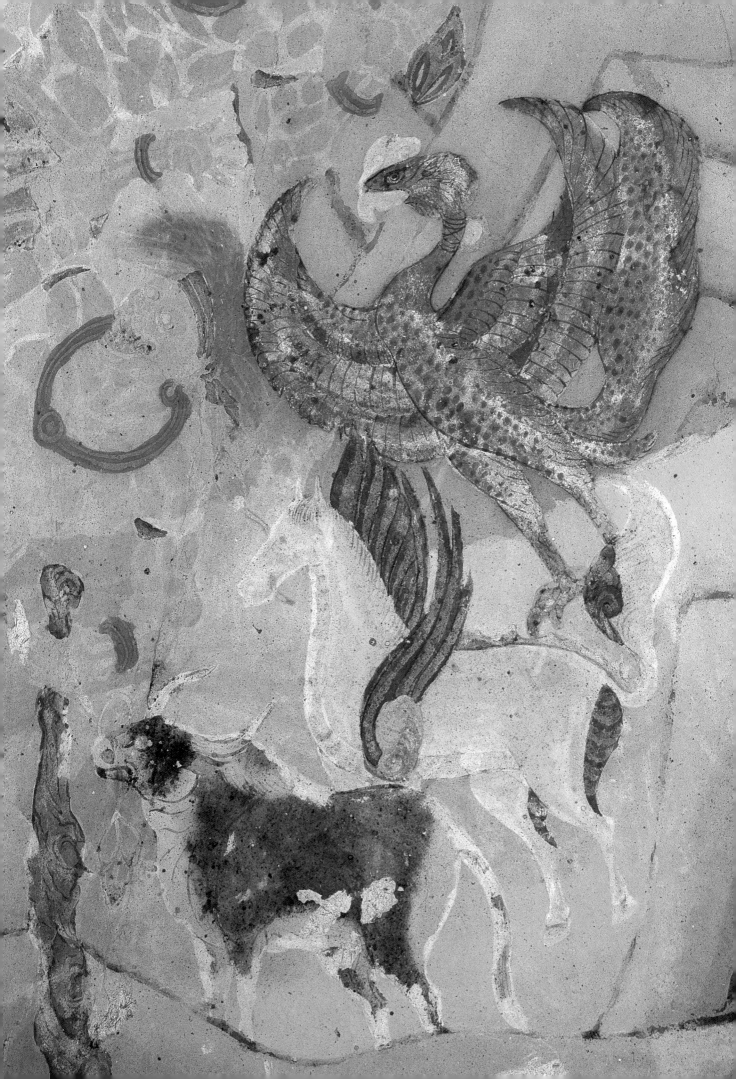

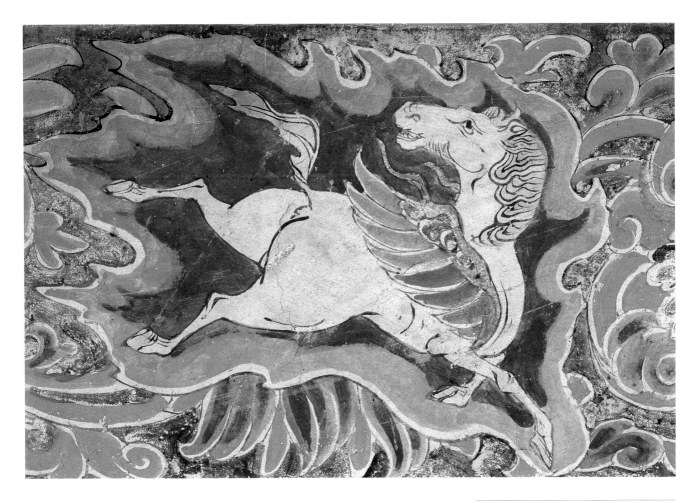

199　翼馬

這是花邊中的翼馬特寫，形象不大，
頭、身較粗壯而腿較短。肩部生扇形
翼，奔跑的姿態非常優美。

西夏　榆10　窟頂西坡

198　翼馬、鳳鳥和牛

涅槃經變中前來舉哀的百獸，其中有翼
馬、鳳鳥和牛。翼馬皓身赤翼，造型俊
健有神。

中唐　莫92　北坡

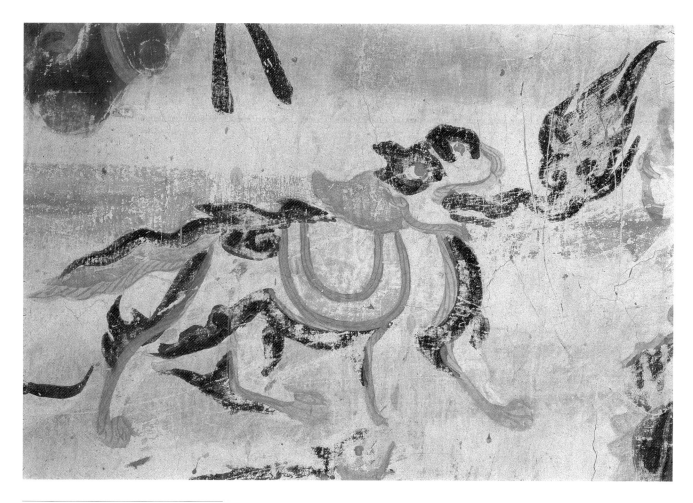

200 吐火的獅子

這是釋迦降魔變的局部。獅子屬於魔王
波旬眷屬，口中噴着火苗，配合其他魔
眾一起向釋迦進攻。此為晚期新出現的
畫面。

五代 榆33 北壁

第二節　鳳鳥與伽陵頻迦等瑞禽

　　鳳鳥同龍一樣，也是中國古老的神瑞動物之一。在幾千年前，鳥是東夷族的圖騰，《説文》中説，鳳出於東方君子之國。商族的圖騰玄鳥也即是鳳，《詩經‧商頌》所謂"天命玄鳥，降而生商"。商人所佩帶的玉鳳，與後來的鳳的造型大體相似。《山海經》説它：其狀如雞，五彩而文，自歌自舞，見則天下安寧。有的典籍記載説它與光明相關，有避凶之義。

　　在敦煌壁畫中，從北魏至元都有鳳的圖像。最初與天宮伎樂為伴，表現它能歌善舞的天資。譬如北魏第254窟的天宮樓閣之中，鳳展翅舉尾，翩翩起舞。西魏時期起，鳳鳥出現在許多壁畫題材中。或作為華蓋上的裝飾紋樣，或與飛天、仙人、孔雀為伍翱翔於虛空，或為仙人所乘，或為西王母挽車。同時也是藻井的重要紋樣，或在花邊紋飾中扮演漂亮的角色。唐以降，常與仙鶴、孔雀、伽陵頻迦等瑞禽結伴，在佛國淨土高雅神聖的歌舞行列中露面。當然，在佛涅槃之時，也少

不了在百獸舉哀的隊伍中出現。總之，在一切祥瑞、喜慶、神聖的場合裏，都有鳳鳥光臨。

　　西魏第249窟鳳鳥與孔雀對應而立，除尾部造型和敷色不同外，基本造型與孔雀無別，難怪有的學者認為鳳鳥與朱雀、孔雀為同一物。同窟頂部還畫有三隻鳳鳥為西王母挽車。鳳車前後，各有一鳳鳥為仙人所乘，在虛空飛翔。據《山海經》，拉車的三隻青鳥即鳳鳥，平時的任務是為西王母尋找食物。古代畫家大約按此記載加以引伸、演繹及發揮，創作出三鳳為西王母拉車，與三龍為東王公拉車相對應。這種構思成為相對穩定的模式流傳下來，直至唐前期，盛行不衰，其中尤以隋代為盛。第285窟，一隻鳳鳥為持節仙人所乘，在虛空飛翔；還有一隻鳳鳥與飛天為伴，於虛空飛翔。隋第401窟鳳鳥同飛天、羽人、翼馬一起組成的藻井中心紋樣，大概是鳳鳥作為紋飾在敦煌石窟藻井中出現的較早或最早一例。

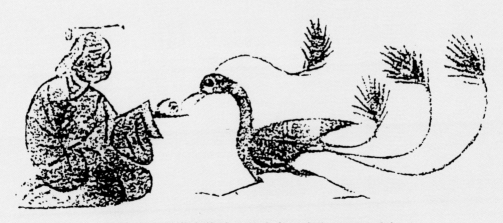

河南省鄭州漢畫像磚上的青鳥正在為西王母覓食

進入唐代，隨着淨土思想的盛行，淨土經變畫大量出現，隨着經變畫畫幅規模的擴大，鳳鳥形體也相應增大。表現技法及風格趨於具象、精細，造型更加規範、優美。初唐第332窟涅槃經變中的鳳鳥形體巨大，主要特徵與傳說相符：雞嘴、蛇頸、龜脊，前半身像鴻雁，後半身似麒麟。造型結構準確謹嚴，敷彩暈染華貴優美，刻畫精細，顯為高手之作。遺憾的是畫面磨蝕較多，不可盡觀其風采。

吐蕃時期營建的巨窟第158窟，涅槃造像的佛床下舉哀的羣獸中，有一隻鳳鳥，展翅而立，面積足有1平方米，是敦煌壁畫中形體最大的鳳鳥圖像。

晚唐第196窟中央佛像的背光中，有由鳳鳥和海石榴組成的捲草邊飾，在海石榴兩側的捲草藤蔓處，各一隻飛翔中的鳳鳥，喙唧捲草藤蔓，雙腳向後平伸，雙翅大展，華麗的尾巴變為捲草的花葉，同樣美麗動人。設計別致新穎，敷彩富麗，繪工精細，表現出高超的藝術技巧，是鳳紋花邊中形色具佳、保存完整如新的精彩作品。晚唐另一洞窟，第147窟的鳳紋邊飾則另有一番情趣：鳳鳥端立於捲草中盛開的鮮花花蕊上，昂首挺胸翹尾，頸部繫一火燄寶珠，雙翅作扇面展開，尾羽長而漂亮。

五代第61窟龍紋藻井外周邊飾有鳳紋，與雄獅等動物紋樣一起，均風格工整精細，繁富華麗，保存完整如初，是敦煌動植物紋樣的邊飾圖案的精品。西夏榆林窟第3、10窟的藻井邊飾中，運用大量而多樣的神獸瑞禽和自然界寫實性動物為主要紋樣。鳳鳥在其中特別重要。

北宋、西夏時期，以鳳鳥為藻井中心紋飾的形式較為流行，而且多運用浮塑貼金手法，配以高貴華麗的底色，藝術表現力明顯加強。西夏第16窟藻井中，蓮輪中心一隻金鳳展翅盤旋，在追唧一顆寶珠，蓮輪外四角繪四條奔騰追逐的金龍，肩部有雲燄式翼，更增其快速飛動之勢。中心用石綠襯底，蓮輪外用硃砂作底色，構成典雅、富麗的格調，將敦煌龍鳳紋藻井藝術推向高峰。第367窟藻井僅以鳳鳥為紋飾，手法與第16窟基本相同，鳳紋浮塑貼金，襯以朱紅底色，至今仍金碧輝煌。

晚唐、五代時期的勞度叉鬥聖變中，有金翅鳥鬥毒龍的畫面，表現佛弟子舍利弗與外道爭鬥的情節。金翅鳥（梵文Garuda）是印度神話中的神鷹，起源於西亞的太陽崇拜，原來是印度教大神毗濕奴的乘騎，在佛經中也被列入護法的"天龍八部"之一。晚唐第9窟的畫面中，毒龍正在奔逃，金翅鳥由後方凌空而降，雙爪牢牢地抓住龍的脊背，趁毒龍回首的一剎那，銳利的尖喙突然啄向龍眼。這幅小畫的背景是赭紅色，其上有珊瑚、寶珠等物，周圍是雲彩圍繞，而雲彩外的較大背景是綠色的大海，表示這場緊張激烈的鳥龍之鬥是在大海中展開的。此圖雖已難見定型綫描，然其色彩暈染尚完整如新，且繪工細膩。榆林窟第16窟的金翅鳥鬥毒龍，與上圖基本近似，所不同者是龍只顧奔逃，顧不得轉頭後顧。此外，該圖型綫保存尚好。

隋唐以來，敦煌壁畫中的鳳鳥，從早期與孔雀較雷同的形象演變出來，並規範定型，只在尾羽的形態上有較大的靈活

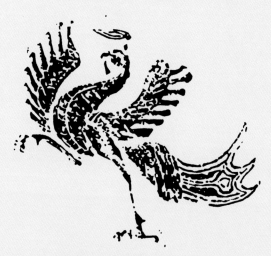

四川省渠縣漢畫像石上的鳳鳥

性，可以有一條、三條、六條幾種，多數為三條，並可長可短，但基本像記載中所說的魚尾。至於有的作了圖案變形處理，譬如變為花葉形，則又另當別論了。

在敦煌壁畫中的主要瑞禽還有音樂神伽陵頻迦鳥。伽陵頻迦（kalavinka），亦即緊那羅（梵文 kinnara），女性緊那羅稱作緊那麗（梵文 kinnari），是印度神話中半人半鳥的樂神或歌舞之神，居住在

喜馬拉雅雪山，本來是天國的樂師、歌手或舞者，在佛經中也被列為護法的"天龍八部"之一。緊那羅有時呈現半人半鳥形狀，但在印度阿旃陀壁畫中成雙成對的緊那羅伉儷，都是半人半鳥演奏樂器的形象。在敦煌壁畫中的伽陵頻迦鳥也都是半人半鳥的造型。這種神鳥在隋唐以後敦煌石窟中，頻繁出現於各類淨土經變的法會之中；其次，也被採納為藻井紋飾、邊飾紋樣以及木構窟簷建築上的裝飾畫。現存最早的此鳥圖像是初唐時期，下迄西夏、元代。正如前述，此鳥常與孔雀、仙鶴以及鸚鵡等象徵祥瑞的飛禽為伴，同為淨土世界增添和諧高雅的氣氛。初唐第220窟阿彌陀淨土經變中，有兩隻伽陵頻迦鳥，一隻雙手捧排簫為歌唱的鸚鵡伴奏，另一隻在水池對面的平台上，挽高髻，佩項圈，裸上身，為菩薩裝。這是敦煌壁畫現存時代最早的伽陵頻迦鳥圖像。

盛唐以後，伽陵頻迦鳥除主要出現於阿彌陀淨土變和觀無量壽淨土變外，又擴大到東方藥師淨土變及金光明經變。雖為數很少，卻表明了此鳥在當時的流行與影響，在其流行過程中繼續演變並有所創新。

中唐時期，與反彈琵琶的伎樂天同時出現了反彈琵琶的伽陵頻迦鳥。西千佛洞第18窟觀無量壽經變中，一隻伽陵頻迦鳥將琵琶置於腦後，左手持琵琶，右手撥弦，雙翅開展，尾部高翹，形如捲草。

這在敦煌壁畫中特別罕見。畫師將這隻神化了的禽鳥，又高度人格化了。

第360窟將伽陵頻迦鳥運用到裝飾圖案中，創造出稀奇、優美而有時代氣息的藝術形象。彈琵琶的伽陵頻迦鳥出現在藻井紋樣中，而着吐蕃裝，作吐蕃舞的伽陵頻迦鳥則組成動物捲草花邊。表現了吐蕃藝術家的創新精神。吐蕃時期還出現了新的神鳥——共命鳥，也是住在雪山的神鳥，亦稱命命鳥或生生鳥。據佛經記載，此鳥的特徵為一身兩首。共命鳥在壁畫中的形象除有兩個人頭外，其餘與伽陵頻迦鳥無異。從保存完好的圖像看，其中一顆人頭為鳥喙，而另一顆人頭與伽陵頻迦鳥一樣為人面人嘴。共命鳥形象只出現了三例，分別在中唐第159窟和榆林窟第25窟，其三為晚唐第196窟。其中榆林窟第25窟的共命鳥形體較大，保存完整如初。

關於伽陵頻迦鳥，我們不能不給讀者介紹一幅精彩動人的畫面。那就是五代第61窟阿彌陀淨土經變中的一支伽陵頻迦鳥樂隊。居中的彈琵琶，拍板、吹笛、吹簫和吹笙的各居四角。它們祖上身而披帔巾，站在一輪巨蓮之上，表示它們是淨土世界中的樂隊。在琵琶手的前面，有兩隻仙鶴踩着樂曲的節拍翩翩起舞。多麼神奇而美妙！

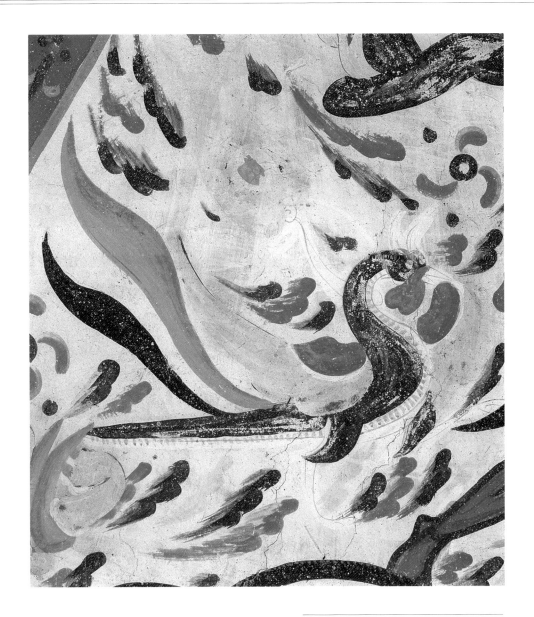

201　鳳鳥

在虛空中飛翔的鳳鳥喙垂藍色肉冠，低聲
鳴叫，後尾生有雉翎，尾羽高高飄起。
西魏　莫249　東坡北側

202　鳳車　　　見下頁 ▶

西王母乘坐由三隻鳳鳥駕駛的鑾車，巡
遊太空。這三隻鳳鳥也即是為西王母覓
食的青鳥。
莫249　南坡中部　西魏

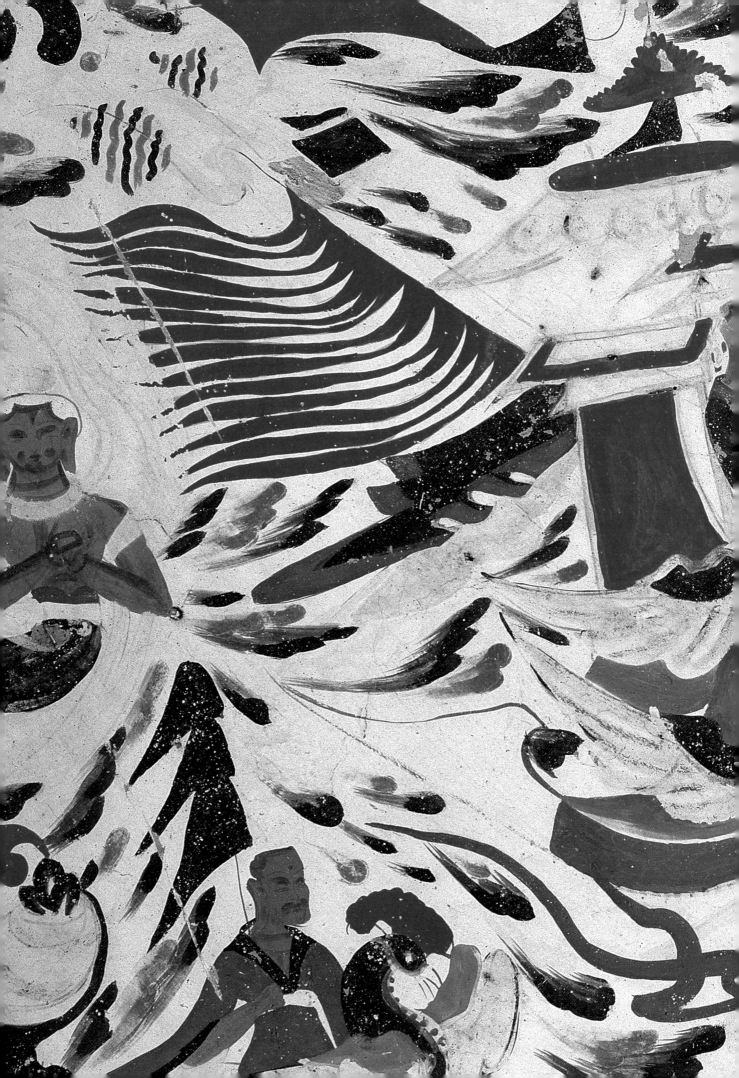

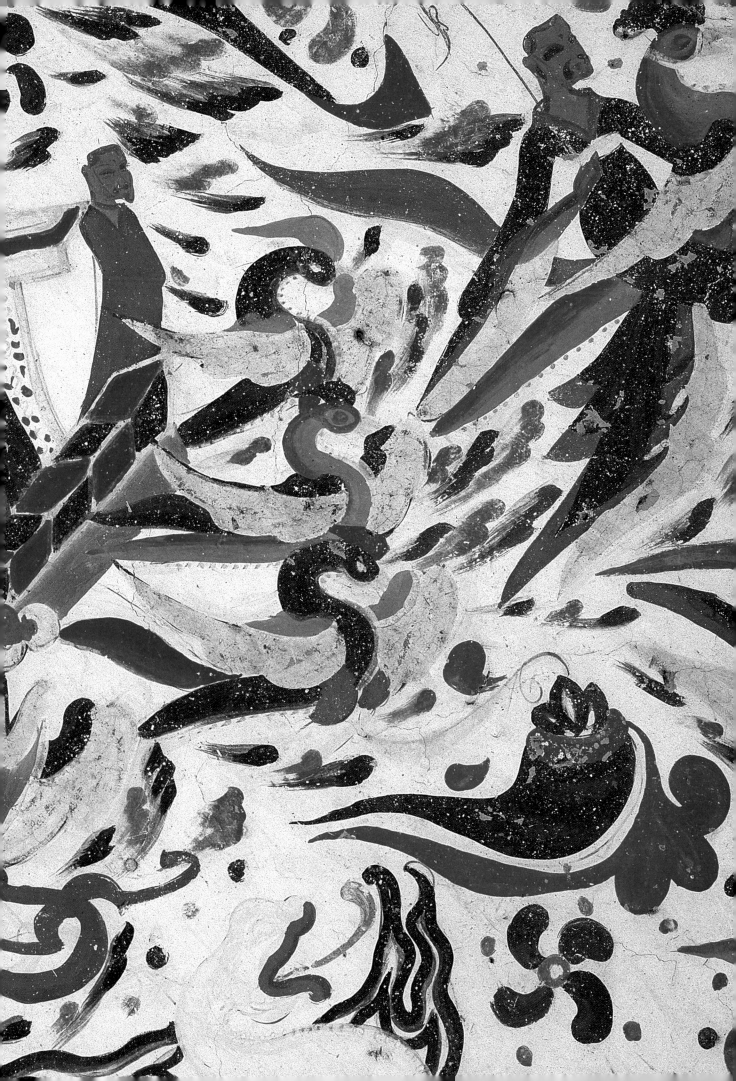

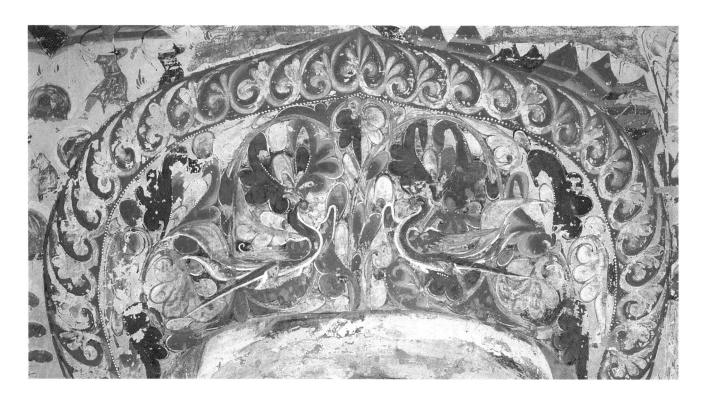

203 對鳳圖案

兩隻鳳鳥相對而立,紅喙藍冠,後有雉
翎,尾羽飄動。四周畫捲草紋蜿蜒纏
繞,彷彿在天國宮苑中。圖案色彩豐富
而協調。

西魏 莫285 南壁龕楣

204 飛鳳捲草紋花邊

鳳鳥羽冠豎起,伸頸展翅勁飛,尾羽形
成捲草紋圖案。雖然是圖案造型,仍不
失生動。鳳為雞嘴雁身,十分典型。

中唐 莫116 窟頂

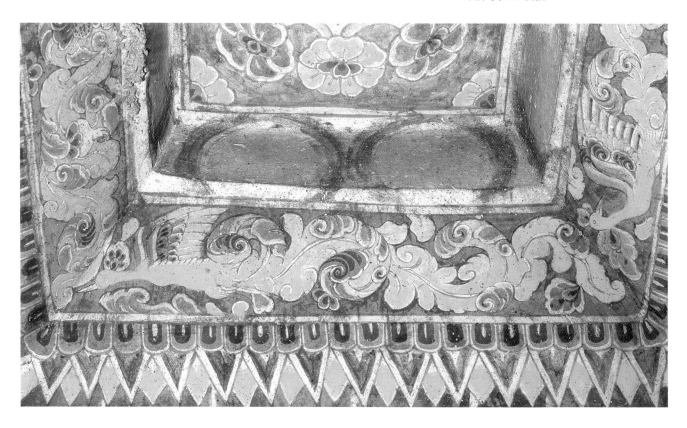

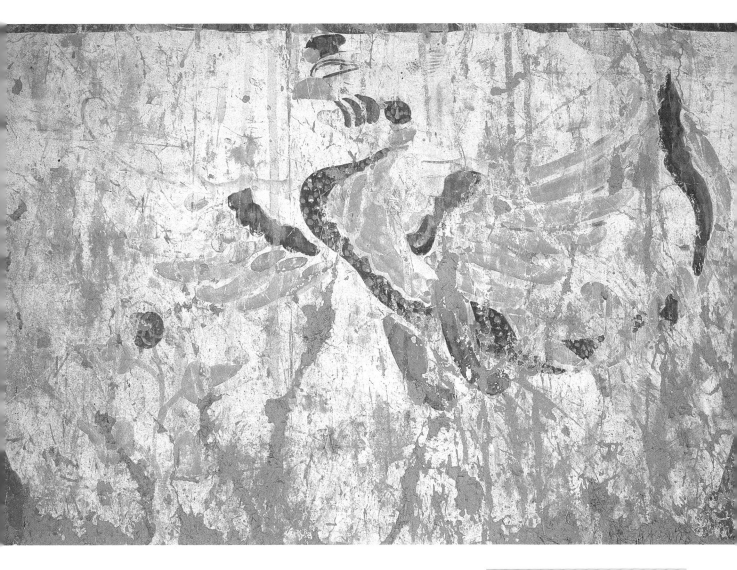

205 鳳鳥

畫在涅槃經變中的鳳鳥挺胸展翅，尾羽
高舉。體形巨大，刻畫精細，已有較多
磨損。其姿態雖然有漢代遺風，但已經
表達出鳳鳥規範化的特徵。

初唐 莫332 南壁西部

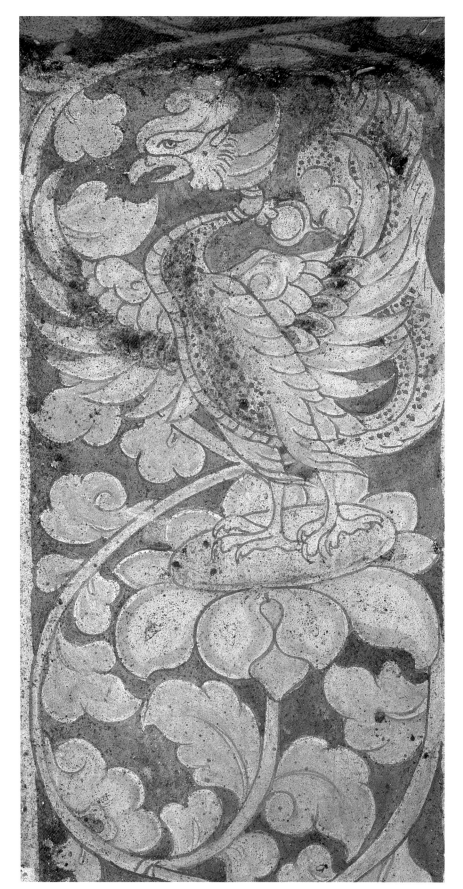

206 鳳紋邊飾

鳳鳥立於圓形花蕊上，纖細的脖頸上戴
一顆火燄寶珠，雙翅呈扇形展開，尾羽
作波狀高豎。其背景為稀疏的藤蔓花
葉。色調簡淡，綫描勻稱流暢。

晚唐 莫147 西龕

207 雙鳳紋圖案

用兩隻相互追逐飛翔的鳳鳥組成圓形圖
案，為了構圖的需要，有意將鳳鳥的尾
羽增加了一倍，而且拉長了許多，從而
增加了飛動感。

西夏 榆10 甬道頂部

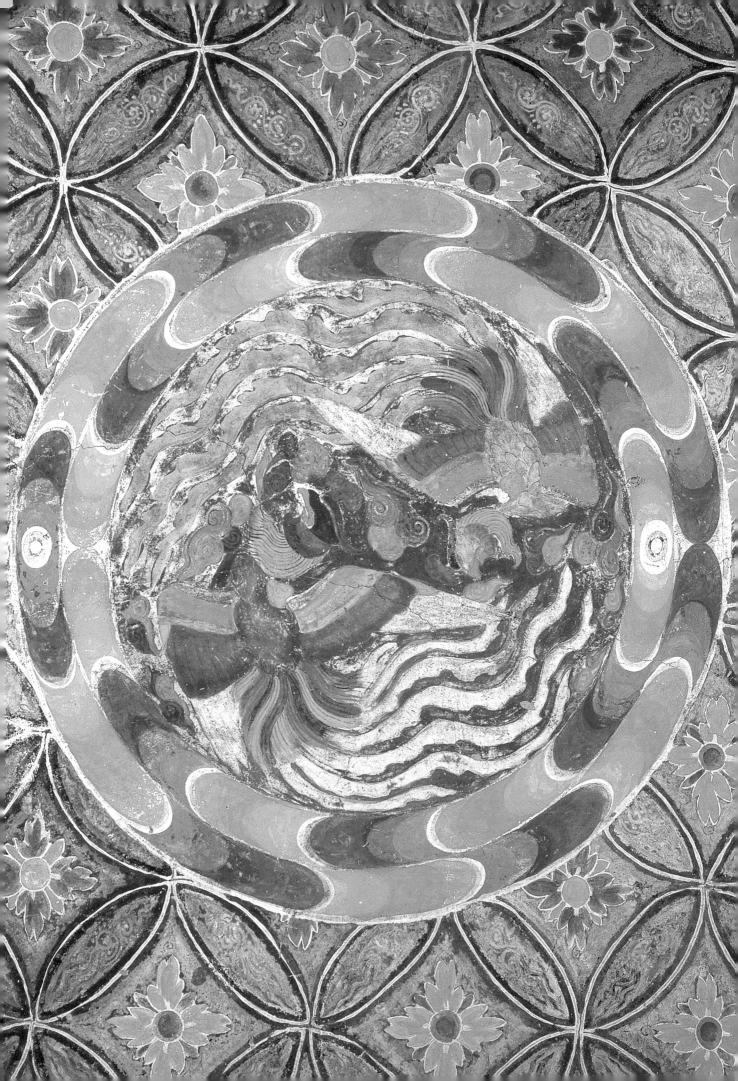

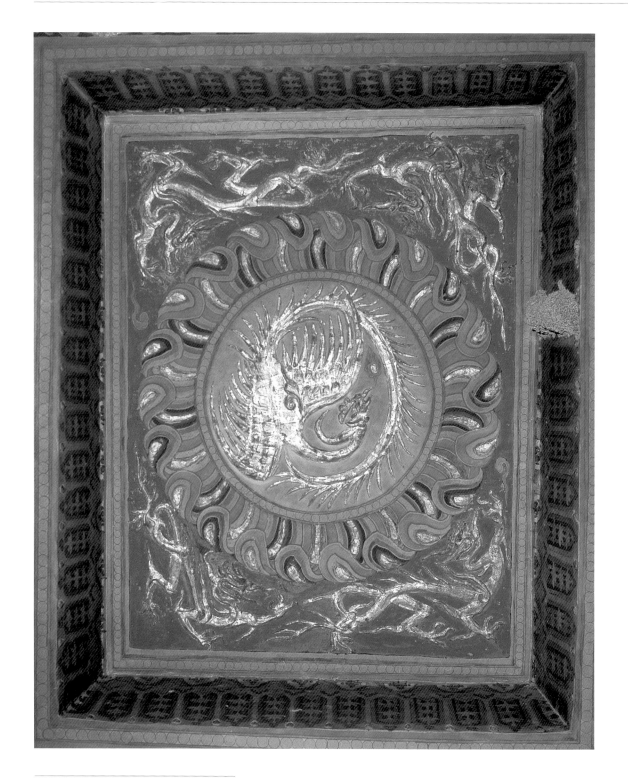

208 龍鳳藻井圖案

在巨大的蓮輪中，展翅飛翔的鳳鳥正在
追逐一顆火燄寶珠，蓮輪外四角，有四
條騰飛追逐的龍，整體形成長方形的藻
井。龍、鳳都用淺堆塑塑出，均貼金，
朱紅、石綠作底，色調顯得富麗堂皇。
西夏 莫16 窟頂中心

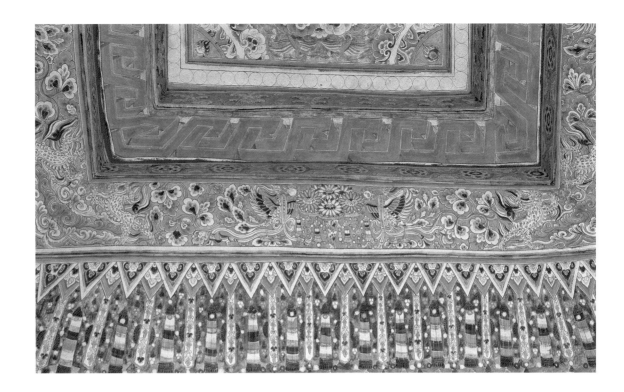

209　鳳獅紋花邊

以獅、鳳等動物為主要紋樣，用對稱形式組成花邊。中央立一束鮮花，兩側鳳鳥立於蓮花上，喙啣寬大的綬帶，尾部變成花葉，上空有光焰輻射的寶珠。鳳鳥後面各立一獅子，背景是流動的彩雲。

五代　莫61　窟頂藻井

210　鳳造型特寫

在《涅槃經變》中，鳳鳥前來為佛陀舉哀。這是晚期壁畫中鳳鳥造型的佼佼者。

西夏　東千佛洞　莫2　中心柱背面

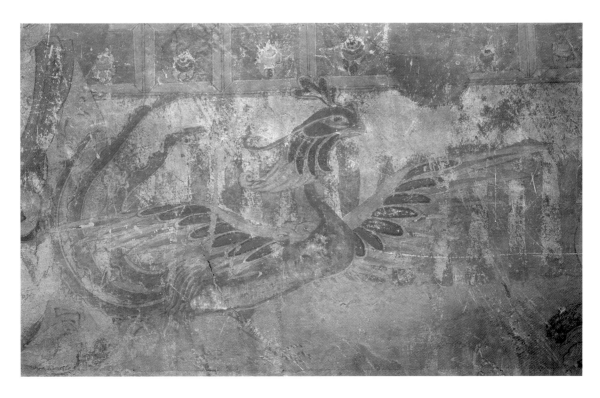

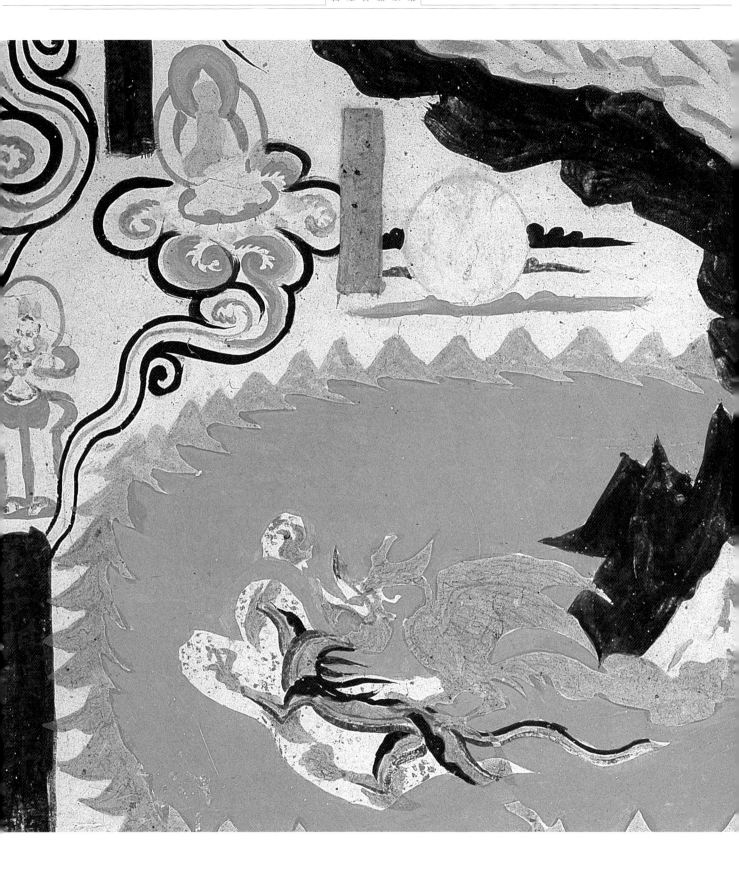

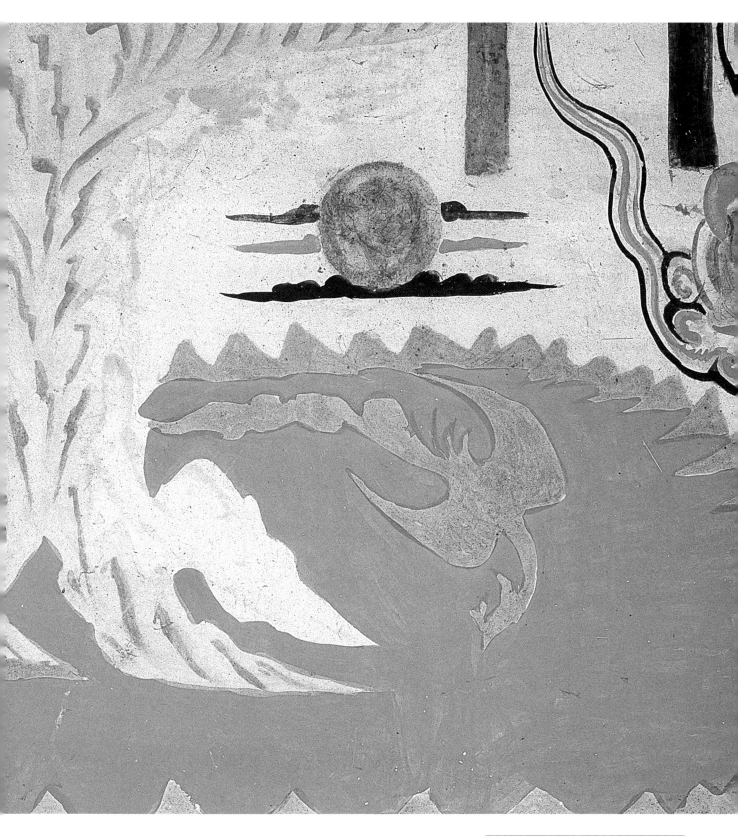

211 鳳龍追逐

在蓮花藏莊嚴世界海上，一隻鳳追逐一
條龍，繞着屹立於海中央的須彌山盤
旋，最後鳳終於追上了龍，以利喙直啄
龍眼。情節緊張激烈。
宋 莫25 南坡

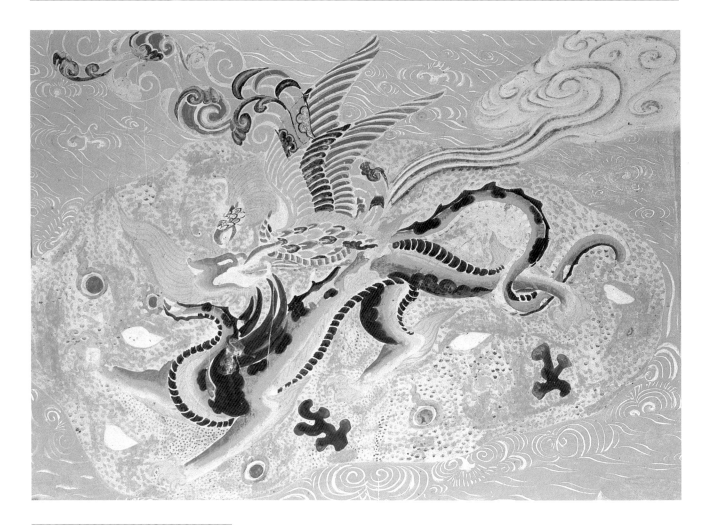

212 金翅鳥鬥毒龍

這是勞度叉鬥聖經變的一個情節。表現
外道勞度叉變成一條毒龍,與佛弟子舍
利弗鬥法,舍利弗變為一隻大鵬金翅
鳥,啄其眼,裂其身。畫面緊張激烈,
畫工精細,造型生動。

晚唐 莫9 南壁

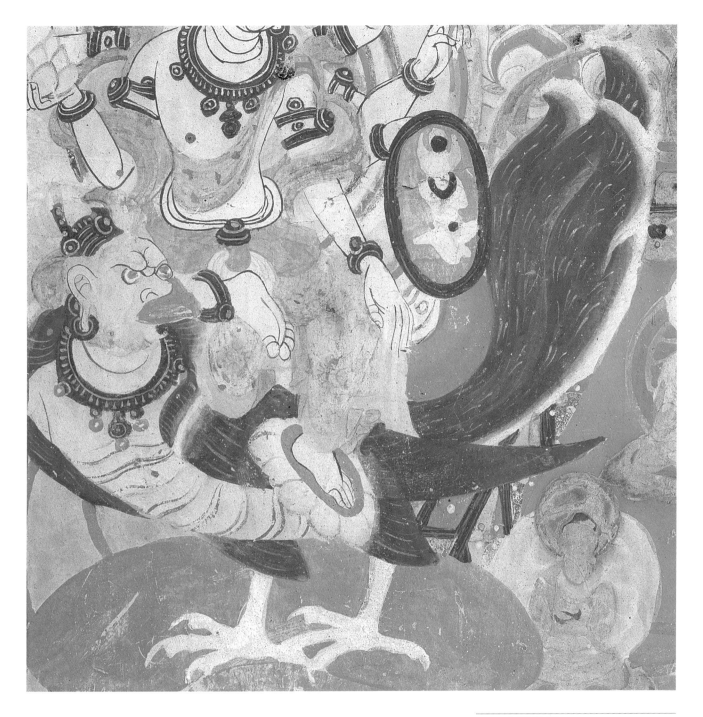

213　金翅鳥王

這是畫在釋迦曼荼羅中的金翅鳥王。金翅鳥原是印度教大神毗濕奴的乘騎，後來成為佛教中的天龍八部之一。

中唐　莫360　南壁

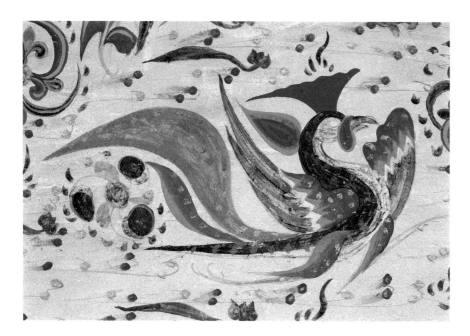

214 朱雀

朱雀是漢代四神之一,代表南方之神,
它頭頂藍色巨冠,身披漂亮的羽毛,氣
宇軒昂地在虛空中自由飛翔。

西魏 莫285 南坡

215 玄武

龜蛇相交的玄武是四神中代表北方的
神,它們的造型是在寫實的基礎上作誇
張的。這是中國傳統題材在佛教藝術裏
的典型反映。

西魏 莫249 東坡

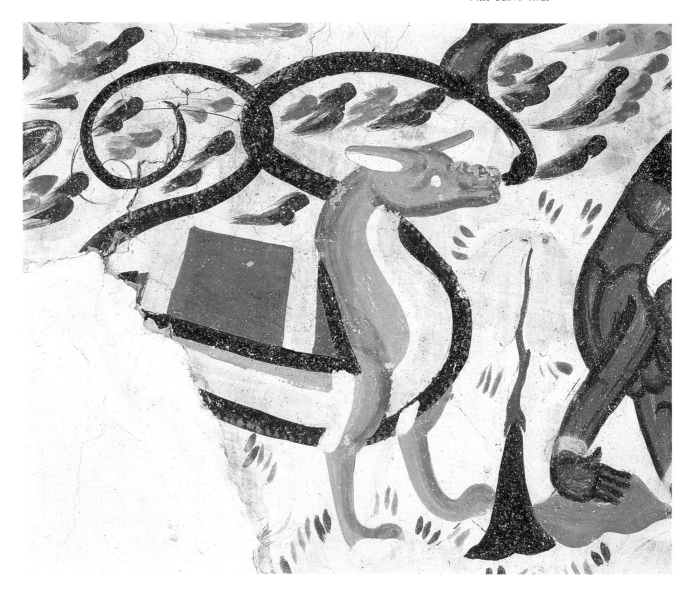

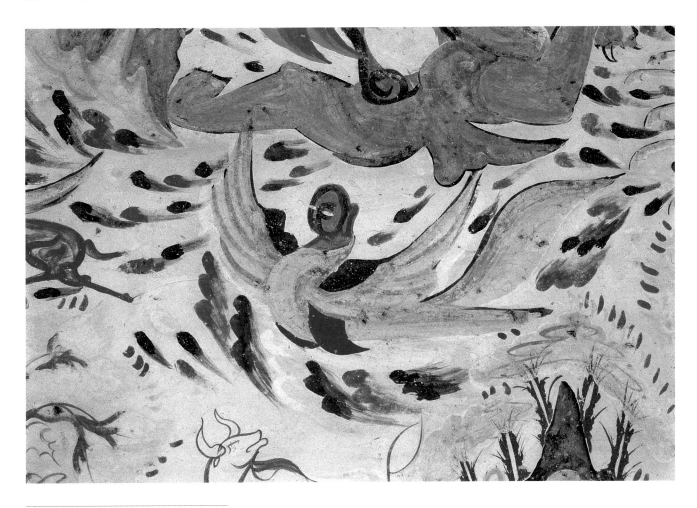

216 千秋長命鳥

人首的鳥，在虛空流動的星雲間展翅而
飛，應為導引護送升仙的千秋長命鳥，亦
或是中國遠古神話中的東方之神句芒。

西魏　莫249　北坡

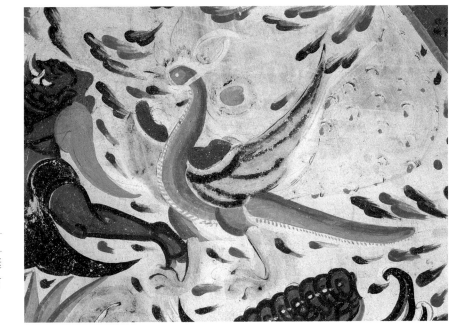

217 青鳥

傳說青鳥是為西王母覓食的，它昂首挺
胸，鼓翅舉尾，與朱雀、玄武等中國古
代神話中的瑞禽神獸共舞於佛窟之內。

西魏　莫249　東坡

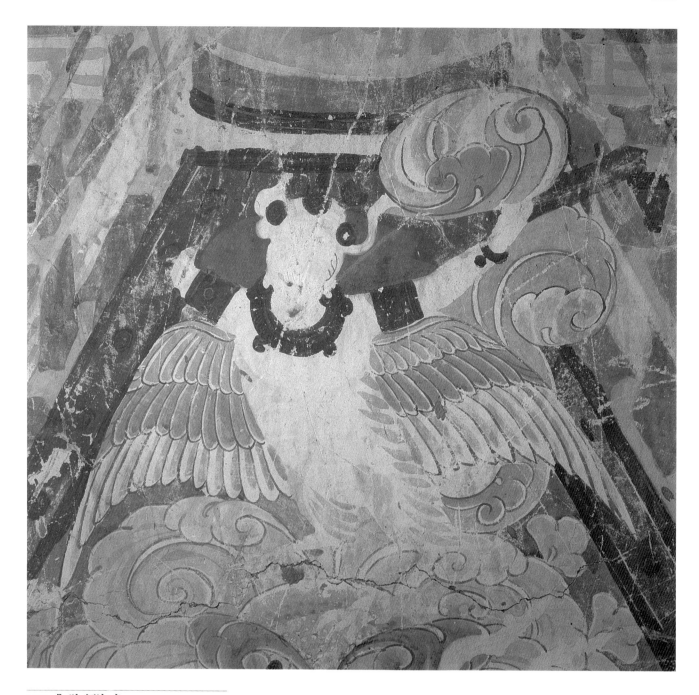

218 伽陵頻迦鳥

前文已多次出現伽陵頻迦，其說明應移
位為梵文音譯，意為妙聲、好聲，為音
樂神。據佛經說此鳥出自雪山，在卵中
就能出微妙聲。此妙音鳥頭部、雙手及
上半身均為菩薩裝，雙手於頭後反彈琵
琶，雙翅展開，立於海石榴上。所在畫
面為觀無量壽經變。

盛唐 西15 西壁

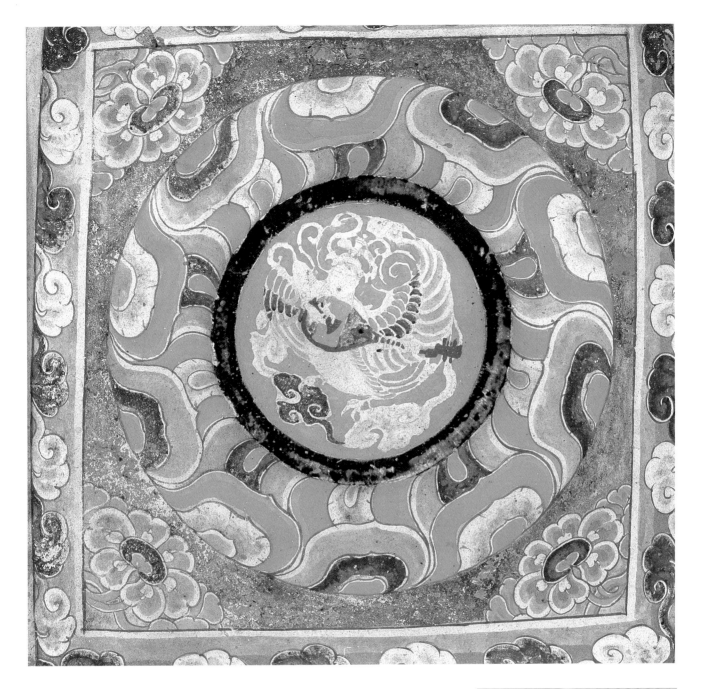

219 伽陵頻迦鳥藻井

在五彩的蓮輪中，伽陵頻迦鳥展翅飛翔
在捲雲上，它懷抱琵琶，邊彈邊唱，樂
聲四揚。以伽陵頻迦鳥作為藻井圖案是
不多見的。

中唐 莫360 藻井

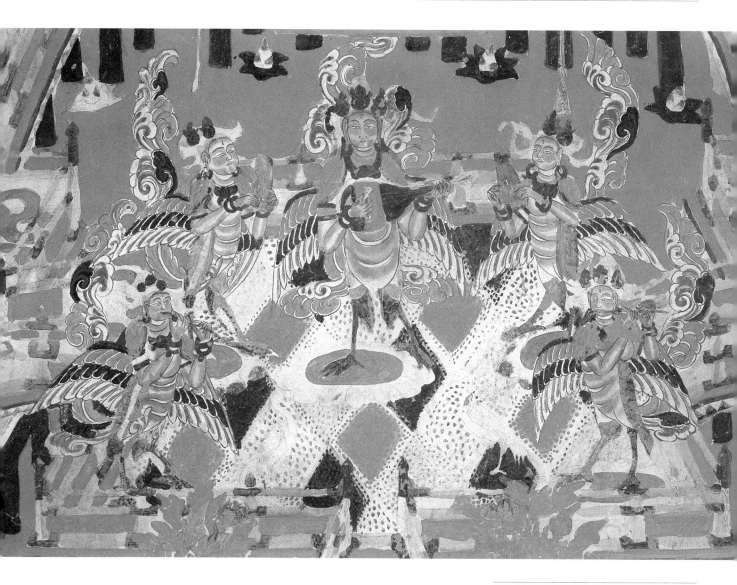

220 伽陵頻迦樂隊

在阿彌陀淨土經變中，畫有五隻伽陵頻迦鳥組成的樂隊，它們用琵琶、拍板、笛、簫、笙，為美妙的淨土世界而演奏。

五代 莫61 南壁

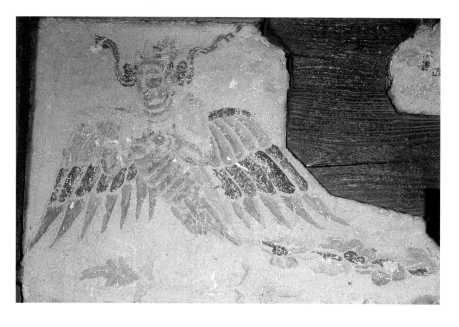

221 窟簷上的伽陵頻迦鳥

這是畫在斗拱間的伽陵頻迦鳥。它頭戴寶冠，雙手捧盤作供養之狀。羽毛以綠、赭、青三色在勾勒好的輪廓綫內作相間填染，留出邊緣。在露天情況下保存至今，實屬罕見。

宋 莫427 窟簷門外

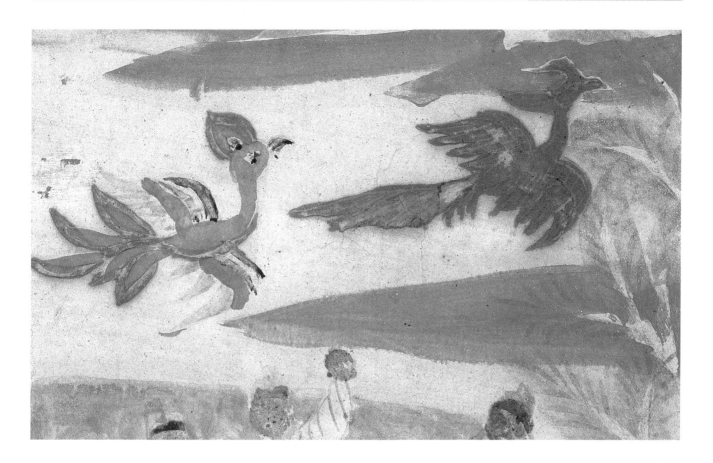

222　飛翔中的瑞禽

這是千手千眼觀世音菩薩大悲心陀羅尼經變局部，空中出現兩隻預兆吉利祥瑞的飛禽，表現經文中"得十五種善"的"三者常值好時"。畫風稚拙天真，用色鮮麗。

宋　莫76　南壁

圖版索引

敦煌石窟分佈圖

本全集所用洞窟簡稱：莫即莫高窟，榆即榆林窟，東即東千佛洞，西即西千佛洞，五即五個廟石窟。

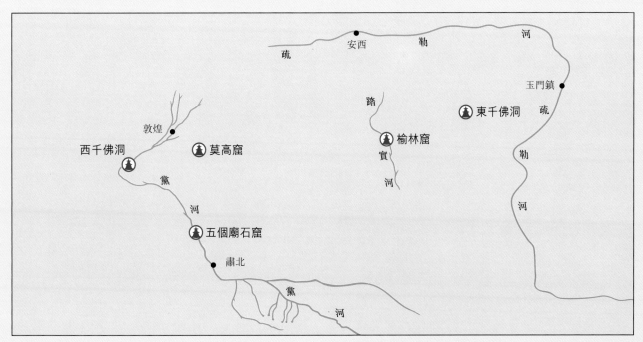

敦煌歷史年表

歷史時代	起止年代	統治王朝及年代	行政建置	備　注
漢	公元前 111 －公元 219	西漢　公元前 111 －公元 8 新　9 － 23 東漢　23 － 219	敦煌郡敦煌縣 敦德郡敦德亭 敦煌郡	公元前 111 年敦煌始設郡 公元 23 年隗囂反新莽；公元 25 年竇融據河西復敦煌郡名
三國	公元 220 － 265	曹魏　220 － 265	敦煌郡	
西晉	公元 266 － 316	西晉　266 － 316	敦煌郡	
十六國	公元 317 － 439	前涼　317 － 376 前秦　376 － 385 後涼　386 － 400 西涼　400 － 421 北涼　421 － 439	沙州、敦煌郡 敦煌郡 敦煌郡 敦煌郡 敦煌郡	336 年始置沙州；366 年敦煌莫高窟始建窟 400 至 405 年為西涼國都
北朝	公元 439 － 581	北魏　439 － 535 西魏　535 － 557 北周　557 － 581	沙州、敦煌鎮、義州、瓜州 瓜州 瓜州鳴沙縣	444 年置鎮，516 年罷，為義州；524 年復瓜州 563 年改鳴沙縣，至北周末
隋	公元 581 － 618	隋　581 － 618	瓜州敦煌郡	
唐	公元 619 － 781	唐　619 － 781	沙州、敦煌郡	622年設西沙州，633年改沙州；740年改郡，758年復為沙州
吐蕃	公 781 － 848	吐蕃　781 － 848	沙州敦煌縣	
張氏歸義軍	公元 848 － 910	唐　848 － 907	沙州敦煌縣	907 年唐亡後，張氏歸義軍仍奉唐正朔
西漢金山國	公元 910 － 914		國都	
曹氏歸義軍	公元 914 － 1036	後梁　914 － 923 後唐　923 － 936 後晉　936 － 946 後漢　947 － 950 後周　951 － 960 宋　960 － 1036	沙州敦煌縣 沙州敦煌縣 沙州敦煌縣 沙州敦煌縣 沙州敦煌縣 沙州敦煌縣	
西夏	公元 1036 － 1227	西夏　1036 － 1227 蒙古　1227 － 1271	沙州 沙州路	
蒙元	公元 1227 － 1402	元　1271 － 1368 北元　1368 － 1402	沙州路 沙州路	
明	公元 1402 － 1644	明　1404 － 1524	沙州衛、罕東街	1516 年吐魯番占；1524 年關閉嘉峪關後，敦煌凋零
清	公元 1644 － 1911	清　1715 － 1911	敦煌縣	1715 年清兵出嘉峪關收復，1724 年築城置縣